# Reivindicação dos Direitos da **Mulher**

Título original: *A Vindication of the Rights of Woman: with Strictures on Political and Moral Subjects*
copyright © Editora Lafonte Ltda. 2020

Todos os direitos reservados.
Nenhuma parte deste livro pode ser reproduzida por quaisquer meios existentes sem autorização por escrito dos editores.

Direção Editorial *Ethel Santaella*

REALIZAÇÃO

**GrandeUrsa Comunicação**

Direção *Denise Gianoglio*
Tradução *Celina Vergara*
Revisão *Paulo Kaiser*
Capa, Projeto Gráfico e Diagramação *Idée Arte e Comunicação*

---

Dados Internacionais de Catalogação na Publicação (CIP)
(Câmara Brasileira do Livro, SP, Brasil)

Wollstonecraft, Mary, 1759-1797
  Reivindicação dos direitos da mulher / Mary Wollstonecraft ; tradução Celina Vergara. -- São Paulo : Lafonte, 2021.

  Título original: A vindication of the rights of woman : with strictures on political and moral subjects
  ISBN 978-65-5870-124-8

  1. Feminismo - Obras antes de 1800 2. Mulheres - Direitos - Obras antes de 1800 3. Mulheres - Educação II. Título.

21-69069                                                    CDD-305.4

Índices para catálogo sistemático:

1. Mulheres : Direitos : Sociologia   305.4

---

**Editora Lafonte**

Av. Prof.ª Ida Kolb, 551, Casa Verde, CEP 02518-000, São Paulo-SP, Brasil – Tel.: (+55) 11 3855-2100
Atendimento ao leitor (+55) 11 3855-2216 / 11 3855-2213 – atendimento@editoralafonte.com.br
Venda de livros avulsos (+55) 11 3855-2216 – vendas@editoralafonte.com.br
Venda de livros no atacado (+55) 11 3855-2275 – atacado@escala.com.br

# Mary Wollstonecraft

# Reivindicação dos Direitos da Mulher

Tradução
Celina Vergara

Brasil, 2021

Lafonte

## sumário

Ao Sr. Talleyrand-Périgord, antigo bispo de Autun ........................ 7

Introdução ................................................................... 13

## capítulos

**1** Considerações sobre os direitos e deveres da humanidade ................ 19

**2** Discussão sobre a opinião prevalecente de um caráter sexual ....... 29

**3** Continuação do mesmo assunto ................................................. 54

**4** Observações sobre o estado de degradação ao qual, por várias causas, a mulher se encontra reduzida ........................................ 73

**5** Censura a alguns dos escritores que têm tornado as mulheres objetos de piedade, beirando o desprezo ..................................... 107

**6** O efeito que uma associação prematura de ideias tem sobre o caráter ................................................................................. 157

**7** A modéstia – considerada de forma abrangente, e não como uma virtude sexual ........................................................................ 166

**8** A moralidade prejudicada por noções sexuais referentes à importância de uma boa reputação ......................................................... 181

**9** Dos efeitos perniciosos que surgem das distinções não naturais estabelecidas na sociedade ....................................................... 194

**10** Afeto dos pais .......................................................................... 208

**11** O dever aos pais ...................................................................... 212

**12** Sobre a educação nacional ....................................................... 219

**13** Alguns exemplos da insensatez que a ignorância das mulheres gera e reflexões finais sobre o aprimoramento moral que uma revolução nos modos femininos naturalmente pode produzir .... 249

# Ao Sr. Talleyrand-Périgord, antigo bispo de Autun

Prezado senhor,

 Foi com grande prazer que li um escrito que o senhor publicou recentemente e dedico-lhe este volume para induzi-lo a reconsiderar o assunto, e a analisar com maturidade o que tenho promovido a respeito dos direitos da mulher e da educação nacional, convidando-o com o tom firme de amor à humanidade; pois meus argumentos, senhor, são ditados por um espírito desinteressado e imploro pelo meu sexo, não por mim mesma. Há muito tempo considero a independência como a grande bênção da vida e a base de toda virtude; e essa é a independência que sempre garantirei ao contrair minhas necessidades, ainda que vá viver em um país deserto.
 É, então, uma afeição por toda a raça humana que faz minha pena disparar rapidamente para apoiar o que acredito ser a causa da virtude; e o mesmo motivo me leva a desejar seriamente ver a mulher colocada em uma posição em que ela possa avançar, em vez de ser refreada para o progresso dos princípios gloriosos que dão substância à moralidade. Minha opinião, de fato, respeitando os direitos e os deveres da mulher, parece fluir tão naturalmente desses princípios fundamentais que me parece quase impossível que algumas das mentes abertas, responsáveis por formarem sua admirável constituição, não concordem comigo.
 Na França há, sem dúvida, uma difusão mais geral do conhecimento do que em qualquer parte do mundo europeu, o que

atribuo em grande parte ao relacionamento social que existe há muito tempo entre os sexos. É verdade, expresso meus sentimentos com liberdade, que na França a própria essência da sensualidade foi extraída para regalar os voluptuosos, e prevaleceu uma espécie de luxúria sentimental o que, junto com o sistema de má-fé ensinado por todo o teor de seu governo político e civil, deram uma espécie de sagacidade sinistra ao caráter francês, apropriadamente denominado de *finesse*; do qual flui naturalmente um polimento de maneiras que prejudica a substância ao banir a sinceridade da sociedade. E a modéstia – a mais bela vestimenta de virtude! – tem sido até mais grosseiramente insultada na França do que mesmo na Inglaterra, até que suas mulheres trataram como pudica aquela atenção à decência, que os brutos observam instintivamente.

As boas maneiras e a moral são quase tão aliadas que muitas vezes foram confundidas, mas, embora a primeira deva ser apenas o reflexo natural da última, ainda assim, quando várias causas produzem maneiras artificiais e corruptas, que são detectadas muito cedo, a moralidade se torna um nome vazio. A reserva pessoal e o sagrado respeito pelo asseio e pela delicadeza na vida doméstica, que as mulheres francesas quase desprezam, são os graciosos pilares da modéstia; mas, longe de desprezá-los, se a chama pura do patriotismo atingiu seus seios, elas devem trabalhar para melhorar o senso moral de seus concidadãos, ensinando os homens não apenas a respeitar a modéstia nas mulheres, mas a adquiri-la eles próprios, como a única maneira de merecer sua estima.

Lutando pelos direitos da mulher, meu principal argumento é construído nesse princípio simples, que, se ela não for preparada pela educação para se tornar a companheira do homem, ela impedirá o progresso do conhecimento e da virtude; pois a verdade deve ser comum a todos, ou será ineficaz no que diz respeito à sua influência na prática geral. E como se pode esperar que a mulher coopere a menos que saiba por que deve ser virtuosa? A menos que a liberdade fortaleça sua razão até que ela compreenda seu dever e veja de que maneira ele está conectado com seu verdadeiro bem? Se as crianças devem ser educadas para compreender o verdadeiro princípio do patriotismo, sua mãe deve ser uma patriota; e o amor pela humanidade, do qual surge uma sequência ordenada de virtudes, só pode ser produzido considerando o interesse moral e civil da humanidade. Mas a educação e a situação da mulher, atualmente, a excluem de tais investigações.

Nesta obra, formulo muitos argumentos, que para mim foram conclusivos para provar que a noção prevalecente a respeito de um caráter sexual era subversiva da moralidade, e argumentei que, para tornar a mente e o corpo humanos mais perfeitos, a castidade deve prevalecer mais universalmente; e que a castidade nunca será respeitada no mundo masculino até que a pessoa de uma mulher não deixe, por assim dizer, de ser idolatrada, quando pouca virtude ou bom senso a embelezam com os grandes traços de beleza mental ou a simplicidade interessante de afeto.

Considere essas observações, senhor, desapaixonadamente, pois um vislumbre dessa verdade pareceu se abrir a sua frente quando observou que "ver metade da raça humana ser excluída pela outra metade de toda participação no governo era um fenômeno político impossível de explicar de acordo com princípios abstratos". Se é assim, em que se baseia sua constituição? Se os direitos abstratos do homem suportam a discussão e a explicação, os da mulher, por uma paridade de raciocínio, não serão submetidos à mesma análise, embora uma opinião diferente prevaleça neste país, construída sobre os mesmos argumentos que o senhor utiliza para justificar a opressão da mulher – a prescrição.

Considere, dirijo-me ao senhor como um legislador, se, quando os homens lutam por sua liberdade, e para serem autorizados a julgar por si mesmos respeitando sua própria felicidade, não seria inconsistente e injusto subjugar as mulheres, mesmo que o senhor acredite firmemente que está agindo da melhor maneira para lhes promover bem-estar? Quem fez do homem o juiz exclusivo, se a mulher compartilha com ele o dom da razão?

Esse é o estilo de argumentação dos tiranos de todas as espécies desde o rei fraco até o pai de família fraco; eles estão todos ansiosos para esmagar a razão, embora sempre afirmem usurpar seu trono apenas para ser úteis. Vocês não agem da mesma forma quando *forçam* todas as mulheres, ao negar-lhes os direitos civis e políticos, a permanecer presas em suas famílias, tateando no escuro? Pois certamente o senhor não afirmará que um dever não fundado na razão seja uma obrigação. Se, de fato, esse for o destino das mulheres, os argumentos podem ser extraídos da razão e, assim, augustamente sustentados; quanto mais conhecimento as mulheres adquirirem, mais elas se apegarão ao seu dever – compreendendo-o –, pois, a menos que o entendam, a menos que sua moral seja fixada no mesmo princípio imutável que a dos homens, nenhuma autoridade poderá fazer com que elas a cumpram de uma maneira virtuosa. Elas podem ser escravas convenientes, mas a escravidão terá seu efeito constante, degradando o senhor e o abjeto dependente.

Mas, se as mulheres devem ser excluídas, sem ter voz, de uma participação dos direitos naturais da humanidade, prove primeiro, para afastar a acusação de injustiça e de incoerência, que elas são desprovidas de razão; senão essa falha em sua NOVA CONSTITUIÇÃO sempre mostrará que o homem deve, de alguma forma, agir como um tirano, e a tirania, quando exibe sua fachada sem pudor em qualquer parte da sociedade, sempre minará a moralidade.

Tenho afirmado e produzido repetidamente o que me pareceram argumentos irrefutáveis, extraídos de questões reais, para provar minha afirmação de que as mulheres não podem ser confinadas à força aos trabalhos domésticos; pois elas, por mais que sejam ignorantes, irão interferir em assuntos mais importantes, negligenciando os deveres privados apenas para perturbar por meio de truques astutos os planos ordenados da razão, que se elevam acima de sua compreensão.

Além disso, enquanto elas forem preparadas apenas para adquirir realizações pessoais, os homens buscarão o prazer na variedade, e maridos infiéis farão esposas infiéis; tais seres ignorantes, na verdade, serão bastante desculpáveis quando não tendo sido ensinados a respeitar o bem público nem tendo sido permitidos a quaisquer direitos civis, tentarão fazer justiça a si próprios por meio da retaliação.

A caixa de maldades assim aberta na sociedade, o que preservará a virtude privada, a única segurança da liberdade pública e da felicidade universal?

Não deixe então que nenhuma coerção seja *estabelecida* na sociedade e, prevalecendo a lei comum da gravidade, os sexos cairão em seus devidos lugares. E, agora que leis mais justas estão formando seus cidadãos, o casamento pode se tornar mais sagrado: os rapazes podem escolher esposas por motivos de afeto, e as donzelas podem permitir que o amor arranque a vaidade.

O pai de família não enfraquecerá, então, sua constituição não rebaixará seus sentimentos, visitando uma prostituta, e tampouco esquecerá, obedecendo ao chamado do desejo, o propósito para o qual foi criado. E a mãe não negligenciará seus filhos para praticar as artes do coquetismo, quando o bom senso e a modéstia lhe assegurarem a amizade de seu marido.

Mas, até que os homens se tornem atentos aos deveres de pais, é vão esperar que as mulheres passem no quarto das crianças aquele tempo que elas, "sábias em sua geração", preferem passar diante do espelho; porque esse exercício de astúcia é apenas um instinto da natureza para capacitá-las a obter indiretamente um pouco daquele poder do qual são injustamente negadas. Pois, se as mulheres não forem autorizadas a gozar de direitos legítimos, elas tornarão viciosos não só os homens, mas elas mesmas para obter privilégios ilícitos.

Desejo, senhor, suscitar algumas investigações desse tipo na França e, caso levem a uma confirmação de meus princípios, quando sua constituição for revisada, os Direitos da Mulher poderão ser respeitados, se ficar plenamente provado que a razão exige esse respeito e exige em voz alta JUSTIÇA para metade da raça humana.

Respeitosamente,

M.W.

# Nota

Quando comecei a escrever esta obra, eu a dividi em três partes, supondo que um dos volumes conteria uma discussão completa dos argumentos que me pareciam surgir naturalmente de alguns princípios simples, mas novos esclarecimentos foram surgindo conforme eu avançava. Apresento agora ao público apenas a primeira parte.

Muitos assuntos, entretanto, aos quais aludi superficialmente, requerem uma investigação particular, especialmente as leis relativas às mulheres e a consideração de seus deveres peculiares. Esses fornecerão matéria suficiente para um segundo volume, que em devido tempo será publicado para elucidar alguns dos sentimentos e completar muitos dos esboços iniciados no primeiro volume.

# Introdução

Depois de examinar a página da história e de refletir sobre o mundo atual com ansiosa solicitude, as emoções mais melancólicas de triste indignação deprimiram meu ânimo, e lamento quando fui obrigada a confessar que ou a natureza fez uma grande diferença entre um homem e outro, ou a civilização que até agora ocorreu no mundo foi muito parcial. Revirei vários livros escritos sobre o tema da educação e observei pacientemente a conduta dos pais e da administração das escolas. Mas qual foi o resultado? Uma profunda convicção de que a educação negligenciada de meus semelhantes é a grande fonte da miséria que deploro, e de que as mulheres, em particular, são tornadas fracas e miseráveis por uma variedade de causas concorrentes, originadas de uma conclusão precipitada. A conduta e as maneiras das mulheres evidentemente provam, de fato, que suas mentes não estão em um estado saudável, pois, tal como as flores que são plantadas em um solo muito rico, a força e a utilidade são sacrificadas à beleza, e as folhas exuberantes, depois de terem agradado a um olhar meticuloso, murcham, desprezadas no caule, muito antes da estação em que deveriam ter chegado à maturidade. Uma das causas desse florescimento estéril atribuo a um falso sistema de educação, colhido em livros escritos sobre o assunto por homens que, considerando as mulheres mais como fêmeas do que como criaturas humanas, têm se mostrado mais ansiosos para torná-las amantes atraentes do que esposas afetuosas e mães racionais. A compreensão do sexo tem sido tão distorcida por essa homenagem ilusória que as mulheres civilizadas do presente século, com algumas exceções, estão apenas ansiosas por inspirar o amor, quando deveriam nutrir uma ambição mais nobre e exigir respeito por suas habilidades e virtudes.

Portanto, em um tratado sobre direitos e costumes femininos, as obras que foram escritas especialmente para seu aperfeiçoamento não devem ser esquecidas, especialmente quando é afirmado, em termos diretos, que a mente das mulheres é enfraquecida por um falso refinamento, que os livros de instrução, escritos por homens de gênio, tiveram a mesma tendência que as produções mais frívolas e que, no verdadeiro estilo do maometismo, elas são tratadas como uma espécie de seres subordinados, e não como parte da espécie humana, quando se permite que a razão improvável seja a distinção digna que eleva os homens acima da criação bruta, e coloca um cetro natural em uma mão fraca.

No entanto, por ser mulher, não levaria meus leitores a supor que pretendo agitar violentamente a questão contestada a respeito da igualdade ou da inferioridade do sexo. Mas como o assunto está no meu caminho, e não posso ignorá-lo sem sujeitar à má interpretação a tendência principal do meu raciocínio, pararei um momento para transmitir minha opinião, em poucas palavras. Na administração do mundo físico pode-se observar que a fêmea em termos de força é, em geral, inferior ao macho. Essa é a lei da natureza, e não parece que possa ser suspensa ou revogada em favor da mulher. Um grau de superioridade física não pode, portanto, ser negado – e é uma prerrogativa nobre! Mas não contentes com essa preeminência natural, os homens se esforçam para nos afundar ainda mais, apenas para nos tornar objetos atraentes por um momento, e as mulheres, intoxicadas pela adoração que os homens, sob a influência de seus sentidos, lhes prestam, não procuram obter um interesse duradouro em seus corações nem se tornar amigas daqueles que encontram diversão em sua companhia.

Estou ciente de uma inferência óbvia. Tenho ouvido exclamações de todas as partes contra as mulheres masculinas, mas em que se baseiam? Se com esse nome os homens pretendem investir contra seu entusiasmo na caça, no tiro e no jogo, devo me juntar ao grito da maneira mais cordial; mas se for contra a imitação de virtudes masculinas, ou mais propriamente falando, a obtenção desses talentos e virtudes, o exercício que enobrece o caráter humano, e que eleva as mulheres na escala do ser animal ao serem incluídas amplamente na humanidade, devo pensar que todos aqueles que as observam com um olhar filosófico têm de desejar comigo que elas possam crescer a cada dia mais e mais masculinas.

Essa discussão naturalmente divide o assunto. Em primeiro lugar, considerarei as mulheres à grande luz das criaturas humanas, que, em comum com os homens, são colocadas nesta terra para desenvolver suas faculdades, e depois apontarei mais particularmente sua designação peculiar.

Desejo também evitar um erro que muitos escritores respeitáveis cometeram, pois a instrução que até agora tem sido dirigida às mulheres é mais aplicável às *damas*, se o pequeno conselho indireto difundido por *Sandford e Merton* puder ser excetuado; mas, abordando meu sexo em um tom mais firme, dedico atenção especial às mulheres da classe média, porque parecem estar no estado mais natural. Talvez as sementes do falso refinamento, da imoralidade e da vaidade tenham sido sempre lançadas pelos poderosos. Seres fracos e artificiais, elevados acima das necessidades e das afeições comuns de sua raça, de maneira prematura e não natural, solapam o próprio fundamento da virtude e espalham a corrupção por toda a massa da sociedade! Como parte da humanidade, eles têm o maior direito à misericórdia, a educação dos ricos tende a torná-los vaidosos e desamparados, e a mente que se desenvolve não é fortalecida pela prática daqueles deveres que dignificam o caráter humano. Vivem apenas para se divertir, e, pela mesma lei que invariavelmente produz na natureza certos efeitos, eles logo dispõem de diversão fútil.

Mas como me proponho ter uma visão separada das diferentes categorias da sociedade e do caráter moral das mulheres, essa sugestão é, por enquanto, suficiente; e apenas aludi ao assunto porque me parece ser a própria essência de uma introdução dar um relato superficial do conteúdo da obra que ela apresenta.

Espero que meu próprio sexo me desculpe, se eu as tratar como criaturas racionais, em vez de lisonjear suas graças *fascinantes* e vê-las como se estivessem em um estado de infância perpétua, incapazes de ficar sozinhas. Desejo sinceramente mostrar em que consiste a verdadeira dignidade e a felicidade humana – desejo persuadir as mulheres a se empenhar em adquirir força tanto da mente quanto do corpo, e convencê-las de que as frases suaves, a suscetibilidade do coração, a delicadeza dos sentimentos e o refinamento do gosto são quase sinônimos de epítetos de fraqueza, e aqueles seres que são apenas objetos de piedade e aquela espécie de amor, que por definição, lhe é próximo, logo se tornarão objetos de desprezo.

Desprezando então aquelas lindas frases femininas, que os homens usam condescendentemente para suavizar nossa dependência servil, e desdenhando a elegância fraca da mente, a sensibilidade requintada e a suave docilidade de maneiras, que supostamente são as características sexuais do sexo mais frágil, desejo mostrar que a elegância é inferior à virtude, que o primeiro objeto da ambição louvável é obter um caráter de ser humano, independentemente da distinção de sexo, e que visões secundárias devem ser trazidas para esse simples marco.

Esse é um esboço do meu plano; e, caso expresse minha convicção com os sentimentos de energia que sinto sempre que penso no assunto, os ditames da experiência e da reflexão serão sentidos por alguns de meus leitores. Animada por esse importante objetivo, renunciarei a escolher minhas frases ou polir meu estilo. Pretendo ser útil e a sinceridade não me afetará, pois, desejando antes persuadir pela força de meus argumentos, do que deslumbrar pela elegância de minha linguagem, não perderei meu tempo em parágrafos perfeitos nem em fabricar a retórica túrgida e bombástica de sentimentos artificiais que, vindos da cabeça, nunca alcançarão o coração. Estarei preocupada com coisas, e não com palavras! E, ansiosa para tornar meu sexo mais respeitável como membro da sociedade, tentarei evitar aquela dicção floreada que desliza dos ensaios para os romances, e dos romances para as cartas familiares e conversas.

Esses superlativos graciosos que fluem com facilidade de nossa língua viciam o sabor e criam uma espécie de delicadeza doentia que se afasta da verdade simples e sem adornos; e um dilúvio de falsos sentimentos e de sensações exageradas, sufocando as emoções naturais do coração, torna insípidos os prazeres domésticos, em vez de suavizar o exercício desses severos deveres que educam um ser racional e imortal para um campo mais nobre de ação.

A educação das mulheres tem, ultimamente, tido mais atenção do que antes; no entanto, elas ainda são consideradas um sexo frívolo e ridicularizadas ou dignas de pena pelos escritores que se esforçam por meio da sátira ou da instrução em melhorá-las. É reconhecido que elas passam muitos dos primeiros anos de sua vida adquirindo um punhado de realizações; enquanto isso, as forças do corpo e da mente são sacrificadas às noções libertinas de beleza, ao desejo de se estabelecer – a única maneira pela qual as mulheres podem crescer no mundo – pelo casamento. Como esse desejo faz delas meros animais, quando se casam agem como as crianças devem agir – vestem-se, pintam-se e são apelidadas de criaturas de Deus. Certamente esses seres frágeis só servem para um harém! Pode-se esperar que elas governem uma família com sensatez ou cuidem dos pobres bebês que trazem ao mundo?

Se, então, isso pode ser razoavelmente deduzido da atual conduta do sexo feminino e do seu apego prevalecente pelo prazer, que toma lugar da ambição e daquelas paixões mais nobres que abrem e expandem a alma, é justo deduzir que a instrução que as mulheres receberam até agora tendeu apenas, com a constituição da sociedade civil, a torná-las insignificantes objetos de desejo – meras propagadoras de tolos! –, se é possível provar que, ao dar-lhes uma educação formal sem cultivar seus intelectos, elas são retiradas de sua esfera de deveres e tornadas ridículas e inúteis quando o breve florescimento da beleza termina[1], presumo que os homens *racionais* me desculparão por ter tentado persuadi-las a se tornar mais masculinas e respeitáveis.

Na verdade, a palavra masculina é apenas um bicho-papão. Há poucos motivos para temer que as mulheres adquiram coragem ou firmeza demais, pois sua aparente inferioridade com respeito à força corporal deve torná-las, em certo grau, dependentes dos homens nas várias relações da vida. Mas por que tal dependência deveria ser aumentada por preconceitos que atribuem um sexo à virtude e confundem verdades simples com devaneios sensuais?

As mulheres estão, de fato, tão degradadas por noções errôneas de excelência feminina que não pretendo acrescentar um paradoxo quando afirmo que essa fraqueza artificial produz uma propensão à tirania e dá origem à astúcia, o oponente natural da força, o que as leva a brincar com aqueles ares infantis desprezíveis que minam a estima mesmo enquanto estimulam o desejo. Deixemos os homens se tornarem mais castos e modestos e, se as mulheres não se tornarem mais sábias na mesma proporção, ficará claro que elas têm intelecto mais fraco. Parece desnecessário dizer que agora trato do sexo em geral. Muitas mulheres têm mais bom senso do que seus afins masculinos, e, como nada predomina onde há uma luta constante por equilíbrio, sem que tenha naturalmente mais gravidade, algumas mulheres governam seu marido sem se degradar, porque sempre imperará o intelecto.

---

1. Um escritor espirituoso (não consigo me lembrar de seu nome) pergunta: "O que as mulheres que já fizeram 40 anos têm a fazer no mundo?"

## capítulo 1

# Considerações sobre os direitos e deveres da humanidade

No estado atual da sociedade, parece necessário voltar aos primeiros princípios em busca das verdades mais simples e contestar alguns preconceitos prevalecentes um a um. Para abrir caminho, devo me permitir fazer algumas perguntas simples, e as respostas provavelmente parecerão tão inequívocas quanto os axiomas sobre os quais o raciocínio é construído; embora, quando emaranhados por diferentes tipos de ação, sejam formalmente contraditórios, pelas palavras ou pela conduta dos homens.

Em que consiste a supremacia humana sobre a criação animal? A resposta é tão clara quanto a metade é menos que o todo: na Razão.

Que aquisição exalta um ser acima do outro? Virtude, respondemos espontaneamente.

Com que propósito as paixões foram implantadas? Para que esse ser humano, lutando com elas, pudesse atingir um grau de conhecimento negado aos animais; sussurra a Experiência.

Consequentemente, a perfeição de nossa natureza e a capacidade de felicidade devem ser estimadas pelo grau de razão, de virtude e de conhecimento, que distingue o indivíduo e dirige as leis que vinculam a sociedade. É igualmente inegável, se a humanidade for vista coletivamente, que é do exercício da razão que fluem naturalmente a virtude e o conhecimento.

Com os direitos e deveres do homem assim simplificados, parece quase impertinente tentar ilustrar verdades que parecem tão incontestáveis. No entanto, tais preconceitos profundamente enraizados turvaram a razão, e tais qualidades espúrias assumiram o nome de virtudes. É necessário seguir o curso da razão visto que tem sido confundido e envolvido em erro, por várias circunstâncias adventícias, comparando o axioma simples com desvios casuais. Homens, em geral, parecem empregar sua razão para justificar preconceitos que absorveram, mal sabem como, em vez de erradicá-los. A mente deve ser forte para formar resolutamente seus próprios princípios; pois prevalece uma espécie de covardia intelectual, que faz com que muitos homens se encolham diante da tarefa, ou apenas a façam pela metade. No entanto, as conclusões imperfeitas assim extraídas são frequentemente muito plausíveis, porque são construídas sobre a experiência parcial e de pontos de vista, embora estreitos.

Voltando aos primeiros princípios, o vício se esquiva, com toda sua deformidade natural, de uma investigação cuidadosa; mas um grupo de pensadores superficiais está sempre exclamando que esses argumentos provam demais, e que uma medida de juízo equivocado pode ser conveniente. Assim, a conveniência é continuamente contrastada com princípios simples, até que a verdade se perde em uma névoa de palavras. A virtude, nas formas, e o conhecimento soam como um nada, pelos preconceitos capciosos que assumem seu nome.

Dizer que a sociedade formada da maneira mais sábia é aquela cuja constituição é baseada na natureza do homem é algo tão forçosamente evidente para todo ser pensante que parece uma presunção tentar apresentar evidências. Contudo as provas devem ser apresentadas, caso contrário o profundo domínio da prescrição nunca será abalado pela razão, haja vista que apelar para os costumes como justificativa para que os homens (ou as mulheres) sejam privados de seus direitos naturais é um dos sofismas mais absurdos que diariamente insultam o bom senso.

A civilização da maior parte do povo europeu é muito limitada. Ainda pode-se questionar se eles adquiriram quaisquer virtudes em troca da inocência, equivalente à infelicidade produzida pelos vícios que têm se espalhado para cobrir a feiura da ignorância, e da liberdade que tem sido trocada por uma esplêndida escravidão. O desejo de deslumbrar pelas riquezas, a preeminência mais certa que o homem pode obter, o prazer de comandar bajuladores lisonjeiros e muitas outras avaliações complicadas e mesquinhas de amor próprio intenso, tudo contribuiu para dominar a maioria da humanidade e tornar a liberdade um instrumento conveniente para o patriotismo simulado. Pois, enquanto for dada extrema importância à posição e aos títulos, perante os quais o Gênio "deve esconder sua cabeça diminuída", será, com algumas exceções, muito infeliz para uma nação quando um homem de habilidades, sem posição ou propriedade, se destacar. Ai de mim! De quanta calamidade desconhecida sofreram milhares para comprar um chapéu de cardeal para um intrigante e obscuro aventureiro, que ansiava por ser classificado à altura dos príncipes, ou dominá-los, tomando a coroa tríplice!

De fato, tanta tem sido a desgraça que fluiu de honras hereditárias, riquezas e monarquia que homens de sensibilidade intensa quase proferiram a blasfêmia a fim de justificar os desígnios da Providência. O homem tem sido considerado independente do poder que o criou, ou como um planeta sem lei disparando de sua órbita para roubar o fogo celestial da razão; e a vingança do céu, à espreita na chama sutil, como as travessuras reprimidas de Pandora, puniu suficientemente sua temeridade, introduzindo o mal no mundo.

Impressionado com essa visão de desgraça e desordem que permeava a sociedade, e cansado de lutar contra os tolos dissimulados, Rousseau se apaixonou pela solidão e, sendo ao mesmo tempo um otimista, trabalhou com eloquência incomum para provar que o homem era naturalmente um animal solitário. Enganado por seu respeito à bondade de Deus, que certamente deu a vida apenas para transmitir a felicidade – pois que homem de bom senso e sentimento iria duvidar? –, ele considera o mal como algo positivo, e obra do homem, sem saber que exaltava um atributo em detrimento de outro, igualmente necessário à perfeição divina.

Criado em uma hipótese falsa, seus argumentos em favor de um estado de natureza são plausíveis, mas infundados. Digo infundados, pois, afirmar que um estado de natureza é preferível à civilização, em toda a sua perfeição possível, é, em outras palavras, denunciar a sabedoria suprema; e a exclamação paradoxal de que Deus fez todas as coisas certas e que o erro foi introduzido pela criatura, que formou, sabendo o que formou, é tão pouco filosófico quanto ímpio.

Quando aquele Ser sábio que nos criou e nos colocou aqui concebeu a bela ideia, ele desejou, permitindo que assim fosse, que as paixões desvelassem a nossa razão, porque podia ver que o mal presente produziria o bem futuro. Poderia a criatura indefesa a quem ele chamou de nada escapar de sua providência e corajosamente aprender a conhecer o bem praticando o mal, sem sua permissão? Não. Como aquele enérgico defensor da imortalidade poderia argumentar de forma tão inconsistente? Se a humanidade tivesse permanecido para sempre no estado brutal da natureza, que nem mesmo sua caneta mágica pôde pintar como um estado no qual uma única virtude se enraizou, teria sido claro, embora não para o andarilho irrefletido e sensível, que o homem nasceu para atravessar o círculo da vida e da morte e para adornar o jardim de Deus com algum propósito que não poderia ser facilmente reconciliado com seus atributos.

Mas se, para coroar o todo, tivessem sido produzidas criaturas racionais, permitidas a crescer em excelência simplesmente pelo exercício de poderes implantados para esse propósito; se a própria benevolência julgasse adequado chamar à existência uma criatura acima dos animais[1], que pudesse pensar e se aprimorar, por que razão deveria esse dom inestimável, pois era um dom ser chamado, em termos diretos, de maldição se o homem foi criado de tal forma que tivesse capacidade de se elevar acima do estado em que a sensação produziu uma calma animal? Poderia ser considerada uma maldição se toda a nossa existência fosse limitada por nossa permanência neste mundo; pois, por que deveria a graciosa fonte da vida nos dar paixões, e o poder de refletir, apenas para embeber nossos dias e nos inspirar com noções errôneas de dignidade? Por que ele nos conduziria do amor a nós mesmos às emoções sublimes que a descoberta de sua sabedoria e de sua bondade suscita, se esses sentimentos não foram postos em ação para melhorar nossa natureza da qual fazem parte², e nos tornam capazes de desfrutar uma porção de felicidade mais divina? Firmemente persuadida de que não existe nenhum mal no mundo que Deus não planejou que ocorresse, construo minha crença na perfeição de Deus.

Rousseau se esforça para provar que tudo *estava* certo originalmente, uma multidão de autores que agora tudo *está* certo, e eu, que tudo *ficará* certo.

Mas, fiel à sua primeira posição, ao lado de um estado de natureza, Rousseau celebra a barbárie e, apostrofando a sombra de Fabrício, esquece que, ao conquistar o mundo, os romanos nunca sonharam em estabelecer sua própria liberdade em uma base sólida, ou de estender o reinado da virtude. Ávido por sustentar seu sistema, ele estigmatiza todo esforço de gênio, como vicioso e, proferindo a apoteose das virtudes selvagens, exalta aquelas dos semideuses, que dificilmente eram humanos – os espartanos brutais, que, desafiando a justiça e a gratidão, sacrificavam, a sangue frio, os escravos que se mostravam heróis para resgatar seus opressores.

Desgostoso com modos e virtudes artificiais, o cidadão de Genebra, em vez de analisar adequadamente o assunto, misturou o trigo com o joio, sem aguardar para perguntar se os males que sua alma ardente afastava indignadamente eram consequência da civilização ou dos vestígios de barbárie. Viu o vício pisoteando a virtude, e uma aparente bondade no lugar da realidade; viu talentos curvados pelo poder em nome de propósitos sinistros, e nunca pensou em rastrear o gigantesco mal até o poder arbitrário, até as distinções hereditárias que se chocam com a superioridade mental que naturalmente eleva um homem acima de seus companheiros. Ele não percebeu que o poder régio, em poucas gerações, introduz o idiotismo na nobre estirpe e oferece iscas para tornar milhares ociosos e cheios de vícios.

Nada pode colocar o caráter régio sob um ponto de vista mais desprezível do que os vários crimes que elevaram os homens à dignidade suprema. Intrigas vis, crimes antinaturais e todos os vícios que degradam nossa natureza foram os passos para esta eminência distinta. Ainda assim, milhões de homens têm permitido que membros inertes da posteridade de tais predadores vorazes descansem calmamente em seus tronos ensanguentados[3].

Que outra coisa, senão um vapor pestilento, pode pairar sobre a sociedade quando seu chefe maior é apenas instruído na invenção de crimes ou na rotina estúpida de cerimônias infantis? Os homens nunca serão sábios? Nunca deixarão de esperar milho do joio e figos dos cardos?

É impossível para qualquer homem, quando as circunstâncias mais favoráveis coincidirem, adquirir conhecimento e força mental suficientes para cumprir os deveres de um rei, a quem foi confiado poder incontrolável; como, então, devem ser violados quando sua própria elevação é um obstáculo insuperável para a obtenção de sabedoria ou virtude; quando todos os sentimentos de um homem são sufocados pela lisonja e a reflexão, excluída pelo prazer! Certamente é loucura fazer o destino de milhares depender do capricho de um semelhante fraco, cuja própria posição o afunda *necessariamente* abaixo do mais mesquinho de seus súditos! Mas um poder não deve ser derrubado para exaltar outro, pois todo poder inebria o homem fraco; e seu abuso prova que, quanto mais igualdade for estabelecida entre os homens, mais virtude e felicidade reinarão na sociedade. Mas esta, e qualquer máxima semelhante deduzida da simples razão, levanta um clamor – a Igreja ou o Estado estão em perigo se a fé na sabedoria da antiguidade não está implícita; e aqueles que, despertados pela visão da calamidade humana, ousam atacar a autoridade humana, são insultados como desprezadores de Deus e inimigos do homem. Essas calúnias são amargas, mas atingiram um dos melhores homens[4], cujas cinzas ainda pregam a paz, e cuja memória exige uma pausa respeitosa, quando são discutidos assuntos que estavam tão perto de seu coração.

Depois de atacar a sagrada majestade dos reis, dificilmente causarei surpresa ao adicionar minha firme convicção de que toda profissão, na qual uma grande subordinação de posição constitui seu poder, é altamente prejudicial à moralidade.

Um exército permanente, por exemplo, é incompatível com a liberdade porque a subordinação e o rigor são os próprios pilares da disciplina militar; e o despotismo é necessário para dar vigor às empreitadas dirigidas por uma vontade. Um espírito inspirado em noções românticas de honra, uma espécie de moralidade fundada na moda da época, só pode ser sentido por alguns oficiais, enquanto o corpo principal deve ser movido por comando, como as ondas do mar; pois o forte vento da autoridade empurra a multidão de subalternos para a frente com fúria impetuosa, eles mal sabem ou se importam por quê.

Além disso, nada pode ser tão prejudicial à moral dos habitantes de cidades do interior do que a residência ocasional de um conjunto de jovens ociosos e superficiais, cuja única ocupação é o galanteio, e cujas maneiras polidas tornam o vício mais perigoso por ocultar sua deformidade sob alegres trajes ornamentais. Uma aparência de acordo com a moda, que nada mais é do que um símbolo da escravidão e prova que a alma não tem um caráter individual forte, submete o simples camponês a uma imitação dos vícios, quando não consegue captar as graças evasivas da polidez. Cada unidade militar é uma cadeia de déspotas que, submetendo-se e tiranizando sem exercer a razão, torna-se peso morto do vício e da loucura da comunidade. Um homem de posição ou fortuna, seguro de sua ascensão pelo interesse, não tem nada a fazer a não ser perseguir algum capricho extravagante; enquanto o *cavalheiro* necessitado, que tem de ascender, como bem diz a frase, por seu mérito, torna-se um parasita servil ou vil alcoviteiro.

Os marinheiros, cavalheiros navais, têm a mesma descrição, só que seus vícios assumem um aspecto diferente e mais grosseiro. São mais positivamente indolentes, quando não cumprem os cerimoniais de seu posto; ao passo que a insignificante agitação dos soldados pode ser denominada ociosidade ativa. Mais confinados à sociedade dos homens, os primeiros adquirem um gosto pelo humor e pelos truques maliciosos; enquanto os últimos, misturando-se frequentemente com mulheres bem-educadas, captam uma hipocrisia sentimental. Mas a mente está igualmente fora de questão se se entregarem a gargalhadas estrondosas ou a sorrisos educados.

Permitam-me estender a comparação a uma profissão em que certamente mais inteligência pode ser encontrada. Não tem o clero oportunidades superiores de aperfeiçoamento, embora a subordinação restrinja quase igualmente suas faculdades? A submissão cega, imposta no seminário para formar a fé, serve do noviciado ao pároco, que deve respeitar obsequiosamente a opinião do reitor ou patrono, se pretende ascender na profissão. Talvez não haja contraste mais forte do que entre o andar dependente e servil de um padre pobre e o semblante cortês de um bispo. E o respeito e o desprezo que inspiram tornam o desempenho de suas distintas funções igualmente inútil.

É de grande importância observar que o caráter de cada homem é, em certo grau, formado por sua profissão. Um homem de bom senso pode ter apenas uma aparência que se desvanece à medida que traça sua individualidade, enquanto o homem comum e fraco quase nunca tem caráter algum, exceto o que pertence ao corpo; o que parece, todas as suas opiniões foram tão impregnadas ao tonel consagrado pela autoridade que o espírito fraco que a uva de sua própria videira produz não pode ser reconhecido.

A sociedade, portanto, à medida que se torna mais esclarecida, deve ter muito cuidado para não estabelecer grupos de homens que devem necessariamente se tornar tolos ou perversos pela própria constituição de sua profissão.

Na infância da sociedade, quando os homens acabavam de sair da barbárie, os chefes e os sacerdotes, lidando com as fontes mais poderosas de conduta selvagem, a esperança e o medo, deveriam ter exercido um domínio ilimitado. Claro, a aristocracia é naturalmente a primeira forma de governo. Mas com interesses conflitantes logo perde seu equilíbrio, e a monarquia e a hierarquia emergem da confusão de lutas ambiciosas, e a base de ambas é garantida pelos mandatos feudais. Essa parece ser a origem do poder monárquico e sacerdotal e o início da civilização. Mas esses materiais combustíveis não podem ser reprimidos por muito tempo, e, ganhando força em guerras estrangeiras e insurreições intestinais, o povo adquire algum poder no tumulto, o que obriga seus governantes a encobrir sua opressão com uma demonstração de direito.

Assim, à medida que as guerras, a agricultura, o comércio e a literatura expandem a mente, os déspotas são compelidos a fazer com que a corrupção encoberta retenha o poder que antes era arrebatado pela força aberta[5]. E essa gangrena sombria é mais rapidamente espalhada pelo luxo e superstição, que são os refúgios certos da ambição. O fantoche indolente de uma corte torna-se primeiro um monstro luxuoso, ou um sensualista exigente, e então torna o contágio que seu estado não natural espalhou no instrumento da tirania.

É a púrpura pestilenta que torna o progresso da civilização em uma maldição e distorce o entendimento, até que os homens de sensibilidade duvidem se a expansão do intelecto produz uma porção maior de felicidade ou de miséria. Mas a natureza do veneno indica o antídoto; e se Rousseau tivesse subido um degrau mais alto em sua investigação, ou seu olho pudesse ter penetrado na atmosfera nebulosa, que quase desdenhou em respirar, sua mente ativa teria disparado adiante para contemplar a perfeição do homem no estabelecimento da verdadeira civilização, em vez de tomar seu voo feroz de volta à noite da ignorância sensual.

---

1. Diferentemente da opinião dos anatomistas, que argumentam por analogia a partir da formação dos dentes, estômago e intestinos, Rousseau não admite que um homem seja um animal carnívoro. E, distante da natureza por um amor ao sistema, ele contesta se o homem é um animal gregário, embora o longo e indefeso estado

de infância pareça indicá-lo como particularmente impelido a emparelhar-se, que é o primeiro passo para a associação.

2. O que você diria a um artesão, a quem tivesse pedido para fazer um relógio que apontasse apenas a hora do dia, que, para mostrar sua engenhosidade, tivesse adicionado rodas a fim de torná-lo um relógio de repetição, as quais confundissem o mecanismo simples, caso ele argumentasse, numa tentativa de se desculpar, que, se você não tivesse tocado certa mola, nunca teria descoberto nada sobre o assunto, e ele teria se divertido, fazendo uma experiência sem lhe causar nenhum dano? Você não revidaria justamente, insistindo que, se ele não tivesse adicionado aquelas rodas e molas desnecessárias, o acidente poderia não ter acontecido?

3. Há insulto maior aos direitos do homem do que o curso da justiça na França, onde um infante foi feito instrumento do detestável "Dubois"?

4. Dr. Price. (Richard Price, clérigo e filósofo).

5. Os homens letrados espalham sementes que crescem e têm grande influência na formação da opinião; e, quando a opinião pública predomina por meio do exercício da razão, a derrubada do poder arbitrário não estará muito distante.

## capítulo 2

# Discussão sobre a opinião prevalecente de um caráter sexual

Para explicar e desculpar a tirania do homem, muitos argumentos engenhosos foram apresentados para provar que os dois sexos, na aquisição da virtude, deveriam ter como objetivo atingir um caráter muito diferente: ou, para falar explicitamente, às mulheres não é permitido ter força mental suficiente para adquirir o que realmente merece o nome de virtude. No entanto, se reconhecermos que elas têm almas, poderíamos pensar que só existe um caminho apontado pela Providência para conduzir a *humanidade* à virtude ou à felicidade.

Então, se as mulheres não são um enxame de seres frívolos e efêmeros, por que deveriam ser mantidas na ignorância sob o nome ilusório de inocência? Os homens reclamam, e com razão, das loucuras e dos caprichos de nosso sexo, quando não satirizam profundamente nossas paixões fortes e vícios abjetos. Daí, devo responder, eis o efeito natural da ignorância! A mente sempre será instável, tendo apenas preconceitos em que se apoiar, e a corrente correrá com fúria destrutiva quando não houver barreiras para quebrar sua força. As mulheres são informadas desde a infância, e ensinadas pelo exemplo de suas mães, que um pouco de conhecimento da fraqueza humana, justamente chamada de astúcia, suavidade ou temperamento, obediência *externa* e uma atenção escrupulosa a um tipo pueril de decoro farão com que obtenham a proteção do homem; e, se forem bonitas, tudo o mais seria desnecessário por, pelo menos, 20 anos de suas vidas.

Assim é que Milton descreve nossa primeira e frágil mãe; embora, quando ele diz que as mulheres são feitas para a suavidade e a graça doce e atraente, eu não consiga compreender o significado, a menos que, na verdadeira linha maometana, pretendesse nos privar de almas e insinuar que éramos seres concebidos apenas por doce graça atraente e dócil obediência cega, para satisfazer os sentidos do homem quando não puder mais voar nas asas da contemplação.

Como nos insultam grosseiramente aqueles que assim nos aconselham apenas a nos tornarmos dóceis animais! Por exemplo, a suavidade vencedora tão calorosa e frequentemente recomendada, que governa obedecendo. Que expressão infantil e quão insignificante é o ser – pode ser imortal? Quem condescenderá em governar por métodos tão sinistros! "Certamente", diz Lorde Bacon, "o homem é parente dos animais pelo seu corpo; e, se não é parente de Deus por seu espírito, é uma criatura vil e ignóbil!" Os homens, de fato, parecem-me agir de uma maneira nada filosófica quando tentam assegurar a boa conduta das mulheres ao se empenhar em mantê-las sempre em um estado infantil. Rousseau foi mais consistente quando desejou interromper o progresso da razão em ambos os sexos, pois, se os homens comerem da árvore do conhecimento, as mulheres virão para experimentar; mas, a partir do cultivo imperfeito que suas compreensões agora recebem, somente alcançariam o conhecimento do mal.

As crianças, admito, devem ser inocentes. Porém, quando o epíteto é aplicado a homens ou mulheres, é apenas um eufemismo para a fraqueza. Pois, se fosse permitido que as mulheres fossem destinadas pela Providência a adquirir virtudes humanas, e pelo exercício de seu intelecto, aquela estabilidade de caráter que é o terreno mais firme para apoiar nossas esperanças futuras, elas devem ser autorizadas a se voltar para a fonte de luz, e não forçadas a moldar seu curso pelo piscar de um mero satélite. Milton, admito, era de opinião muito diferente, pois apenas se inclina para o direito irrevogável da beleza, embora seja difícil tornar consistentes duas passagens que agora pretendo contrastar. Mas em inconsistências semelhantes estão os grandes homens frequentemente guiados pelos sentidos:

> "Eva, adornada com perfeita beleza, disse-lhe assim
> Meu Autor e Meu Senhor o que me pedes,
> Sem argumentar, eu obedeço; então Deus ordena;
> Deus é a tua lei, tu a minha: não saber mais nada
> É o conhecimento mais feliz da mulher e seu melhor elogio"

Esses são exatamente os argumentos que tenho usado com as crianças. Mas eu acrescento: sua razão está ainda se formando e, até que chegue a algum grau de maturidade, vocês devem se voltar a mim em busca de conselho, depois terão de pensar por si próprias e somente confiar em Deus

Ainda assim, nas linhas seguintes Milton parece coincidir comigo, quando faz Adão protestar com seu Criador:

> "Não me fizeste teu substituto aqui,
> E estes inferiores colocados muito abaixo de mim?
> Entre *desiguais* que sociedade
> Pode ser classificada, que harmonia ou verdadeiro deleite?
> Já que deve ser mútuo, na proporção devida
> Dados e recebidos, mas em *disparidade*
> Um intenso, o outro ainda negligente
> Não combina com nenhum dos dois,
> Mas logo nasce o tédio
> Falo da *companhia*,
> Tal como procuro, apto a participar de
> Todo deleite racional"

Ao tratar, portanto, dos modos das mulheres, e desconsiderando os argumentos sensuais, vamos traçar o que devemos nos esforçar para fazê-las cooperar, se a expressão não for muito ousada, com o Ser supremo.

Entendo por educação individual, já que o sentido da palavra não é definido com precisão, aquela atenção a uma criança que irá lentamente aguçar os sentidos, formar o temperamento, regular as paixões conforme começam a fermentar e colocar o entendimento para funcionar antes que o corpo chegue à maturidade; para que o homem só tenha de prosseguir, não de começar, a importante tarefa de aprender a pensar e raciocinar.

Para evitar qualquer interpretação errada, devo acrescentar que não acredito que uma educação privada possa fazer as maravilhas que alguns escritores otimistas atribuíram a ela. Homens e mulheres devem ser educados, em grande medida, pelas opiniões e maneiras da sociedade em que vivem. Em todas as épocas, tem havido uma corrente de opinião popular que prevalece, dando um caráter familiar, por assim dizer, ao século. Pode-se então inferir com justiça que, até que a sociedade seja constituída de maneira diferente, muito não se pode esperar da educação. É, entretanto, suficiente para meu presente propósito afirmar que, quaisquer que sejam os efeitos das circunstâncias sobre as habilidades, todo ser pode se tornar virtuoso pelo exercício de sua própria razão, pois, se apenas um ser fosse criado com inclinações para o vício, isso é positivamente mau, o que poderia nos salvar do ateísmo? Ou se adoramos um Deus, não é esse Deus um demônio?

Consequentemente, a educação mais perfeita, em minha opinião, é o exercício da compreensão mais bem calculado para fortalecer o corpo e formar o coração. Ou, em outras palavras, capacitar o indivíduo a adquirir hábitos de virtude que o tornem independente. Na verdade, é uma farsa chamar de virtuoso qualquer ser cujas virtudes não resultem do exercício de sua própria razão. Essa era a opinião de Rousseau a respeito dos homens. Eu a estendo às mulheres, e afirmo com segurança que elas foram tiradas de sua esfera por falso refinamento, e não por um esforço para adquirir qualidades masculinas. Ainda assim, a homenagem régia que recebem é tão inebriante que, até que os costumes dos tempos sejam mudados e princípios mais razoáveis sejam formados, pode ser impossível convencê-las de que o poder ilegítimo que obtêm, degradando-se, é uma maldição, e que devem retornar à natureza e à igualdade, se desejam assegurar a satisfação plácida que as afeições simples geram. Mas devemos esperar – esperar por essa época, talvez, até que reis e nobres, iluminados pela razão, e, preferindo a dignidade real do homem ao estado infantil, desfaçam-se de suas espalhafatosas armadilhas hereditárias: e se, então, as mulheres não renunciarem ao poder arbitrário da beleza, provarão ter *menos* inteligência do que o homem.

Posso ser acusada de arrogância. Ainda assim, devo declarar aquilo em que acredito firmemente, que todos os escritores que escreveram sobre o assunto da educação e dos modos femininos, de Rousseau ao Dr. Gregory, contribuíram para tornar as mulheres mais artificiais e frágeis do que teriam sido e, consequentemente, mais membros inúteis da sociedade. Poderia ter expressado essa convicção em tom mais baixo, mas temo que tenha sido o gemido da afetação, e não a expressão fiel dos meus sentimentos, do resultado claro, que a experiência e a reflexão me levaram a desenhar. Quando chegar a essa divisão do assunto, mencionarei as passagens que mais particularmente desaprovo nas obras dos autores a que acabei de aludir. Porém é necessário primeiro observar que minha objeção se estende a todo o significado desses livros, que tendem, em minha opinião, a degradar metade da espécie humana e tornar as mulheres agradáveis à custa de todas as virtudes sólidas.

No entanto, para raciocinar com base no fundamento de Rousseau, se o homem alcançou certo grau de perfeição mental quando atingiu a maturidade, pode ser apropriado, para fazer do homem e de sua esposa *um só*, que ela confie inteiramente em seu intelecto. Assim a graciosa hera, agarrando o carvalho que a sustenta, formaria um todo no qual a força e a beleza seriam igualmente conspícuas. Mas ai de mim! Os maridos, assim como suas companheiras, muitas vezes são apenas crianças crescidas.

Não, graças à libertinagem inicial, dificilmente são homens no seu exterior – e se um cego guia outro cego, não é preciso alguém vir do céu para nos contar a consequência.

Muitas são as causas que, no atual estado corrupto da sociedade, contribuem para escravizar as mulheres, restringindo sua compreensão e aguçando seus sentidos. Uma, talvez, que silenciosamente causa mais danos do que todas as outras, seja a indiferença delas à ordem.

Fazer tudo ordenadamente é um preceito importantíssimo, o qual as mulheres que, em geral, recebem apenas uma educação desordenada, raramente atendem com o grau de exatidão observado pelos homens, desde a infância treinados para isso. Esse tipo negligente de conjectura (pois que outro epíteto pode ser usado para apontar os esforços aleatórios de uma espécie de bom senso instintivo, nunca levado à prova da razão?) impede generalizações dos fatos. Assim, elas fazem hoje o que fizeram ontem, simplesmente porque o fizeram ontem.

Esse desprezo pela compreensão no início da vida tem consequências mais funestas do que comumente se supõe, pois o pouco conhecimento que as mulheres de mentes fortes alcançam é, a partir de várias circunstâncias, de um tipo mais desconexo do que o conhecimento dos homens, e é adquirido mais por simples observações da vida real do que pela comparação do que foi individualmente observado com os resultados de experiências generalizadas por especulação. Levadas mais pela sua situação de dependência e empregos domésticos do que estar em sociedade, o que aprendem é antes por fragmentos, e, como para elas o aprendizado, em geral, é apenas uma coisa secundária, não se dedicam a nenhum ramo com aquele ardor perseverante necessário para dar vigor às faculdades e clareza ao julgamento. No estado atual da sociedade, um pouco de aprendizado é necessário para respaldar o caráter de um cavalheiro, e os meninos são obrigados a se submeter a alguns anos de disciplina. Mas, na educação das mulheres, o cultivo do entendimento está sempre subordinado à aquisição de algum dote físico e, mesmo quando enfraquecido pelo confinamento e pelas falsas noções de modéstia, o corpo é impedido de alcançar aquela graça e beleza que os membros relaxados e ainda pouco definidos nunca exibem. Além disso, na juventude, suas competências não são estimuladas para a competição; e, não tendo nenhum estudo científico sério, a sagacidade natural que porventura tenham volta-se muito cedo para a vida e os bons costumes. Detêm-se nos efeitos, e nas modificações, sem os rastrear até as causas; e as regras complicadas para ajustar o comportamento são um fraco substituto para princípios simples.

Como prova de que a educação dá a aparência de fraqueza às mulheres, podemos ter como exemplo os militares, que são, como elas, enviados para o mundo antes de suas mentes terem recebido conhecimento intelectual ou moral. As consequências são semelhantes, os soldados adquirem um pouco de conhecimento superficial, pego de conversas turvas sobre a atualidade e, de se misturarem continuamente com a sociedade, ganham o que se chama de conhecimento do mundo, que tem sido frequentemente confundido com um conhecimento do coração humano. Mas será que o fruto imaturo da observação casual, nunca passado à prova de julgamento, formado pela comparação entre especulação e experiência, poderia merecer tal distinção? Tanto os soldados quanto as mulheres praticam as virtudes menores com uma cortesia meticulosa. Onde está, então, a diferença sexual quando a educação é a mesma? Toda a diferença que consigo discernir surge da vantagem superior da liberdade, que permite ao primeiro ver mais da vida.

Fazer uma observação política talvez fosse se afastar de meu assunto atual, mas, como foi produzido naturalmente pela sequência de minhas reflexões, não a deixarei passar em branco.

Exércitos permanentes nunca podem consistir em homens fortes e resolutos. Podem ser máquinas bem disciplinadas, mas raramente conterão homens sob a influência de paixões fortes ou com competências muito vigorosas. E, quanto à profundidade de entendimento, arrisco-me a afirmar que esta é tão raramente encontrada no Exército quanto entre as mulheres, e a causa, insisto, é a mesma. Pode-se ainda observar que os oficiais também são particularmente atenciosos a si mesmos, gostam de dançar, de salões lotados, de aventuras e de zombarias[1]. Assim como o *sexo frágil*, o negócio de suas vidas é a galanteria. Eles foram ensinados a agradar e só vivem para isso. No entanto, não perdem sua posição na distinção dos sexos, pois ainda são considerados superiores às mulheres, embora seja difícil descobrir em que consiste sua superioridade, além do que acabo de mencionar.

O grande infortúnio é que ambos adquirem boas maneiras antes da moral e um conhecimento da vida antes de terem, por reflexão, qualquer conhecimento do grande esboço ideal da natureza humana. A consequência é natural: satisfeitos com a natureza comum, tornam-se presas de preconceitos e, acreditando em todas as suas opiniões, submetem-se cegamente à autoridade. De modo que, se têm algum senso, é uma espécie de olhar instintivo, que capta proporções e decide quanto aos costumes, mas falha quando os argumentos devem ser perseguidos mais profundamente ou as opiniões analisadas.

A mesma observação não pode ser aplicada às mulheres? Não, o argumento deve ser levado ainda mais longe, pois ambos são expulsos de uma posição útil pelas distinções não naturais estabelecidas na vida civilizada. As riquezas e as honras hereditárias fizeram das mulheres nulidades somente para dar valor à figura numérica, e a ociosidade produziu na sociedade uma mistura de galanteria e despotismo que leva os próprios homens que são escravos de suas amantes a tiranizar suas irmãs, esposas e filhas. Isso, é verdade, significa apenas mantê-las no seu lugar. Fortaleçam a mente feminina ampliando-a, e a obediência cega terminará. Mas, como a obediência cega é sempre buscada pelo poder, os tiranos e os homens sensuais têm razão quando se empenham em manter as mulheres no escuro, porque os primeiros só querem escravas e os últimos uma coisa para brincar. O homem sensual, de fato, foi o mais perigoso dos tiranos, e as mulheres têm sido enganadas por seus amantes, como príncipes por seus ministros, enquanto sonham que reinam sobre eles.

Agora aludo principalmente a Rousseau, pois sua personagem Sophia é, sem dúvida, cativante, embora me pareça grosseiramente antinatural. Entretanto, não é a superestrutura, mas o fundamento de seu caráter, os princípios sobre os quais sua educação foi construída, que pretendo atacar. Não, por mais que admire calorosamente o gênio desse escritor competente, cujas opiniões terei muitas vezes a oportunidade de citar, a indignação sempre toma lugar da admiração, e a carranca rígida da virtude insultada apaga o sorriso de complacência, que seus períodos eloquentes estão acostumados a levantar, quando leio seus devaneios voluptuosos. É esse o homem que, em seu ardor pela virtude, baniria todas as artes suaves da paz e quase nos levaria de volta à disciplina espartana? É esse o homem que se deleita em pintar as lutas úteis da paixão, os triunfos das boas provisões e os voos heroicos que tiram a alma brilhante de si mesma? Como esses sentimentos poderosos diminuem quando descreve o pé bonito e os ares atraentes de sua pequena favorita! Mas, por enquanto, abandono o assunto e, em vez de repreender severamente as efusões transitórias de sensibilidade arrogante, devo apenas observar que quem lançou um olhar benevolente sobre a sociedade muitas vezes deve ter ficado satisfeito com a visão de amor mútuo e humilde, não dignificado pelo sentimento, ou fortalecido por uma união em atividades intelectuais. As ninharias domésticas da época proporcionaram assuntos para conversas alegres, e inocentes carícias suavizaram labutas que não exigiam grande exercício da mente ou extensão de pensamento. Contudo, a visão dessa felicidade moderada não despertou mais ternura do que respeito? Uma emoção semelhante à que sentimos quando crianças brincam, ou animais se divertem[2], enquanto a contemplação das nobres lutas do mérito do sofrimento suscita admiração e transporta nossos pensamentos para aquele mundo onde a sensação dará lugar à razão.

As mulheres devem, portanto, ser consideradas ou como seres morais, ou tão fracas que devem ser inteiramente submetidas às competências superiores dos homens.

Vamos examinar essa questão. Rousseau declara que uma

mulher nunca deve, por um momento, se sentir independente, que deve ser governada pelo medo de exercer sua astúcia *natural* e feita uma escrava coquete a fim de torná-la um objeto de desejo mais atraente, uma companheira *mais doce* para o homem, sempre que ele decidir relaxar. Ele carrega ainda mais os argumentos que pretende extrair das indicações da natureza, e insinua que a verdade e a fortaleza, pedras angulares de toda virtude humana, devem ser cultivadas com certas restrições porque, no que diz respeito ao caráter feminino, a obediência é a grande lição que deve ser impressa com rigor implacável

Que absurdo! Quando se levantará um grande homem com força de espírito suficiente para dissipar a névoa que o orgulho e a sensualidade assim espalharam sobre o assunto! Se as mulheres são por natureza inferiores aos homens, suas virtudes devem ser as mesmas em qualidade, senão em grau, ou a virtude é uma ideia relativa, portanto, sua conduta deve ser fundamentada nos mesmos princípios e ter o mesmo objetivo.

Ligadas ao homem como filhas, esposas e mães, seu caráter moral pode ser avaliado por sua maneira de cumprir esses deveres simples. Mas o fim, o grande objetivo de seus esforços, deve ser desenvolver suas próprias competências e adquirir a dignidade da virtude consciente. Elas podem tentar tornar seu caminho agradável, mas nunca deveriam esquecer, assim como o homem, que a vida não produz a felicidade que pode satisfazer uma alma imortal. Não pretendo insinuar que ambos os sexos deveriam se perder em reflexões abstratas ou visões distantes, a ponto de esquecer os afetos e deveres que estão diante deles e são, na verdade, os meios indicados para produzir o fruto da vida. Pelo contrário, eu os recomendaria calorosamente, afirmando que eles proporcionam mais satisfação quando são considerados em sua luz verdadeira e sóbria.

Provavelmente, a opinião predominante, de que a mulher foi criada para o homem, pode ter se originado da história poética de Moisés. Contudo, como se supõe que muito poucos dos que refletiram seriamente sobre o assunto presumiram que Eva era, literalmente falando, uma das costelas de Adão, a dedução deve cair por terra ou apenas ser admitida na medida em que prova que o homem, desde a mais remota antiguidade, achou-a conveniente para exercer sua força para subjugar sua companheira e usou sua invenção para mostrar que ela deveria ter seu pescoço sob o jugo, porque toda a criação foi feita apenas para sua conveniência ou seu prazer.

Que não se conclua que desejo inverter a ordem das coisas. Já reconheci que, a partir da constituição de seus corpos, os homens parecem ser designados pela Providência para atingir um grau maior de virtude. Falo coletivamente de todo o sexo, mas não vejo a sombra de uma razão para concluir que suas virtudes devem diferir em relação à sua natureza. Na verdade, como poderia ser desse jeito se a virtude tem apenas um padrão eterno? Portanto, se raciocinar logicamente, devo sustentar com a mesma veemência que as virtudes seguem a mesma direção simples como sustento a existência de um Deus.

Segue-se, então, que a astúcia não deve ser oposta à sabedoria, nem pequenos cuidados aos grandes esforços, nem a suavidade insípida, envernizada com o nome de gentileza, contrária àquela fortaleza que somente grandes visões podem inspirar.

Disseram-me que a mulher perderia muitas de suas graças peculiares, e a opinião de um poeta bem conhecido poderia ser citada para refutar minha afirmação irrestrita. Pois Pope disse, em nome de todo o sexo masculino:

"Porém nunca tão segura de suscitar nossa paixão,
Como quando ela chegou ao limite de tudo o que odiamos"

Em que luz este gracejo coloca homens e mulheres, deixarei para o judicioso determinar. Enquanto isso, vou me contentar em observar que não posso descobrir por que, a menos que sejam mortais, as mulheres devem sempre ser degradadas por serem submetidas ao amor ou à luxúria.

Falar desrespeitosamente sobre o amor é, eu sei, alta traição contra a sensibilidade e os sentimentos refinados, mas desejo falar a linguagem simples da verdade, e antes me dirigir à cabeça do que ao coração. Esforçar-se por eliminar o amor do mundo seria superar Quixote de Cervantes e igualmente ofender o bom senso. Mas um esforço para conter essa paixão tumultuada, e para provar que não deve ser permitido destronar poderes superiores, ou usurpar o cetro que o entendimento deve sempre brandir frio, parece menos selvagem.

A juventude é a época do amor para ambos os sexos, mas, nesses dias de prazer irrefletido, providências devem ser tomadas para os anos mais importantes da vida, quando a reflexão toma lugar da sensação. Mas Rousseau, e a maioria dos escritores do sexo masculino que seguiram seus passos, defende calorosamente que toda a tendência da educação feminina deva ser dirigida a um ponto: torná-las agradáveis.

Deixem-me argumentar com os defensores dessa opinião que têm algum conhecimento da natureza humana, pois eles imaginam que o casamento pode erradicar o hábito de vida. A mulher que só foi ensinada a agradar logo descobrirá que seus encantos são raios de sol oblíquos e que não podem ter muito efeito no coração do marido quando são vistos todos os dias, quando o verão já passou e foi embora. Ela terá então energia nata suficiente para olhar para si mesma em busca de conforto e cultivar suas competências adormecidas? Ou não seria mais racional esperar que ela tente agradar a outros homens e, nas emoções suscitadas pela expectativa de novas conquistas, procure esquecer a mortificação que seu amor ou orgulho receberam? Quando o marido deixa de ser um amante, e o tempo inevitavelmente chegará, seu desejo de agradar se tornará lânguido ou se tornará uma fonte de amargura, e o amor, talvez a mais evanescente de todas as paixões, dá lugar ao ciúme ou à vaidade.

Agora falo de mulheres que são restringidas por princípios ou preconceitos. Tais mulheres, embora evitem uma intriga com verdadeira aversão, ainda assim desejam ser convencidas pela homenagem da galanteria de que são cruelmente negligenciadas por seus maridos; ou dias e semanas são gastos sonhando com a felicidade desfrutada por almas amigáveis até que sua saúde seja minada e seus espíritos quebrados pelo descontentamento. Como pode então a grande arte de agradar ser um estudo tão necessário? Só é útil para uma amante. A esposa casta e mãe séria deve considerar seu poder de agradar apenas como o polimento de suas virtudes, e a afeição de seu marido como um dos confortos que tornam sua tarefa menos difícil e sua vida mais feliz. Mas, seja ela amada ou negligenciada, seu primeiro desejo deve ser tornar-se respeitável, e não depositar toda a sua felicidade em um sujeito com fraquezas semelhantes às dela.

O ilustre Dr. Gregory cometeu um erro semelhante. Respeito seu bom coração, mas desaprovo totalmente seu célebre livro *A Father's Legacy to His Daughters*.

Ele as aconselha a cultivar o gosto pela moda, porque isso, afirma, é natural nelas. Não consigo compreender o que ele ou Rousseau querem dizer quando frequentemente usam esse termo indefinido. Se nos dissessem que, em um estado preexistente, a alma gostasse de se vestir e trouxesse essa inclinação com ela para um novo corpo, eu deveria ouvi-los com um meio sorriso, como sempre faço quando ouço um discurso retórico sobre a elegância inata. Mas, se o Dr. Gregory apenas quis dizer que o exercício das competências produzirá esse gosto, eu nego. Não é natural, mas surge, como a falsa ambição do amor ao poder nos homens.

O Dr. Gregory vai muito mais longe. Na verdade, recomenda a dissimulação e aconselha uma garota inocente a mentir seus sentimentos, e não dançar com vivacidade, quando a alegria do coração tornaria seus pés eloquentes sem tornar seus gestos indecentes. Em nome da verdade e do bom senso, por que uma mulher não deveria reconhecer que pode fazer mais exercícios do que outra? Ou, em outras palavras, que ela tem uma constituição sadia. E por que, para sufocar a vivacidade inocente, ela sombriamente ouvirá que os homens tirarão conclusões que nem pensa? Deixe o libertino pensar o que desejar. Mas espero que nenhuma mãe sensata reprima a franqueza natural da juventude dando advertências tão indecentes. A boca exprime a abundância do coração, e alguém mais sábio do que Salomão disse que o coração deveria ser purificado, mas não devem ser observadas cerimônias triviais, que não é muito difícil de cumprir com rigor escrupuloso quando o vício reina no coração.

As mulheres devem se esforçar para purificar seu coração, mas podem fazê-lo quando seus entendimentos incultos as tornam inteiramente dependentes de seus sentidos para se ocuparem e se divertirem, quando nenhuma busca nobre as coloca acima das pequenas vaidades do dia, ou lhes permite conter as emoções selvagens que agitam o junco sobre o qual toda a brisa que passa tem poder? Para ganhar as afeições de um homem virtuoso, a afetação é necessária? A natureza deu à mulher uma estrutura mais fraca do que a do homem. Mas, para garantir os afetos de seu marido, uma esposa deve, pelo exercício de sua mente e seu corpo enquanto ela estava cumprindo os deveres de filha, esposa e mãe, permitindo que sua constituição retivesse sua força natural, e seus nervos um tom saudável, ela deve, pergunto, condescender em usar artimanhas e fingir uma delicadeza doentia para conquistar o afeto do marido? A fraqueza pode despertar ternura e satisfazer o orgulho arrogante do homem, mas as carícias nobres de um protetor não irão satisfazer uma mente nobre que deseja e merece ser respeitada. O carinho é um péssimo substituto para a amizade!

Em um harém, admito, em que todas essas artes são necessárias, o epicurista deve ter seu paladar aguçado, ou afundará na apatia. Mas as mulheres têm tão pouca ambição a ponto de ficarem satisfeitas com tal condição? Podem sonhar a vida no colo do prazer ou no langor do cansaço, em vez de afirmar sua pretensão de buscar prazeres razoáveis e se tornar conspícuas praticantes das virtudes que dignificam a humanidade? Certamente, ela não tem uma alma imortal, podendo desperdiçar a vida apenas empregada para enfeitar sua pessoa, para que ela possa divertir as horas lânguidas e suavizar os cuidados de um semelhante que está disposto a ser animado por seus sorrisos e truques quando o assunto sério da vida acabou.

Além disso, a mulher que fortalece seu corpo e exercita sua mente, por administrar sua família e praticar várias virtudes, se tornará amiga, e não uma dependente humilde de seu marido. E se, por possuir tais qualidades substanciais, merece seu respeito, ela não achará necessário esconder sua afeição nem fingir uma frieza anormal de constituição para excitar as paixões de seu marido. Na verdade, se voltarmos à história, descobriremos que as mulheres que se destacaram não foram nem as mais bonitas nem as mais gentis de seu sexo.

A natureza ou, para falar com estrita propriedade, Deus fez todas as coisas certas, mas o homem realizou muitas invenções para estragar a obra. Agora me refiro àquela parte do tratado do Dr. Gregory em que aconselha a esposa a nunca deixar seu marido saber a extensão de sua sensibilidade ou seu afeto. Uma precaução voluptuosa e tão ineficaz quanto absurda. O amor, por sua própria natureza, deve ser transitório. Buscar um segredo que o tornasse constante seria uma busca tão selvagem quanto a pedra filosofal, ou a grande panaceia: e a descoberta seria igualmente inútil, ou melhor, perniciosa para a humanidade. O vínculo mais saudável da sociedade é a amizade. Bem disse um satírico astuto, "que "raro é o amor verdadeiro, a amizade verdadeira é ainda mais rara".

Essa é uma verdade óbvia, e a causa, não sendo profunda, não escapará a um leve olhar de indagação.

O amor, a paixão comum, na qual o acaso e a sensação ocorrem por escolha e razão, é, em certo grau, sentido pela humanidade inteira, pois não é necessário falar, no momento, das emoções elevadas ou inferiores que ele suscita. Essa paixão, naturalmente aumentada pelo suspense e pelas dificuldades, tira a mente de seu estado habitual e exalta as afeições, mas a segurança do casamento, que permite que a febre do amor diminua a uma temperatura saudável, é considerada insípida apenas por aqueles que não têm intelecto suficiente para substituir a admiração cega e as emoções sensuais pela calma ternura da amizade e a confiança do respeito.

Esse é, e deve ser, o curso da natureza. A amizade ou a indiferença inevitavelmente se sucedem ao amor. E essa constituição parece harmonizar-se perfeitamente com o sistema de governo que prevalece no mundo moral. As paixões são estímulos para a ação e abrem a mente, mas elas caem em meros apetites, tornam-se uma gratificação pessoal e momentânea quando o objetivo é alcançado, e a mente satisfeita repousa no gozo. O homem que teve alguma virtude enquanto lutava por uma coroa muitas vezes se torna um tirano voluptuoso quando ela enfeita sua testa; e, quando o amante não está perdido no marido, o senil, vítima de caprichos infantis e de ciúmes afetuosos, negligencia os sérios deveres da vida, e as carícias que deveriam despertar segurança em seus filhos são desperdiçadas com uma criança crescida, sua esposa.

A fim de cumprir os deveres da vida e poder exercer com vigor os vários empregos que constituem o caráter moral, um pai e uma mãe de família não devem continuar a amar-se com paixão. Quero dizer que não devem ceder às emoções que perturbam a ordem da sociedade e absorvem os pensamentos que deveriam ser empregados de outra forma. A mente que nunca foi absorvida por um objetivo carece de vigor e, ficará cada vez mais fraca, se tal situação perdurar.

Uma educação errada, uma mente estreita e inculta e muitos preconceitos sexuais tendem a tornar as mulheres mais constantes do que os homens. Por enquanto, não tocarei nesse aspecto da questão. Irei ainda mais longe e adiante, sem julgar possível um paradoxo, que um casamento infeliz costuma ser muito vantajoso para uma família, e que a esposa negligenciada é, em geral, a melhor mãe. E isso quase sempre seria a consequência se a mente feminina tivesse sido mais aberta: pois parece ser a dispensa comum da Providência que o que ganhamos no presente prazer deve ser deduzido do tesouro da vida, a experiência, e, quando estamos colhendo as flores do dia a dia e nos deleitando com prazer, não devemos estar colhendo ao mesmo tempo o fruto sólido do trabalho árduo e da sabedoria. O caminho está diante de nós, devemos virar para a direita ou para a esquerda, e aquele que vai passar a vida saltando de um prazer para outro não deve reclamar se não adquirir sabedoria nem respeitabilidade de caráter.

Supondo, por um momento, que a alma não seja imortal e que o homem foi criado apenas para a cena presente, acho que deveríamos ter motivos para reclamar que o amor, como uma paixão infantil, sempre se torna insípido e empalidece com os sentidos. Comamos, bebamos e amemos, pois amanhã morreremos seria, de fato, a linguagem da razão, a moralidade da vida. E quem, senão um tolo, trocaria uma realidade por uma sombra fugaz? Mas, se nos assombrarmos ao observar os improváveis poderes da mente, desdenhamos confinar nossos desejos ou pensamentos a um campo de ação comparativamente medíocre. Isso só parece grandioso e importante, pois está conectado com uma perspectiva ilimitada e esperanças sublimes, que necessidade há de falsidade na conduta, e por que a sagrada majestade da verdade deve ser violada para deter um bem enganoso que destrói o próprio fundamento da virtude? Por que a mente feminina deve ser contaminada por artes coquetes para gratificar a sensualidade dos homens e evitar que o amor se transforme em amizade, ou ternura compassiva, quando não há qualidades nas quais a amizade pode ser construída? Deixemos que o coração honesto se mostre e a *razão* ensine a paixão a se submeter à necessidade ou que a busca digna da virtude e do conhecimento eleve a mente acima daquelas emoções que mais embebem do que adoçam o cálice da vida, quando não são restringidas dentro dos devidos limites.

Não pretendo aludir à paixão romântica, que é concomitante do gênio. Quem pode cortar suas asas? Mas aquela grande paixão, sem comparação aos prazeres insignificantes da vida, só é fiel ao sentimento e se alimenta de si mesma. As paixões que foram celebradas por sua durabilidade sempre foram infelizes. Devem sua força à ausência e à melancolia que as constituem. A fantasia paira em torno de uma forma de beleza vagamente vista, mas a familiaridade pode ter transformado a admiração em desgosto;

ou, pelo menos na indiferença, permitir o lazer da imaginação começar um novo jogo. Com perfeita propriedade, de acordo com essa visão das coisas, Rousseau faz com que a dona de sua alma, Eloísa, ame Saint-Preux, quando a vida estava se esvaindo diante dela, mas isso não é prova da imortalidade da paixão.

Do mesmo jeito é o conselho do Dr. Gregory a respeito da delicadeza dos sentimentos, que aconselha à mulher que não a adquira se está decidida a se casar. Essa determinação, entretanto, perfeitamente consistente com seu conselho anterior, ele chama de *indelicada*, e persuade sinceramente suas filhas a escondê-la, embora possa governar sua conduta como se fosse indelicado ter os apetites comuns da natureza humana.

Nobre moralidade! E consistente com a prudência cautelosa de uma pequena alma que não pode estender seus pontos de vista para além da presente divisão minúscula da existência. Se todas as competências da mente da mulher devem ser cultivadas na medida em que respeitem sua dependência do homem; se, quando tiver um marido, ela alcançou seu objetivo, e mesquinhamente orgulhosa descansa satisfeita com uma coroa tão insignificante, elevada um pouco acima do reino animal por sua ocupação; mas se, lutando pelo prêmio de sua alta vocação, olha além do presente, que cultive seu intelecto sem parar para considerar que caráter pode ter o marido com quem está destinada a se casar. Deixe-a apenas determinar, sem se preocupar demais com a felicidade presente, adquirir as qualidades que enobrecem um ser racional, e um marido rude e deselegante pode chocar seu gosto sem destruir sua paz de espírito. Ela não modelará sua alma para se adequar às fragilidades de seu companheiro, mas para suportá-las: seu caráter pode ser uma prova, mas não um impedimento à virtude.

Se o Dr. Gregory confinou sua observação às expectativas românticas do amor fiel e dos sentimentos agradáveis, deveria ter se lembrado de que a experiência banirá qualquer conselho que nunca nos faça parar de desejar, quando a imaginação é mantida viva com o esgotamento da razão.

Admito que acontece com frequência que mulheres que

nutriram uma delicadeza de sentimento romântica e antinatural desperdiçaram sua³ vida, imaginando como deveriam ter sido felizes com um marido que as tivesse amado com um afeto cada vez mais fervoroso, todos os dias, e o dia todo. Mas poderiam definhar tanto casadas como solteiras e não seriam nem um pouco mais infelizes com um mau marido do que ansiosas por um bom. Uma educação adequada ou, para ser mais precisa, uma mente bem formada capacitaria a mulher a tolerar uma vida de solteira com dignidade. Mas evitar cultivar seu gosto para que seu marido não venha se opor a ele ocasionalmente equivale a renunciar à substância pelo irreal. Para dizer a verdade, não sei para que serve um gosto refinado se o indivíduo não se torna mais independente às contingências da vida, se novas fontes de prazer, apenas dependentes das operações solitárias da mente, não forem abertas. As pessoas de bom gosto, tanto as casadas quanto as solteiras, estarão sempre descontentes com as várias coisas que comovem as mentes não tão observadoras. O argumento não deve depender dessa conclusão, mas em toda a soma do prazer deve o gosto ser denominado uma bênção?

A questão é saber se isso proporciona mais dor ou prazer. A resposta decidirá a propriedade do conselho do Dr. Gregory e mostrará quão absurdo e tirânico é, portanto, estabelecer um sistema de escravidão, ou tentar educar os seres morais por quaisquer outras regras além daquelas deduzidas da razão pura, que se aplicam a toda a espécie.

A doçura dos modos, a tolerância e o sofrimento prolongado são qualidades divinas tão amáveis como as de Deus, que em sublimes notas poéticas a Divindade envolve-se nelas; e, talvez, nenhuma representação de sua bondade se fixe tão fortemente nas afeições humanas como aquelas que o representam abundante em misericórdia e disposição para perdoar. A doçura, considerada sob esse ponto de vista, traz em sua frente todas as características da grandeza, combinadas com as graças vencedoras da condescendência; mas que aspecto diferente assume quando é o comportamento submisso da dependência, o suporte da fraqueza que ama, porque quer proteção; e é tolerante, porque deve silenciosamente suportar as injúrias; sorrindo sob o chicote contra o qual não ousa rosnar. Por mais abjeta que essa imagem pareça, é o retrato de uma mulher realizada, de acordo com a opinião recebida da excelência feminina, separada da excelência humana por argumentadores capciosos. Ou, então, eles[4] restauram gentilmente a costela e fazem um ser moral tanto do homem quanto da mulher, não esquecendo de dar a ela todos os "encantos de submissão".

A nós não é dito, como deve ser a existência das mulheres que não casam e nem têm promessa de casamento. Pois, embora os moralistas tenham concordado que o teor da vida parece provar que o *homem* está preparado para várias circunstâncias para um estado futuro, eles concordam constantemente em aconselhar a *mulher* apenas para prover ao presente. A gentileza, a docilidade e um afeto servil são, nesta base, consistentemente recomendados como as virtudes cardeais do sexo, e, ignorando a economia arbitrária da natureza, um escritor declarou que é masculino para uma mulher ser melancólica. Ela foi criada para ser o brinquedo do homem, o seu chocalho, e deve tilintar em seus ouvidos sempre que, descartando a razão, ele opta por se divertir.

Recomendar gentileza, de fato, em uma base ampla é estritamente filosófica. Um ser frágil deve trabalhar para ser gentil. Mas, quando a paciência confunde o certo e o errado, deixa de ser uma virtude, e, por mais conveniente que possa ser encontrar uma companheira, essa companheira será sempre considerada inferior, e apenas inspirará uma ternura insípida, que facilmente degenera em desprezo. Ainda assim, se o conselho pudesse realmente fazer um ser gentil, cuja disposição natural admitisse não ser tão refinada, algo em direção ao avanço da ordem seria alcançado. Mas se, como poderia ser rapidamente demonstrado, apenas a afetação fosse produzida por esse conselho indiscriminado, que lança um tropeço no caminho da melhoria gradual, e verdadeira melhora do temperamento, o sexo não é muito beneficiado pelo sacrifício de virtudes sólidas para a obtenção de graças superficiais, embora por alguns anos possam obter o domínio real dos indivíduos.

Como filósofa, li com indignação os epítetos plausíveis que os homens usam para suavizar seus insultos e, como moralista, pergunto o que se entende por associações heterogêneas, como defeitos justos, fraquezas amigáveis etc.? Se houver apenas um critério de moral, um só arquétipo para o homem, as mulheres parecem estar suspensas pelo destino, de acordo com a lenda popular do caixão de Maomé. Elas não têm nem o instinto infalível dos animais, nem lhes é permitido fixar o olho da razão em um modelo perfeito. Foram feitas para serem amadas, e não devem ter como objetivo o respeito, para que não sejam expulsas da sociedade como sendo masculinas.

Mas vejamos o assunto sob outro ponto de vista. As mulheres indolentes e passivas são as melhores esposas? Limitando nossa discussão ao momento presente da existência, vejamos como essas criaturas fracas desempenham sua parte. As mulheres que, pela obtenção de algumas qualidades superficiais, reforçaram o preconceito prevalecente apenas contribuem para a felicidade de seus maridos? Elas exibem seus encantos apenas para diverti-lo? E as mulheres que desde cedo absorveram noções de obediência passiva têm caráter suficiente para administrar uma família ou educar os filhos? Longe disso, que, depois de fazer um levantamento da história da mulher, não posso ajudar, concordando com os mais severos críticos, considerando o sexo feminino como a metade mais fraca e a mais oprimida da espécie. O que a história revela senão marcas de inferioridade, e quão poucas mulheres se emanciparam do jugo exasperante do homem soberano? Tão poucas, que as exceções me lembram de uma conjectura engenhosa a respeito de Newton: que ele era provavelmente um ser de uma ordem superior, acidentalmente enjaulado em um corpo humano. Seguindo a mesma linha de pensamento, fui levada a imaginar que as poucas mulheres extraordinárias que correram em direções excêntricas para fora da órbita prescrita para seu sexo eram espíritos *masculinos*, confinados por engano em molduras femininas. Mas se não é filosófico pensar em sexo quando se fala em alma, a inferioridade deve depender dos órgãos, ou o fogo celestial, que deve fermentar o barro, não é dado em porções iguais.

Mas evitando, como tenho feito até agora, qualquer comparação direta dos dois sexos coletivamente, ou reconhecendo francamente a inferioridade da mulher, de acordo com a aparência atual das coisas, apenas insistirei que os homens aumentaram essa inferioridade até que as mulheres estejam quase afundadas abaixo do padrão das criaturas racionais. Deixe que suas faculdades tenham espaço para se desenvolver e suas virtudes para ganhar força, e então determine onde todo o sexo deve se posicionar na escala intelectual. No entanto, é preciso lembrar que não peço um lugar para um pequeno número de mulheres ilustres.

É difícil para nós, mortais de visão, dizer até que ponto as descobertas e as melhorias humanas podem chegar quando a escuridão do despotismo diminui, o que nos fez tropeçar a cada passo; mas, quando a moralidade for estabelecida em uma base mais sólida, sem ser dotada de um espírito profético, então arriscarei predizer que a mulher será ou amiga ou escrava do homem. Não devemos, como fazemos agora, duvidar se ela é um agente moral, ou um elo que une o homem aos animais. Mas, se ficar claro que, como os animais, elas foram criadas principalmente para o uso do homem, ele as deixará pacientemente morder o freio e não zombará delas com elogios vazios; ou, se sua racionalidade for provada, ele não impedirá seu aperfeiçoamento meramente para satisfazer seus apetites sensuais. Ele não irá, com todas as graças da retórica, dar conselhos a elas para que submetam seu intelecto à orientação do homem. Ele não irá, quando se tratar da educação das mulheres, afirmar que elas nunca devem ter o uso livre da razão, nem recomendará astúcia e dissimulação a seres que estão adquirindo, como ele, as virtudes da humanidade.

Certamente só pode haver uma regra de direito, se a moralidade tem um fundamento eterno, e quem sacrifica a virtude, estritamente assim chamada, para apresentar conveniência, ou cujo *dever* é agir dessa maneira, vive apenas para o dia que passa, e não pode ser uma criatura responsável.

O poeta, então, deveria ter deixado cair seu escárnio quando disse:

"Se mulheres fracas se perdem,
As estrelas são mais culpadas do que elas"

Porque é certo que elas estão ligadas pela inquebrável cadeia do destino, se for provado que elas nunca devem exercer sua própria razão, nunca ser independentes, nunca se colocar acima da opinião comum, ou sentir a dignidade de uma vontade racional que apenas se curva a Deus, e muitas vezes se esquece de que o universo contém qualquer ser além de si mesmo e o modelo de perfeição para o qual seu olhar ardente se volta, para adorar atributos que, suavizados em virtudes, podem ser imitados na espécie, embora a intensidade subjugue a mente extasiada.

Digo, sem fazer maiores declarações, que, se a Razão oferece sua luz sóbria, se elas são realmente capazes de agir como criaturas racionais, que não sejam tratadas como escravas ou como animais, que, quando se associam ao homem, dependem da sua razão. Mas, ao contrário, cultivem suas mentes, deem a elas o freio salutar e sublime dos princípios, e deixem que alcancem a dignidade consciente por se sentirem dependentes apenas de Deus. Ensinem-nas, assim como ao homem, a submeter-se à necessidade, em vez de atribuir um sexo à moral, para torná-las mais agradáveis.

Além disso, se a experiência provar que elas não podem atingir o mesmo grau de força mental, perseverança e fortaleza, que suas virtudes sejam do mesmo tipo, embora possam lutar em vão pelo mesmo grau; e a superioridade do homem será igualmente clara, senão mais clara; e a verdade, por ser um princípio simples, que não admite modificação, seria comum a ambos. Não, a ordem da sociedade, como é atualmente regulamentada, não seria invertida, pois a mulher teria apenas a posição que a razão lhe designou, e artifícios não poderiam ser praticados para estabelecer o equilíbrio, muito menos para alterá-lo.

Esses podem ser considerados sonhos utópicos. Graças àquele Ser que os gravou em minha alma e me deu força de espírito suficiente para ousar exercer minha própria razão, até que, tornando-me dependente apenas dele para o sustento de minha virtude, vejo, com indignação, as noções erradas para escravizar o meu sexo.

Amo o homem como meu companheiro, mas seu cetro, real ou usurpado, não se estende a mim, a menos que a razão de um indivíduo exija minha homenagem; e mesmo assim a submissão é à razão, e não ao homem. Na verdade, a conduta de um ser responsável deve ser regulada pelas operações de sua própria razão; ou em que fundamento está o trono de Deus?

Parece-me necessário insistir nessas verdades óbvias, porque as mulheres foram isoladas, por assim dizer; e, embora tenham sido despojadas das virtudes que deveriam revestir a humanidade, foram adornadas com graças artificiais que as capacitam a exercer uma tirania efêmera. O amor, em seu peito, tomando o lugar de todas as paixões mais nobres, sua única ambição é ser bela, despertar emoção em vez de inspirar respeito; e este desejo desprezível, como o servilismo nas monarquias absolutas, destrói toda força de caráter. A liberdade é a mãe da virtude, e se as mulheres são, por sua própria constituição, escravas, e não têm permissão para respirar o ar revigorante e agudo da liberdade, elas devem sempre definhar como seres exóticos e ser consideradas como belos defeitos na natureza.

Quanto ao argumento a respeito da sujeição em que o sexo já foi mantido, ele se volta contra o homem. Muitos sempre foram fascinados por poucos; e monstros, que mal mostraram qualquer discernimento da excelência humana, tiranizaram milhares de seus semelhantes. Por que os homens de talentos superiores se submeteram a tal degradação? Pois não é universalmente reconhecido que os reis, vistos coletivamente, sempre foram inferiores, em habilidades e virtude, ao mesmo número de homens retirados da massa comum da humanidade, ainda assim, não foram, e não são ainda tratados com um grau de reverência que é um insulto à razão? A China não é o único país onde um homem vivo foi feito

Deus. Os *homens* têm se submetido a forças superiores para gozar impunemente do prazer do momento e as *mulheres* só fazem o mesmo e, portanto, até que seja provado que o cortesão, que servilmente se submete a um homem seus direitos garantidos desde o nascimento, não é um agente moral, não pode ser demonstrado que a mulher é essencialmente inferior ao homem porque ela sempre foi subjugada.

A força bruta até agora tem governado o mundo, e que a ciência da política está em sua infância fica evidente pelo escrúpulo dos filósofos em dar ao homem um conhecimento mais útil do que essa distinção determinada.

Não prosseguirei com esse argumento a não ser para estabelecer uma inferência óbvia, de que à medida que políticas sólidas difundem a liberdade, a humanidade, incluindo a mulher, ela se tornará mais sábia e virtuosa.

---

1. Por que as mulheres devem ser censuradas com um azedume petulante por parecem ter uma paixão por um casaco escarlate? A educação não as colocou mais no nível dos soldados do que no de qualquer outra classe de homens?

2. Sentimentos semelhantes tem o quadro agradável da felicidade paradisíaca de Milton, sempre despertados em minha mente. No entanto, em vez de invejar o adorável par, eu tenho, com dignidade consciente, ou orgulho satânico, voltado para o inferno por objetos mais sublimes. No mesmo estilo, ao ver algum monumento nobre da arte humana, tracei a emanação da Divindade na ordem que admirava, até que, descendo daquela altura vertiginosa, me peguei contemplando a mais grandiosa de todas as visões humanas, por fantasia rapidamente colocada, em algum recesso solitário, um pária da fortuna, ascendendo superior à paixão e ao descontentamento.

3. Por exemplo, o rebanho de romancistas.

4. Vide Rousseau e Swedenborg.

## capítulo 3

# Continuação do mesmo assunto

A força física, distinção dos heróis, é atualmente alvo de desprezo tão imerecido que tanto os homens como as mulheres parecem considerá-la desnecessária: essa última, pois, tira de suas graças femininas, e de sua adorável fragilidade, a fonte de seu poder indevido, e o primeiro, porque parece hostil ao caráter de um cavalheiro.

É bastante claro que ambos passaram de um extremo ao outro, mas primeiro pode ser apropriado observar que um erro vulgar obteve certo grau de crédito, o que deu força a uma falsa conclusão, na qual um efeito foi confundido com uma causa.

As pessoas de gênio têm, muito frequentemente, prejudicado suas constituições pelo estudo ou desatenção descuidada com sua saúde, e a violência de suas paixões tendo uma proporção com o vigor de seus intelectos, a destruição da espada pela bainha tornou-se quase proverbial, e observadores superficiais deduziram daí que os homens de gênio têm comumente constituições fracas ou, para usar uma frase mais moderna, delicadas. No entanto, creio que o contrário parecerá ser o fato, pois, em uma investigação diligente, descobri que a força da mente foi, na maioria dos casos, acompanhada por uma força superior do corpo, uma constituição naturalmente sã, que não deve ser confundida com a resistência dos nervos e o vigor dos músculos, que surgem do trabalho corporal, quando a mente está em repouso, ou apenas dirige as mãos.

O Dr. Priestley observou, no prefácio de sua biografia, que a maioria dos grandes homens viveu além dos 45 anos. Se considerarmos a maneira impensada como eles esbanjaram suas forças, ao investigarem suas ciências favoritas, eles desperdiçaram a lâmpada de vida, esquecidos das horas de repouso; ou, quando, perdidos em sonhos poéticos, a fantasia povoou a cena, e a alma foi perturbada pelas paixões que a meditação havia suscitado até abalar a constituição – cujos objetos, estruturas quase sem fundamento, esvaíam-se diante de olhos exaustos, eles deveriam ter constituições de ferro. Shakespeare nunca agarrou a adaga da imaginação com a mão inerte, nem Milton tremeu quando conduziu Satanás para longe nos confins de sua penosa prisão. Esses não eram os delírios da imbecilidade, efusões doentias de cérebros destemperados, mas a exuberância da fantasia, que "em uma bela perambulação", não era continuamente lembrada de seus grilhões materiais.

Estou ciente de que esse argumento me levaria mais longe do que gostaria, mas sigo a verdade e, permanecendo ainda em minha primeira posição, permitirei que a força física pareça dar ao homem uma superioridade natural sobre a mulher; e esta é a única base sólida sobre a qual a superioridade do sexo pode ser construída. Mas eu ainda insisto que não só a virtude, mas o *conhecimento* dos dois sexos, deve ser o mesmo em natureza, senão em grau, e que as mulheres, consideradas não apenas como criaturas morais, mas racionais, devem se esforçar para adquirir virtudes humanas (ou perfeições) pelos *mesmos* meios que os homens, em vez de serem educadas como uma espécie de criatura imaginária *pela metade* – uma das quimeras selvagens de Rousseau[1].

Mas se a força física é, com alguma demonstração de razão, o orgulho dos homens, por que as mulheres se apaixonam tanto por um defeito? Rousseau forneceu-lhes uma desculpa plausível, que só poderia ter ocorrido a um homem, cuja imaginação corre solta a refinar as impressões causadas por sentidos requintados; assim elas poderiam, com certeza, ter um pretexto para ceder a um apetite natural sem violar uma espécie de modéstia romântica, que satisfaz o orgulho e a libertinagem masculina.

As mulheres, iludidas por esses sentimentos, às vezes se gabam de sua fraqueza, obtendo poder astuciosamente jogando com a *fraqueza* dos homens; e eles podem muito bem se orgulhar de seu domínio ilícito, pois, como os paxás turcos, eles têm mais poder real do que seus mestres; mas a virtude é sacrificada às gratificações temporárias, e a respeitabilidade da vida, ao triunfo de uma hora.

As mulheres, assim como os déspotas, têm agora, talvez, mais poder do que teriam se o mundo, dividido e subdividido em reinos e famílias, fosse governado por leis deduzidas do exercício da razão, mas, ao obtê-lo para continuar a comparação, seu caráter é degradado e a licenciosidade se espalha por todo o agregado da sociedade. Muitos se tornam pedestal para poucos. Eu, portanto, me aventurarei a afirmar que, até que as mulheres sejam mais racionalmente educadas, o progresso da virtude humana e o aprimoramento do conhecimento devem receber controles contínuos. E se for garantido que a mulher não foi criada meramente para satisfazer o apetite do homem, ou para ser a serva mais importante, que fornece suas refeições e cuida de sua roupa de cama, deve seguir-se que o primeiro cuidado dessas mães ou pais, que realmente atendem à educação das mulheres, deveria ser, se não para fortalecer o corpo, pelo menos para não destruir a constituição por noções errôneas de beleza e de excelência feminina; nem se deve permitir que as meninas absorvam a noção perniciosa de que um defeito pode, por qualquer processo químico de raciocínio, tornar-se uma excelência. A esse respeito, fico feliz em descobrir que o autor de um dos livros mais instrutivos que nosso país já produziu para crianças coincide comigo nessa opinião. Citarei suas observações pertinentes para dar a meu raciocínio a força de sua respeitável autoridade[2].

Mas deveria ser provado que a mulher é naturalmente mais fraca do que o homem, de onde se segue que é natural que ela se esforce para se tornar ainda mais fraca do que a natureza pretendia que ela fosse? Os argumentos desse tipo são um insulto ao bom senso e anulam a paixão. O *direito divino* dos maridos, como o direito divino dos reis, pode, e é de se esperar, nesta era iluminista, ser contestado sem perigo e, embora a convicção possa não silenciar muitos disputantes ruidosos, ainda, quando qualquer preconceito prevalecente é atacado, o sábio irá considerar e deixará o de mente estreita criticar com veemência impensada a inovação.

A mãe, que deseja dar verdadeira dignidade de caráter a sua filha, deve, apesar dos escárnios da ignorância, seguir um plano diametralmente oposto ao que Rousseau recomendou com todos os encantos ilusórios da eloquência e dos sofismas filosóficos, porque sua eloquência torna os absurdos plausíveis, e suas conclusões dogmáticas confundem, sem convencer, aqueles que não têm capacidade de refutá-los.

Em todo o reino animal, toda criatura jovem requer exercício quase contínuo, e a infância das crianças, conforme essa sugestão, deve ser passada em brincadeiras inofensivas, que exercitem os pés e as mãos, sem exigir uma contínua atividade mental, ou a constante atenção de uma governanta. Na verdade, o cuidado necessário à autopreservação é o primeiro exercício natural do entendimento, pois pequenas invenções para divertir o momento presente desenvolvem a imaginação. Mas esses sábios desígnios da natureza são neutralizados por um amor equivocado ou por um zelo cego. A criança não é deixada um momento à sua própria direção, particularmente uma menina, e assim torna-se dependente. A dependência é considerada como natural.

Para preservar a beleza pessoal – a glória das mulheres! –, os membros e as competências são reprimidos com faixas piores do que as faixas chinesas, e a vida sedentária que estão condenadas a viver, enquanto os meninos brincam ao ar livre, enfraquece os músculos e relaxa os nervos. Quanto às observações de Rousseau, que desde então foram repetidas por vários escritores, que elas têm naturalmente, isto é, desde o nascimento, independentemente da educação, um gosto por bonecas, trajes e conversa, são tão pueris que não merecem uma refutação séria. É, de fato, muito natural que uma menina, condenada a sentar-se por horas ouvindo a conversa fiada de enfermeiras frágeis, ou assistindo ao toalete de sua mãe, se esforçará para entrar na conversa e que imitará sua mãe ou tias, e se divertirá adornando sua boneca sem vida, como fazem com ela, pobre e inocente menina! Sem dúvida, é uma consequência muito natural. Pois os homens mais habilidosos raramente tiveram força suficiente para se desprender do ambiente em sua volta, e, se a página do gênio sempre foi obscurecida pelos preconceitos da época, alguma permissão deve ser feita para um sexo que, como reis, sempre vê as coisas por um meio falso.

Seguindo essas reflexões, pode ser facilmente explicado o gosto pelo vestuário, conspícuo nas mulheres, sem supor que seja o resultado de um desejo de agradar ao sexo do qual dependem. O absurdo, em suma, de presumir que uma menina é naturalmente coquete, e que um desejo conectado com o impulso da natureza de propagar a espécie deveria aparecer antes mesmo que uma educação imprópria, pelo aquecimento da imaginação, o tenha despertado prematuramente, é tão pouco filosófico que um observador tão sagaz como Rousseau não o teria adotado se não estivesse acostumado a fazer a razão ceder ao seu desejo de singularidade e a verdade a um paradoxo favorito.

No entanto, dar um sexo à mente não era muito consistente com os princípios de um homem que defendia tão calorosamente, e tão bem, a imortalidade da alma. Mas que barreira fraca é a verdade quando se coloca no caminho de uma hipótese! Rousseau respeitava – quase adorava a virtude – e mesmo assim se permitia amar com ternura sensual. Sua imaginação constantemente preparava combustível para seus sentidos inflamáveis, mas, a fim de reconciliar seu respeito pela abnegação, pela fortaleza e por aquelas virtudes heroicas, que uma mente como a sua não poderia admirar friamente, ele trabalha para inverter a lei da natureza e aborda uma doutrina carregada de malícia e depreciativa para o caráter de sabedoria suprema.

Suas histórias ridículas, que tendem a provar que as garotas são *naturalmente* dedicadas com suas pessoas, sem dar ênfase ao exemplo do dia a dia, estão abaixo do desprezo. E que uma pequena senhorita tenha um gosto tão correto a ponto de deixar de lado a grata diversão de fazer os "Os", apenas porque ela percebeu que era uma atitude deselegante, deveria ser incluída nas anedotas do chauvinista erudito[3].

Provavelmente tive a oportunidade de observar mais garotas na infância do que J. J. Rousseau. Posso me lembrar de meus próprios sentimentos e olhei com atenção ao meu redor. Contudo, longe de ter a mesma opinião a respeito do primeiro alvorecer da personagem feminina, arrisco-me a afirmar que uma garota cujo ânimo não foi abafado pela inatividade, ou a inocência maculada por falsa vergonha, será sempre travessa, e a boneca nunca despertará a atenção, a menos que o confinamento não lhe dê alternativa. Meninas e meninos, em suma, brincariam juntos inofensivamente se a distinção do sexo não fosse inculcada muito antes que a natureza fizesse alguma diferença. Eu irei mais longe e afirmarei, como fato indiscutível como venho observando, que para a maioria das mulheres, que agiram como criatura racional, ou mostraram qualquer vigor de intelecto, acidentalmente foi permitido correr livremente – como insinuariam alguns dos educadores elegantes do belo sexo.

As consequências nefastas que fluem da desatenção à saúde durante a infância e a juventude vão além do que se supõe – a dependência do corpo produz naturalmente a dependência da mente; e como a mulher pode ser uma boa esposa ou mãe se a maior parte do tempo é empregada para se proteger ou suportar doenças? Tampouco se pode esperar que uma mulher se empenhe resolutamente em fortalecer sua constituição e se abster de indulgências enervantes, se noções artificiais de beleza e falsas descrições de sensibilidade foram logo enredadas em seus motivos de ação. A maioria dos homens é às vezes obrigada a suportar as inconveniências físicas e a suportar, ocasionalmente, a inclemência dos meios sociais, mas as mulheres gentis são, literalmente falando, escravas de seu corpo e se vangloriam em sua sujeição.

Certa vez, conheci uma mulher elegante e fraca, que era mais do que comumente orgulhosa de sua delicadeza e sensibilidade. Considerava um gosto distinto e um apetite insignificante o ápice de toda a perfeição humana, e agia de acordo. Vi esse ser fraco e sofisticado negligenciar todos os deveres da vida, mas reclinar-se com autocomplacência em um sofá e gabar-se de sua falta de apetite como uma prova de delicadeza que ampliava ou, talvez, surgisse de sua sensibilidade requintada, pois é difícil tornar inteligível tal jargão ridículo. Ainda assim, eu a vi insultar uma velha senhora digna, a quem infortúnios inesperados a tornavam dependente de sua generosidade ostentosa, e quem, em dias melhores, reclamava sua gratidão. É possível que uma criatura humana pudesse ter se tornado um ser tão fraco e depravado se, como os sibaritas, um ser dissolvido no luxo, nunca teve contato com qualquer coisa que pareça virtude, ou se esta nunca lhe tiver sido incutida como preceito, uma substituta pobre, é verdade, para o cultivo da mente, embora sirva como uma cerca contra o vício?

Tal mulher é um monstro tão irracional quanto alguns imperadores romanos, depravados por um poder sem lei. No entanto, como os reis têm sido mais controlados pela lei e pelo freio, mesmo que fraca, da honra, os registros da história não estão cheios de tais exemplos antinaturais de loucura e crueldade, nem o despotismo que mata a virtude e o gênio no rebento, paira sobre a Europa com aquela explosão destrutiva que assola a Turquia e torna os homens, assim como o solo, infrutíferos.

As mulheres estão em todos os lugares nesse estado deplorável, pois, a fim de preservar sua inocência, como a ignorância é gentilmente denominada, a verdade é escondida delas, e são levadas a assumir um caráter artificial antes que suas competências adquiram qualquer força. Ensinada desde a infância que a beleza é o cetro da mulher, a mente se molda ao corpo e, vagando ao redor de sua jaula dourada, apenas busca adornar sua prisão. Os homens têm vários empregos e ocupações que atraem sua atenção e conferem caráter à mente aberta, mas as mulheres, confinadas a um, e tendo seus pensamentos constantemente dirigidos para a parte mais insignificante de si mesmas, raramente estendem seus pontos de vista além do triunfo do momento. Mas, caso seu entendimento fosse emancipado da escravidão a que foram submetidas pelo orgulho e pela sensualidade do homem e por seu desejo míope de domínio semelhante a dos tiranos, provavelmente leríamos com surpresa sobre as fraquezas do sexo feminino. Permitam-me prosseguir com esta argumentação.

Talvez, se admitíssemos a existência de um ser mau que, na linguagem alegórica das Escrituras, andou em busca de quem deveria devorar, ele não poderia degradar mais eficazmente o caráter humano do que dar a um homem poder absoluto.

Esse argumento tem várias ramificações. Nascimento, riquezas e todas as vantagens extrínsecas que exaltam um homem acima de seus companheiros, sem nenhum esforço mental, colocam-no na realidade abaixo deles. Em proporção à sua fraqueza, ele é enganado por homens criadores, até que o monstro inchado perca todos os traços de humanidade. E que tribos de homens, como rebanhos de ovelhas, sigam silenciosamente tal líder, é um solecismo que somente o desejo de alegria presente e estreiteza de entendimento pode resolver. Educados na dependência servil, e enervados pelo luxo e pela preguiça, onde encontraremos homens que se apresentarão para fazer valer os direitos do homem, ou reivindicar o privilégio de seres morais, que deveriam ter apenas um caminho para a excelência? A escravidão aos monarcas e ministros, da qual o mundo demorará muito para se libertar, e cujo domínio mortal impede o progresso da mente humana, ainda não foi abolida.

Que os homens, então, orgulhosos de poder, não usem os mesmos argumentos que reis tirânicos e ministros venais têm usado, e afirmem falaciosamente que a mulher deve ser submetida porque sempre foi assim. Mas, quando o homem, governado por leis razoáveis, goza de sua liberdade natural, que despreze a mulher, se ela não a compartilha com ele; e, até que chegue aquele período glorioso, em descartar a loucura do sexo, que ele não negligencie a sua própria.

As mulheres, é verdade, obtendo o poder por meios injustos,

praticando ou fomentando o vício, evidentemente perdem o posto que a razão lhes atribuía e tornam-se escravas abjetas ou tiranas caprichosas. Elas perdem toda simplicidade, toda dignidade de espírito, ao adquirir poder, e agem como os homens são vistos agindo quando foram exaltados pelos mesmos meios.

É hora de efetuar uma revolução nos costumes femininos – hora de restaurar a elas sua dignidade perdida e fazê-las, como parte da espécie humana, trabalhar reformando-se para reformar o mundo. É hora de separar a moral imutável dos costumes locais. Se os homens são semideuses, por que vamos servi-los? E se a dignidade da alma feminina é tão discutível quanto a dos animais – se sua razão não fornece luz suficiente para direcionar sua conduta enquanto o instinto infalível lhe é negado – elas são certamente as mais miseráveis de todas as criaturas! Curvadas sob as mãos de ferro do destino, deve se submeter a ser um *belo defeito* da criação. Mas justificar os caminhos da Providência com relação às mulheres, apontando algumas razões irrefutáveis para tornar uma parte tão grande da humanidade responsável ou irresponsável, confundiria o casuísta mais sutil.

O único fundamento sólido para a moralidade parece ser o caráter do Ser supremo, cuja harmonia surge de um equilíbrio de atributos, e, para falar com reverência, um atributo parece implicar a *necessidade* de outro. Deve ser justo, porque é sábio, deve ser bom, porque é onipotente. Pois exaltar um atributo em detrimento de outro igualmente nobre e necessário traz a marca da razão distorcida do homem, a homenagem da paixão. O homem, acostumado a se curvar ao poder em seu estado selvagem, raramente pode se despojar desse preconceito bárbaro, mesmo quando a civilização determina o quanto o intelecto é superior à força física; e sua razão é obscurecida por essas opiniões rudes, mesmo quando ele pensa na Divindade. Sua onipotência é levada a engolir ou presidir seus outros atributos, e aqueles mortais devem limitar seu poder irreverentemente, que pensam que deve ser regulado por sua sabedoria.

Eu nego essa humildade enganosa, que, depois de investigar

a natureza, detém-se no autor. O Altíssimo e Sublime, que habita a eternidade, sem dúvida possui muitos atributos dos quais não podemos formar nenhuma concepção; mas a razão me diz que eles não podem entrar em conflito com aqueles que adoro – e sou compelida a ouvir sua voz.

Parece natural ao homem buscar a excelência, seja rastreá-la no objeto que adora, seja cegamente revesti-la de perfeição, como uma vestimenta. Mas que bom efeito pode o último modo de adoração ter sobre a conduta moral de um ser racional? Ele se curva ao poder; ele adora uma nuvem negra, que pode abrir uma perspectiva brilhante para ele, ou explodir em fúria violenta e sem lei, em sua cabeça devotada – ele não sabe o porquê. E, supondo que a Divindade aja a partir do impulso vago de uma vontade não dirigida, o homem também deve seguir a sua própria, ou agir de acordo com regras, deduzidas de princípios que ele nega como irreverentes. Nesse dilema caíram tanto entusiastas quanto pensadores mais frios, quando trabalharam para libertar os homens das restrições salutares que uma concepção justa do caráter de Deus impõe.

Não é ímpio assim esquadrinhar os atributos do Todo-Poderoso. De fato, quem daqueles que exercem suas faculdades pode evitá-lo? Pois amar a Deus como uma fonte de sabedoria, bondade e poder parece ser a única adoração útil para um ser que deseja adquirir virtude ou conhecimento. Uma afeição cega e inconstante pode, como as paixões humanas, ocupar a mente e aquecer o coração, enquanto, para fazer justiça, amar a misericórdia e andar humildemente com nosso Deus, é esquecida. Vou prosseguir com esse assunto ainda mais, quando considerar a religião em uma luz oposta àquela recomendada pelo Dr. Gregory, que a trata como uma questão de sentimento ou de gosto.

Retornemos dessa aparente digressão. Seria desejável que as mulheres nutrissem uma afeição por seus maridos, fundada no mesmo princípio em que a devoção deveria se basear. Nenhuma outra base firme existe sob o céu, pois que eles se acautelem da falaciosa luz do sentimento, muitas vezes usado como uma frase mais suave para a sensualidade. Segue-se então, acredito, que desde a infância as mulheres deveriam ser caladas como princesas orientais, ou educadas de maneira a serem capazes de pensar e agir por si mesmas.

Por que os homens ficam entre duas opiniões e esperam o impossível? Por que eles esperam virtude de uma escrava, de um ser que a constituição da sociedade civil tornou frágil, se não viciosa?

Ainda assim, sei que será necessário muito tempo para erradicar os preconceitos firmemente enraizados que os sensualistas plantaram. Também exigirá algum tempo para convencer as mulheres de que agem contrariamente aos seus reais interesses, quando acalentam ou simulam a fraqueza sob o nome de delicadeza, e para convencer o mundo de que a fonte envenenada dos vícios e das loucuras femininas, e se for preciso, de acordo com o costume, usar termos sinônimos em um sentido mais amplo, tem sido a homenagem sensual prestada à beleza, à beleza dos traços; pois foi astuciosamente observado por um escritor alemão que uma mulher bonita, como um objeto de desejo, é geralmente permitido por homens de todas as descrições; ao passo que uma boa mulher, que inspira emoções mais sublimes ao exibir beleza intelectual, pode ser esquecida ou observada com indiferença por aqueles homens que encontram sua felicidade na satisfação de seus apetites. Prevejo uma resposta óbvia, embora o homem permaneça um ser tão imperfeito quanto parece ter sido até agora, ele continuará, mais ou menos, o escravo de seus apetites; e aquelas mulheres que satisfazem o sexo predominante para obter mais poder degradam seu próprio sexo por uma necessidade física, se não moral.

Essa objeção tem, admito, alguma força, mas embora exista tal preceito sublime, como, "seja puro como o seu Pai celestial é puro". Parece que as virtudes do homem não estão limitadas pelo único Ser que poderia limitá-las e que poderia seguir em frente sem considerar se sai de sua esfera por ceder a tal ambição nobre. Foi dito para os selvagens vagalhões: "Até aqui irás, e não mais; e aqui as tuas ondas orgulhosas serão detidas".

Em vão, batem e espumam, refreados pelo poder que confinam em suas órbitas os planetas em luta, a matéria cede ao grande Espírito governante. Mas uma alma imortal, não contida por leis mecânicas e lutando para se libertar dos grilhões da matéria, contribui para, em vez de perturbar a ordem da criação, quando, cooperando com o Pai dos espíritos, tenta governar-se pela regra invariável que, em um grau, diante da qual nossa imaginação desfalece, regula o universo.

Além disso, se as mulheres forem educadas para a dependência, isto é, para agir de acordo com a vontade de outro ser falível e se submeter, certo ou errado, ao poder, onde devemos parar? Elas devem ser consideradas vice-regentes autorizadas a reinar sobre um pequeno domínio e responsáveis por sua conduta perante um tribunal superior, sujeito a erro?

Não será difícil provar que tais delegados agirão como homens sujeitos ao medo, e farão seus filhos e servos suportar sua opressão tirânica. Como elas se submetem sem razão, elas serão, não tendo regras fixas para ajustar sua conduta, gentis ou cruéis, assim como o capricho do momento ordena; e não devemos nos perguntar se às vezes, atormentadas por seu pesado jugo, sentem um prazer maligno em colocá-lo sobre ombros mais fracos.

Mas supondo que uma mulher, treinada para a obediência, seja casada com um homem sensato, que dirige seu julgamento sem fazê-la sentir o servilismo de sua sujeição, para agir com tanta propriedade por esta luz refletida quanto pode ser esperado quando a razão é tomada em segunda mão, ainda assim, ela não pode garantir a vida de seu protetor; ele pode morrer e deixá-la com uma grande família.

Uma dupla responsabilidade recai sobre ela: deverá educar sua família no caráter de pai e de mãe para formar seus princípios e garantir sua propriedade. Mas, infelizmente, ela nunca pensou, muito menos agiu por si mesma. Ela apenas aprendeu a agradar[4] aos homens, a depender graciosamente deles. No entanto, sobrecarregada de filhos, como conseguirá outro protetor, um marido para ocupar o lugar da razão? Um homem racional, pois não estamos pisando em solo romântico, embora possa considerá-la uma criatura dócil e agradável, não escolherá se casar com uma *família* por amor, quando o mundo contém muito mais belas criaturas. O que será dela, então? Ou ela se torna uma presa fácil para algum caçador de fortunas mesquinho, que tira de seus filhos a herança paterna e os deixa na miséria, ou se torna vítima de descontentamento e indulgência cega. Incapaz de educar seus filhos, ou impressioná-los com respeito, pois não é um jogo de palavras afirmar que as pessoas nunca são respeitadas, embora ocupem uma posição importante, se não fizerem jus a isso; ela sofre com a angústia de um pesar impotente e inútil. Os dentes da serpente penetram em sua própria alma, e os vícios da juventude licenciosa a levam com tristeza, se não também com pobreza, para o túmulo.

Essa não é uma imagem exagerada. Pelo contrário, é um caso muito possível, e algo semelhante deve ter acontecido sob todos os olhares atentos.

No entanto, considero certo de que ela esteja bem-disposta, embora a experiência mostre que os cegos podem ser tão facilmente conduzidos a uma vala como ao longo de uma estrada batida. Mas, fazendo uma conjectura não muito improvável, que um ser ensinado apenas a agradar ainda deva encontrar sua felicidade desse jeito, que exemplo de insensatez, para não dizer vício, ela será para suas filhas inocentes! A mãe ficará perdida na coquete e, em vez de fazer amizade com as filhas, olhará com receio, pois são suas rivais – rivais mais cruéis do que qualquer outra, porque convidam a uma comparação e a afastam o trono da beleza, que nunca pensou em sentar-se no banco da razão.

Não é necessário um lápis bem apontado, nem o contorno discriminador de uma caricatura, para esboçar as misérias domésticas e os vícios mesquinhos que tal senhora de família difunde. Mesmo assim, apenas age como uma mulher deve agir, criada de acordo com o sistema de Rousseau. Ela nunca pode ser censurada por ser masculina, ou por sair de sua esfera feminina; mais ainda, observando outra de suas grandes regras ao preservar cautelosamente sua reputação imaculada, ser considerada um bom tipo de mulher. No entanto, em que aspecto pode ser considerada boa? Ela se abstém, é verdade, sem grande esforço, de cometer crimes grosseiros, mas como cumpre seus deveres? Deveres! Na verdade, tem muito em que pensar para enfeitar seu corpo e cuidar de uma constituição frágil.

Com respeito à religião, ela nunca teve a pretensão de julgar por si mesma. Mas conformada, como uma criatura dependente deve ser, às cerimônias da igreja na qual ela foi criada, piamente acreditando que cabeças mais sábias do que a dela resolveram esses assuntos; e não duvidar é seu ponto de perfeição. Ela, portanto, paga seu dízimo de hortelã e cominho e agradece a Deus por não ser como as outras mulheres. Essses são os efeitos abençoados de uma boa educação! Essas são as virtudes da companheira do homem![5]

Deixe-me desabafar desenhando um quadro diferente.

Imaginemos agora uma mulher com uma compreensão tolerável, pois não desejo deixar a linha da mediocridade, cuja constituição, fortalecida pelo exercício, permitiu que seu corpo adquirisse todo o seu vigor, e sua mente, ao mesmo tempo, gradualmente se expandindo para compreender os deveres morais da vida, e no que consistem a virtude e a dignidade humanas.

Formada assim pelo cumprimento dos deveres relativos de seu posto, ela se casa por afeto, sem perder de vista a prudência, e olhando além da felicidade matrimonial, assegura o respeito de seu marido antes que seja necessário exercer artes mesquinhas para agradá-lo e alimentar uma chama moribunda, que a natureza condenou a expirar quando o objeto se tornou familiar, quando a amizade e a indulgência se tornam afetos mais ardentes. Essa é a morte natural do amor, e a paz doméstica não é destruída por lutas para evitar sua extinção. Suponho também que o marido seja virtuoso; ou ela ainda está mais carente de princípios independentes.

O destino, no entanto, rompe esse vínculo. Ela é deixada viúva, talvez, sem provisão suficiente, mas não fica desolada! Sente uma angústia natural, mas, após o tempo ter suavizado a dor em resignação melancólica, seu coração se volta para seus filhos com um carinho redobrado e, ansiosa por cuidar deles, o afeto dá um toque heroico e sagrado a seus deveres maternos. Ela pensa que não só os outros veem seus esforços virtuosos dos quais todo seu conforto agora deve fluir, e de cuja aprovação necessita; mas sua imaginação, um pouco abstraída e exaltada pelo pesar, se detém na esperança de que os olhos que sua mão trêmula fechou ainda possam ver como ela subjuga toda a paixão de forma a cumprir o duplo dever de ser o pai e a mãe de seus filhos. Elevada ao heroísmo pelos infortúnios, reprime o primeiro fraco amanhecer de uma inclinação natural, antes que amadureça em amor, e na flor da vida esquece o prazer de uma paixão desperta, que poderia ter sido novamente inspirada e devolvida. Ela não pensa mais em agradar, e a dignidade consciente a impede de se orgulhar por causa dos elogios que sua conduta exige. Seus filhos têm seu amor, e suas esperanças mais brilhantes estão além do túmulo, onde sua imaginação muitas vezes se dirige.

Acho que a vejo rodeada por seus filhos, colhendo a recompensa de seu cuidado. O olhar inteligente encontra o dela, enquanto a saúde e a inocência sorriem em suas bochechas rechonchudas, e, à medida que crescem, as preocupações da vida são diminuídas por sua atenção grata. Ela vive para ver as virtudes que se esforçou por plantar em princípios, fixados em hábitos, para ver seus filhos atingirem uma força de caráter suficiente para capacitá-los a suportar as adversidades sem esquecer o exemplo de sua mãe.

Cumprida a tarefa da vida assim, espera calmamente pelo sono da morte e, levantando-se da sepultura, pode dizer: "Olhe, deste-me um talento, e aqui tendes cinco talentos".

Desejo resumir o que já disse em poucas palavras, pois aqui lanço meu desafio e nego a existência de virtudes próprias de cada sexo, não excetuando a modéstia. Para homem e mulher, a verdade, se eu entendo o significado da palavra, deve ser a mesma. No entanto, o caráter fantasioso feminino, tão pretensamente atraído por poetas e romancistas, exigindo o sacrifício da verdade e sinceridade, torna a virtude em uma ideia relativa, não tendo nenhum outro fundamento além da utilidade, e dessa utilidade os homens fingem arbitrariamente julgá-la, moldando-a à sua própria conveniência.

Admito que as mulheres podem ter diferentes deveres a cumprir, mas são obrigações *humanas*, e mantenho firmemente que os princípios que devem regular o seu cumprimento devem ser os mesmos.

Para se tornar respeitável, o exercício de sua compreensão é necessário, não há outro fundamento para a independência de caráter. Quero dizer explicitamente que elas devem apenas curvar-se à autoridade da razão, em vez de serem as modestas escravas da opinião.

Nas classes superiores da vida, quão raramente encontramos um homem de habilidades superiores, ou mesmo de habilidades comuns? A razão parece-me clara, o estado em que nasceram não era natural. O caráter humano sempre foi formado pelos empregos que um indivíduo, ou uma classe, busca; e se as faculdades não são aguçadas pela necessidade, devem permanecer obtusas. Tal argumento pode ser estendido com justiça às mulheres, já que raramente se ocupam de negócios sérios, a busca do prazer dá aquela insignificância ao seu caráter que torna a sociedade dos nobres tão insípida. A mesma falta de firmeza, produzida por uma causa semelhante, força os dois a fugir de si mesmos para prazeres ruidosos, e paixões artificiais, até que a vaidade ocupe o lugar de todo afeto social, e as características da humanidade dificilmente podem ser discernidas. Tais são as bênçãos dos governos civis, tal como estão atualmente organizados. A riqueza e a suavidade feminina tendem igualmente a rebaixar a humanidade e são produzidas pela mesma causa. Mas, permitindo que as mulheres sejam criaturas racionais, elas devem ser incitadas a adquirir virtudes que podem chamar de suas, pois como pode um ser racional ser enobrecido por qualquer coisa que não seja obtida por seus *próprios* esforços?

---

1. "As pesquisas sobre verdades abstratas e especulativas, os princípios e axiomas das ciências, enfim, tudo o que tende a generalizar nossas ideias, não são competência

própria das mulheres; seus estudos deveriam ser relativos a assuntos práticos; cabe a elas aplicar aqueles princípios que os homens descobriram, e fazer observações que os direcionem ao estabelecimento de princípios gerais. Todas as ideias das mulheres, que não tenham a ver diretamente com assuntos de obrigações, devem ser dirigidas ao estudo dos homens, e para a obtenção daquelas realizações agradáveis que têm o gosto por seu objetivo, pois as obras de gênio estão além de sua capacidade; e elas nem têm precisão ou poder de atenção suficiente para obter sucesso nas ciências que requerem exatidão. Quanto ao conhecimento físico, pertence apenas àqueles que são mais ativos, mais inquisitivos, que compreendem a maior variedade de objetos; em suma, pertence àqueles que têm os poderes mais fortes, e quem mais os exercita, para julgar as relações entre os seres sensíveis e as leis da natureza. Uma mulher, que é naturalmente fraca, e não tem ideias em grande escala, sabe como julgar e fazer uma estimativa adequada dos movimentos que ela põe em prática, para suprir sua fragilidade; e esses movimentos são as paixões de homens. O mecanismo que ela emprega é muito mais poderoso do que o nosso, pois todas as suas alavancas movem o coração humano. Ela deve ter a habilidade de nos inclinar a fazer tudo que seu sexo não permite que ela faça, e que seja necessário ou agradável para ela, portanto, ela deve estudar a mente do homem completamente, não a mente do homem em geral, abstratamente, mas as disposições daqueles homens a quem está sujeita, seja pelas leis de seu país ou pela força de opinião. Ela deve aprender a penetrar em seus sentimentos reais a partir de sua conversa, suas ações, seus olhares e gestos. Deve também ter a arte, por sua própria conversa, ações, olhares e gestos, de comunicar aqueles sentimentos que são agradáveis a eles, sem parecer ter essa pretensão. Os homens discutirão mais filosoficamente sobre o coração humano, mas as mulheres lerão o coração do homem melhor do que eles. Cabe às mulheres, se me permite a expressão, formar uma moralidade experimental e reduzir o estudo do homem para um sistema. As mulheres têm mais inteligência, os homens têm mais gênio, as mulheres observam, os homens raciocinam. Da convergência de ambos advém a luz mais clara e o conhecimento mais perfeito, que a mente humana é, por si mesma, capaz de atingir. Em uma palavra, daí adquirimos o conhecimento mais íntimo, tanto conosco como com os outros, de que nossa natureza é capaz, e é assim que a arte tem uma tendência constante para aperfeiçoar aqueles dotes que a natureza concedeu. O mundo é o livro das mulheres", Rousseau, em *Emílio*. Espero que meus leitores ainda se lembrem da comparação que fiz entre mulheres e oficiais.

2. Um velho respeitável dá o seguinte relato sensato do método que ele seguiu ao educar sua filha: "Eu me esforcei para dar a sua mente e corpo um grau de vigor, que raramente é encontrado no sexo feminino. Logo que ela obteve força suficiente para ser capaz de trabalhos mais leves de agricultura e jardinagem, fiz dela minha companheira constante. Selene, pois esse era seu nome, logo adquiriu destreza em todos esses empregos rurais, que me despertou prazer e admiração. Se as mulheres são, em geral, frágeis tanto no corpo quanto na mente, isso surge menos da natureza do que da educação. Nós encorajamos uma indolência e inatividade viciosas, que falsamente chamamos de delicadeza. Em vez de revigorar suas mentes pelos princípios mais severos da razão e da filosofia, nós os educamos para artes inúteis, que levam à vaidade e à sensualidade. Na maioria dos países que visitei, elas não aprendem nada de natureza superior do que algumas modulações da voz, ou posturas inúteis do corpo; seu tempo é consumido em preguiça ou ninharias, e estas se tornam as úni-

cas atividades capazes de interessá-las. Parece que nos esquecemos, que é das qualidades do sexo feminino que nossos próprios confortos domésticos e a educação de nossos filhos devem depender. E quais são os confortos ou a educação que uma raça de seres, corrompidos desde a infância e não familiarizados com todos os deveres da vida, estão aptos a doar? Tocar um instrumento musical com habilidades inúteis, exibir suas graças naturais ou afetadas aos olhos de jovens indolentes e devassos, dissipar o patrimônio de seus maridos em gastos desordenados e desnecessários, essas são as únicas artes cultivadas pelas mulheres na maioria das nações civilizadas que eu vi. E as consequências são uniformemente tais como se pode esperar que procedam de fontes poluídas, miséria privada e servidão pública.

"Mas a educação de Selene foi regulada por diferentes pontos de vista e conduzida de acordo com princípios mais severos, se isso pode ser chamado de severidade, que abre a mente para um senso de deveres morais e religiosos, e mais eficazmente arma-a contra os males inevitáveis da vida", *Mr Day's Sandford and Merton*, Vol. III.

3. "Certa vez conheci uma jovem que aprendeu a escrever antes de aprender a ler, e começou a escrever com sua agulha antes que pudesse usar a pena. No início, de fato, ela pensou em fazer nenhuma outra letra senão o O: fazia tal letra sem cessar, em todos os tamanhos, e sempre de maneira errada. Infelizmente, um dia, enquanto estava empenhada nesta ocupação, ela se viu no espelho. Por não gostar da posição em que ficava sentada enquanto escrevia, jogou fora a pena, como se fosse outra Palas, e decidiu não fazer mais o O. Seu irmão também era igualmente avesso a escrever, mas era o confinamento, e não a atitude constrangida, que mais o enojava", Rousseau, em *Emílio*.

4. "Na união dos sexos, ambos perseguem um objetivo comum, mas nenhum da mesma maneira. Dessa diversidade surge a primeira diferença determinada entre as relações morais de cada um. Um deve ser ativo e forte, o outro passivo e fraco; é necessário que um tenha força e vontade, e que o outro oponha pouca resistência.

"Estabelecido esse princípio, deduz-se que a mulher é expressamente formada para agradar ao homem; se a obrigação for recíproca também, e o homem deve agradar por sua vez, não é tão imediatamente necessário; seu grande mérito está em seu poder, e ele agrada apenas porque é forte. Devo confessar que isso não é uma das máximas refinadas do amor, é, porém, uma das leis da natureza, anterior ao próprio amor.

"Se a mulher for formada para agradar e se submeter ao homem, cabe a ela, sem dúvida, tornar-se agradável a ele, em vez de desafiar sua paixão. A violência dos desejos do homem depende dos encantos dela, é por meio deles que ela deve incitá-lo a exercer os poderes que a natureza deu a ele. O método mais bem-sucedido de estimulá-los é tornar esse esforço necessário pela resistência, pois, nesse caso, o amor-próprio é adicionado ao desejo, e um triunfa na vitória que o outro é obrigado a conquistar. Daqui surgem os vários modos de ataque e defesa entre os sexos, a ousadia de um sexo e a timidez do outro, e, em uma palavra, aquela timidez e modéstia com que a natureza armou os fracos, a fim de subjugar o forte", Rousseau, *Emílio*.

Não farei nenhum outro comentário sobre essa passagem engenhosa, além de apenas observar que é a filosofia da lascívia.

5. "Que adorável é a ignorância dela!", exclama Rousseau, falando de Sophia. "Feliz aquele que está destinado a instruí-la! Ela nunca fingirá ser a tutora de seu marido, mas ficará satisfeita em ser sua pupila. Longe de tentar submetê-lo aos seus gostos, ela se acomodará aos dele. Ela será mais estimada por ele do que se fosse instruída, porque terá um prazer em instruí-la", Rousseau, Emílio. Vou me contentar em simplesmente perguntar: como a amizade pode subsistir quando o amor termina, entre o mestre e seu pupilo?

# capítulo 4

## Observações sobre o estado de degradação ao qual, por várias causas, a mulher se encontra reduzida

Creio que esteja claro que a mulher é frágil naturalmente, ou degradada por uma série de circunstâncias. Mas essa posição compararei com uma conclusão, que frequentemente tenho ouvido de homens sensatos em favor de uma aristocracia: não se deve dar relevância à massa da humanidade, se não os escravos dóceis, que pacientemente se deixam conduzir, perceberiam sua importância e rejeitariam suas correntes. Ainda observam que os homens se submetem à opressão, quando só precisam levantar a cabeça para se livrar do jugo; ainda assim, em vez de afirmar seus direitos de nascimento, silenciam e dizem: "Vamos comer e beber, pois amanhã morreremos". Analogamente as mulheres são degradadas pela mesma propensão de desfrutar o momento presente; e, por fim, desprezam a liberdade, pois não têm virtude suficiente para lutar por ela. No entanto, devo ser mais explícita.

No que diz respeito à cultura do coração, é unanimemente admitido que o sexo está fora de questão, mas a linha de subordinação nos poderes mentais nunca deve ser deixada de lado[1]. Apenas "absoluta em beleza", a porção de racionalidade concedida à mulher é, de fato, muito escassa, pois, negando seu gênio e julgamento, é quase possível adivinhar o que resta para caracterizar o intelecto.

O estame da imortalidade, se me permitem a frase, é a perfectibilidade da razão humana, pois, se o homem fosse criado perfeito, ou quando ele chegasse à maturidade uma torrente de conhecimento o invadisse, que impedisse o erro, eu duvidaria da continuidade de sua existência após a dissolução do corpo. Mas, no estado atual das coisas, toda dificuldade quanto à moral que escapa da discussão humana e, igualmente confunde a investigação do pensamento profundo, assim como a brilhante intuição do gênio, é um argumento sobre o qual construo minha crença na imortalidade da alma. A razão é, consequentemente, o simples poder de melhoria ou, mais propriamente falando, de discernimento da verdade. Cada indivíduo é, nesse aspecto, um mundo em si mesmo. Mais ou menos pode ser conspícuo em um ser do que em outro. Mas a natureza da razão deve ser a mesma em todos, se for uma emanação da divindade, o laço que conecta a criatura com o Criador, pois, pode aquela alma ser marcada com a imagem celestial, que não é aperfeiçoada pelo exercício de sua própria razão?[2] No entanto, externamente ornamentada com cuidado elaborado, e assim adornada para deleitar o homem, "a quem com honra ela possa amar"[3], a alma da mulher não tem permissão para ter essa distinção, e o homem, sempre colocado entre ela e a razão, ela é sempre representada como apenas criada para ver através de um meio grosseiro e para confiar nas coisas. Mas descartando essas teorias fantasiosas e considerando a mulher como um todo, seja o que for, em vez de uma parte do homem, a pergunta é se ela tem razão ou não. Em caso afirmativo, o que, por um momento, tomarei como certo, ela não foi criada apenas para ser o consolo do homem, e o caráter sexual não deve destruir o caráter humano.

A esse erro os homens provavelmente foram levados por ver a educação sob uma luz falsa; não a considerando como primeiro passo para a formação de um ser que avança gradativamente em direção à perfeição[4], mas apenas como uma preparação para a vida. Sobre esse erro sensual, pois devo chamá-lo assim, foi criado o falso sistema de modos femininos, que rouba a dignidade de todo o sexo e classifica a opacidade e o belo como as flores sorridentes que apenas adornam a terra. Essa sempre foi a linguagem dos homens, e o medo de se desviar de um suposto caráter sexual fez com que até mulheres de bom senso adotassem os mesmos sentimentos[5]. Assim, o entendimento, estritamente falando, foi negado à mulher; e o instinto, sublimado em inteligência e em astúcia, para os propósitos da vida, foi substituído em seu lugar.

O poder de generalizar ideias, de tirar conclusões abrangentes de observações individuais, é a única aquisição, para um ser imortal, que realmente merece o nome de conhecimento. Meramente observar, sem se esforçar para explicar nada, pode (de uma maneira muito incompleta) servir como o senso comum da vida. Mas onde está guardado o estoque que deve vestir a alma quando ela deixa o corpo?

Esse poder não foi apenas negado às mulheres, mas os escritores insistem que é inconsistente, com algumas exceções, com seu caráter sexual. Deixe os homens provarem isso, e eu admitirei que a mulher só existe para o homem. Devo, entretanto, observar previamente que o poder de generalizar ideias, em grande medida, não é muito comum entre homens ou mulheres. Mas esse exercício é o verdadeiro cultivo do entendimento, e tudo conspira para tornar o cultivo da compreensão mais difícil no mundo feminino do que no masculino.

Sou naturalmente levada por essa afirmação ao assunto principal deste capítulo, e agora tentarei apontar algumas das causas que degradam o sexo e impedem as mulheres de generalizar suas observações.

Não devo voltar aos remotos anais da antiguidade para traçar a história da mulher. É suficiente admitir que ela sempre foi uma escrava ou uma déspota, e observar que cada uma dessas situações retarda igualmente o progresso da razão. A grande fonte da loucura e dos vícios femininos sempre me pareceu surgir da estreiteza da mente, e a própria constituição de governos civis colocou obstáculos quase insuperáveis no caminho para impedir o cultivo do entendimento feminino. Ainda assim, a virtude não pode ser construída sobre outros fundamentos! Os mesmos obstáculos são lançados no caminho dos ricos com as mesmas consequências.

A necessidade tem sido proverbialmente chamada de mãe da invenção – o aforismo pode ser estendido à virtude. É uma aquisição, e uma aquisição à qual o prazer deve ser sacrificado. E quem sacrifica o prazer quando está ao seu alcance, cuja mente não foi aberta e fortalecida pela adversidade, ou a busca do conhecimento estimulada pela necessidade? Felicidade é quando as pessoas têm de lutar contra as adversidades da vida, pois evitam que se tornem presas de vícios enervantes, meramente pela ociosidade! Mas, se desde o nascimento os homens e as mulheres são colocados em uma zona tórrida, com o meridiano do sol do prazer lançando-se diretamente sobre eles, como eles podem preparar suas mentes o suficiente para cumprir os deveres da vida, ou mesmo saborear os afetos que os transportam para fora de si?

Segundo a atual configuração da sociedade, o prazer é o negócio da vida da mulher e, embora continue a sê-lo, pouco se pode esperar de seres tão frágeis. Tendo herdado a soberania da beleza, em uma descendência linear desde o primeiro belo defeito da natureza, para manter seu poder, as mulheres renunciaram aos direitos naturais que o exercício da razão lhes poderia ter outorgado, e preferiram antes ser rainhas de vida curta do que trabalhar para obter os prazeres sóbrios que surgem da igualdade. Exaltadas por sua inferioridade (isso soa como uma contradição), elas exigem constantemente uma homenagem como mulheres, embora a experiência deva ensiná-las que os homens que se orgulham de prestar esse respeito arbitrário e insolente ao sexo, com a mais escrupulosa exatidão, estão mais inclinados a tiranizar e a desprezar a própria fraqueza que acarinham. Muitas vezes repetem os sentimentos do Sr. Hume, que, quando comparando o caráter francês com o ateniense, alude às mulheres:

"Mas o que é mais singular nesta nação caprichosa, digo eu aos atenienses, é que uma brincadeira sua durante a Saturnália, quando os escravos são servidos por seus senhores, é seriamente continuada por eles durante todo o ano, e durante todo o curso de suas vidas; acompanhada também de algumas circunstâncias, que aumentam ainda mais o absurdo e o ridículo. Seu esporte eleva apenas por alguns dias aqueles que a sorte abandonou, e a quem ela também, no esporte, pode realmente elevar para sempre. Mas esta nação exalta gravemente aqueles a quem a natureza submeteu, e cuja inferioridade e fragilidade são absolutamente incuráveis. As mulheres, embora sem virtude, são suas mestras e soberanas".

Ah! Por que as mulheres, escrevo com afetuosa solicitude, condescendem em receber um grau de atenção e de respeito de estranhos, diferente daquela reciprocidade de civilidade que os ditames da humanidade e a polidez da civilização autorizam entre os homens? E, por que não descobrem, quando "no apogeu da beleza", são tratadas como rainhas apenas para serem iludidas por um respeito vazio, até que sejam levadas a renunciar, ou não assumir, suas prerrogativas naturais? Confinadas então em gaiolas como uma raça emplumada, elas não têm nada a fazer a não ser enfeitar-se e exibir-se com falsa majestade de poleiro em poleiro. É verdade que recebem comida e roupas, pelas quais não labutam nem fiam, mas a saúde, a liberdade e a virtude são dadas em troca.

Mas onde entre a humanidade foi encontrada força mental suficiente para permitir a um ser renunciar a essas prerrogativas adventícias? Alguém que, se sobressaindo com a calma dignidade da razão acima da opinião, ousou se orgulhar dos privilégios inerentes ao homem? E é inútil esperá-lo, enquanto o poder hereditário sufoca as afeições e corta a razão pela raiz.

As paixões dos homens assim colocaram as mulheres em seus tronos e, até que a humanidade se torne mais razoável, é de temer que as mulheres se valerão do poder que alcançam com o mínimo esforço, e que é o mais indiscutível. Eles irão sorrir, sim, e elas sorrirão, embora lhes seja dito:

"No império da beleza não há meio-termo,
E a mulher, seja escrava ou rainha,
É rapidamente desprezada quando não adorada".

Mas a adoração vem primeiro e o desprezo não é antecipado.

Luís XIV, em particular, difundiu maneiras artificiais e envolveu de uma forma enganosa a nação inteira em suas armadilhas, pois, para estabelecer uma engenhosa cadeia de despotismo, despertou na população, individualmente, o interesse em respeitar sua posição e apoiar seu poder. E as mulheres, que ele bajulava com uma atenção pueril a todo o sexo, obtiveram em seu reinado aquela distinção de princesa tão fatal para a razão e para a virtude.

Um rei é sempre um rei – e uma mulher sempre uma mulher[6]. A autoridade do rei e o sexo da mulher sempre se interpõem entre eles e a conversa racional. Com um amante, admito, ela deveria ser, e sua sensibilidade a levará naturalmente a se esforçar para despertar emoções, não para satisfazer sua vaidade, mas seu coração. Não permito que isso seja coquetismo, pois é o impulso ingênuo da natureza. Só exclamo contra o desejo sexual de conquista quando o coração está fora de questão.

Esse desejo não se limita às mulheres. "Tenho me esforçado", diz Lorde Chesterfield, "para ganhar os corações de 20 mulheres, pessoas a quem eu não teria dado um figo sequer." O libertino, que, em uma rajada de paixão, tira proveito da ternura desavisada, é um santo quando comparado com esse patife sem coração, pois gosto de usar palavras significativas. No entanto, ensinadas apenas a agradar, as mulheres estão sempre vigilantes para essa tarefa e, com verdadeiro ardor heroico, esforçam-se por ganhar corações apenas para renunciá-los ou rejeitá-los quando a vitória for inegável.

Devo me deter nas minúcias do assunto.

Lamento que as mulheres sejam sistematicamente degradadas por receberem as atenções triviais, que os homens pensam ser viril dispensar ao sexo feminino, quando, na verdade, estão insultuosamente apoiando sua própria superioridade. Não é condescendência curvar-se a um inferior. Tão ridículas, de fato, me parecem essas atitudes que mal consigo me conter, quando vejo um homem começar com ávida e séria solicitude, a levantar um lenço, ou fechar uma porta, quando a *dama* poderia ter feito isso sozinha, se só tivesse dado um passo ou dois.

Um desejo selvagem acaba de voar de meu coração para minha cabeça, e não vou sufocá-lo, embora possa despertar muitas gargalhadas. Desejo sinceramente ver a superioridade do sexo destruída na sociedade, a menos que o amor motive o comportamento. Pois essa superioridade é, estou firmemente persuadida, o fundamento da fraqueza de caráter atribuída à mulher; é a causa pela qual o intelecto é negligenciado, enquanto as realizações são adquiridas com diligente cuidado; e a mesma causa explica a preferência delas pelo gracioso antes das virtudes heroicas.

A humanidade, incluindo todas as descrições, deseja ser amada e respeitada por *algum feito*, e o rebanho comum sempre tomará o caminho mais próximo para a realização de seus desejos. O respeito dado à riqueza e à beleza é o mais certo e inequívoco e, é claro, sempre atrairá os olhos vulgares das mentes comuns. As habilidades e as virtudes são absolutamente necessárias para tornar notórios os homens da classe média, e a consequência natural é evidente, a classe média contém a maioria das virtudes e das habilidades. Os homens têm, assim, em uma posição, pelo menos a oportunidade de se esforçar com dignidade e de se elevar por meio dos esforços que realmente melhoram a criatura racional, mas todo o sexo feminino está, até que seu caráter seja formado, na mesma condição dos ricos, porque nasceu – falo agora de um estado de civilização – com certos privilégios sexuais, e, enquanto elas receberem as coisas gratuitamente, poucas pensarão em trabalhar com afinco para obter a estima de um pequeno número de pessoas superiores.

Quando ouvimos falar de mulheres que, saindo da obscuridade, ousadamente reivindicam o devido respeito por suas grandes habilidades ou por suas ousadas virtudes? Onde podem ser encontradas? "Ser observadas, atendidas, e notadas com compreensão, complacência e aprovação são todas as vantagens que procuram." "Verdade!", meus leitores do sexo masculino provavelmente exclamarão. Mas que eles, antes de chegarem a qualquer conclusão, lembrem-se de que isso não foi escrito originalmente como uma descrição das mulheres, e sim dos ricos. Na *Teoria dos Sentimentos Morais*, do Dr. Smith, encontrei um perfil geral de pessoas de posição e fortuna, que, em minha opinião, pode com a maior propriedade ser aplicado ao sexo feminino. Remeto o leitor sagaz à comparação completa, mas permita-me citar uma passagem para reforçar um argumento que pretendo insistir, como o mais conclusivo contra a superioridade sexual. Pois se, com exceção dos guerreiros, nenhum grande homem, de qualquer denominação, jamais apareceu entre a nobreza, não se pode inferir com justiça que sua situação local engoliu o homem, produzindo-lhe um caráter semelhante ao das mulheres, que são *localizadas*, se me permitem a palavra, pela posição em que suas *cortesias* as colocam? As mulheres, comumente chamadas de damas, não podem ser contraditas quando acompanhadas, não podem exercer nenhuma força manual, e delas só se esperam as virtudes negativas, quando alguma virtude é esperada, como paciência, docilidade, bom humor e flexibilidade; virtudes incompatíveis com qualquer esforço vigoroso do intelecto. Além disso, por viverem mais umas com as outras e raramente estarem absolutamente sozinhas, estão mais sob a influência de sentimentos do que de paixões. A solidão e a reflexão são necessárias para dar aos desejos a força das paixões e permitir à imaginação aumentar o objeto e torná-lo o mais desejável. O mesmo pode ser dito dos ricos, pois não negociam o bastante ideias gerais, coletadas por pensamentos desapaixonados ou investigação calma, para adquirir aquela força de caráter sobre a qual grandes resoluções são construídas. Mas ouça o que um observador perspicaz diz sobre os nobres.

Parecem os nobres insensíveis ao preço fácil pelo qual podem adquirir a admiração pública; ou parecem imaginar que para eles, como para os outros homens, isso deve ser uma negociação de suor ou de sangue? Por quais importantes realizações o jovem nobre é instruído a manter a dignidade de sua posição e fazer-se merecedor daquela superioridade sobre seus concidadãos, à qual a virtude de seus ancestrais os elevou? É pelo conhecimento, pela indústria, pela paciência, pela abnegação ou pela virtude de qualquer tipo? Como todas as suas palavras, como todos os seus movimentos são atendidos, ele aprende a considerar de forma habitual todas as circunstâncias do comportamento comum, e estuda para realizar todos aqueles pequenos deveres com a mais exata propriedade. Consciente do quanto é observado e do quanto a humanidade está disposta a favorecer todas as suas inclinações, ele age, nas ocasiões mais insignificantes, com aquela liberdade e elevação que o inspiram naturalmente. Seu porte, suas maneiras, seu comportamento, tudo marca aquele senso elegante e gracioso de sua própria superioridade, que aqueles que nascem em uma posição inferior dificilmente podem chegar. Esses são os artifícios para fazer a humanidade se submeter mais facilmente à sua autoridade e para direcioná-la de acordo com seu próprio prazer e nisso é raramente desapontado. Tais artifícios, apoiados por posição e preeminência, são, em ocasiões comuns, suficientes para governar o mundo. Luís XIV, durante a maior parte de seu reinado, foi considerado, não só na França, mas em toda a Europa, como o modelo mais perfeito de um grande príncipe. Mas quais foram os talentos e as virtudes pelos quais ele adquiriu essa grande reputação? Foi pela justiça escrupulosa e inflexível de todos os seus empreendimentos, pelos imensos perigos e dificuldades com que foram atendidos, ou pela aplicação incansável e implacável com que os perseguiu? Foi por seu amplo conhecimento, por seu discernimento requintado ou por seu valor heroico? Não foi por nenhuma dessas qualidades. Mas ele era, antes de tudo, o príncipe mais poderoso da Europa e, consequentemente, ocupava o posto mais alto entre os reis; e então, diz seu historiador, "ele ultrapassou todos os seus cortesãos na graciosidade de sua forma e na beleza majestosa de suas feições".

A mulher também, "completa em si mesma", por possuir todas essas realizações frívolas, muda assim a natureza das coisas:

"Isso é o que deseja fazer ou dizer
Parece mais sábio, mais virtuoso, mais discreto, melhor,
Todo conhecimento superior na presença dela tomba

Degradado. A sabedoria, em discurso com ela,
Perde-se desconcertada e, parece insensata;
A autoridade e a razão esperam por ela".
E tudo isso devido a sua beleza!

Na classe média, continuando a comparação, os homens na juventude são preparados para profissões, e o casamento não é considerado o grande feito em suas vidas, enquanto as mulheres, ao contrário, não têm outro projeto para aprimorar suas faculdades. Não são os negócios, os planos extensos ou qualquer um dos voos excitantes da ambição que prendem sua atenção; seus pensamentos não estão agora empregados em criar tais estruturas nobres. Para ascender no mundo e ter a liberdade de correr de prazer em prazer, elas devem se casar vantajosamente, e para esse objetivo seu tempo é sacrificado, e sua pessoa, muitas vezes legalmente prostituída. Um homem, quando entra em qualquer profissão, tem os olhos firmemente fixados em alguma vantagem futura (e a mente ganha grande força tendo todos os seus esforços direcionados a um ponto) e, ocupado com seus negócios, o prazer é considerado um mero relaxamento; enquanto as mulheres buscam o prazer como objetivo principal da existência. De fato, pela educação que recebem da sociedade, pode-se dizer que o amor ao prazer governa a todos, mas isso prova que existe sexo nas almas? Seria tão racional quanto declarar que os cortesãos na França, cujo caráter havia sido formado por um destrutivo sistema de despotismo, não eram homens porque a liberdade, a virtude e a humanidade foram sacrificadas ao prazer e à vaidade. Paixões fatais, que sempre dominaram *toda* a raça humana!

O mesmo amor ao prazer, fomentado por toda a tendência de sua educação, dá uma guinada insignificante à conduta das mulheres na maioria das circunstâncias. Por exemplo, elas estão sempre preocupadas com coisas secundárias, e à espreita de aventuras, em vez de se ocupar de tarefas.

Um homem, quando empreende uma viagem, se preocupa

geralmente com o fim dela. Uma mulher pensa mais nas ocorrências incidentais, nas coisas estranhas que podem ocorrer na estrada, n impressão que ela pode causar em seus companheiros de viagem e, acima de tudo, preocupa-se em cuidar dos enfeites que carrega, que mais do que nunca fazem parte de si mesma, quando vai figurar em uma nova cena; quando, para usar uma expressão francesa apropriada, ela vai produzir uma sensação. Pode haver dignidade de espírito com tais cuidados triviais?

Em suma, as mulheres em geral, assim como os ricos de ambos os sexos, adquiriram toda a insensatez e os vícios da civilização e perderam os frutos úteis. Não é necessário que eu sempre tenha a premissa de que falo da condição de todo o sexo, deixando as exceções fora de questão. Seus sentidos são inflamados e seus entendimentos negligenciados; consequentemente, elas se tornam presas de seus sentidos, delicadamente denominados sensibilidade, e são sopradas por toda e qualquer rajada momentânea de sentimento. As mulheres civilizadas estão, portanto, tão fragilizadas pelo falso refinamento que, respeitando a moral, sua condição está muito aquém do que seria se fossem deixadas em um estado mais próximo da natureza. Sempre inquietas e ansiosas, sua sensibilidade excessivamente exercitada não apenas as torna desconfortáveis para si mesmas, mas também incômodas, para usar uma frase suave, para os outros. Todos os seus pensamentos giram em torno de coisas calculadas para excitar emoções; e sentindo, quando deveriam raciocinar, sua conduta é instável e suas opiniões oscilam, não a oscilação produzida por deliberação ou visões progressistas, mas por emoções contraditórias. Aos trancos e barrancos, elas se entusiasmam por muitos propósitos. No entanto, esse entusiasmo, nunca concentrado na perseverança, logo se esgota, exalado por seu próprio calor, ou encontrando alguma outra paixão fugaz, à qual a razão nunca deu gravidade específica, segue-se a neutralidade. Miserável de fato, deve ser aquele ser cujo cultivo da mente apenas tendeu a inflamar suas paixões! Uma distinção deve ser feita entre inflamar e fortalecer. As paixões assim mimadas, enquanto o julgamento é deixado sem forma, o que pode acontecer? Sem dúvida, um misto de loucura e insensatez!

Essa observação não deve ser limitada ao sexo *frágil*, entretanto, no momento, pretendo apenas aplicá-la a ele.

Romances, música, poesia e galanteria, todos tendem a fazer das mulheres criaturas sensacionais, e seu caráter é assim formado nos moldes da insensatez durante o tempo em que estão adquirindo dotes, a única melhoria que sua posição na sociedade as estimula a adquirir. Essa sensibilidade exagerada naturalmente relaxa os outros poderes da mente e impede o intelecto de atingir aquela soberania que deveria atingir para tornar uma criatura racional útil para os outros, e contente com sua própria posição porque o exercício do entendimento, à medida que a vida avança, é o único método apontado pela natureza para acalmar as paixões.

A saciedade tem um efeito muito diferente, e muitas vezes impressiono-me por uma descrição enfática da condenação, quando o espírito é representado como pairando continuamente com ansiedade abortiva em torno do corpo contaminado, incapaz de desfrutar de qualquer coisa sem os órgãos dos sentidos. No entanto, as mulheres são feitas escravas dos seus sentidos, porque é por sua sensibilidade que obtêm seu poder presente.

E os moralistas pretendem afirmar que essa é a condição em que metade da raça humana deve ser encorajada a permanecer com inatividade apática e aquiescência estúpida? Que instrutores amáveis! Para que fomos criadas? Para permanecermos, pode-se dizer, inocentes; eles querem dizer em um estado de infância. Poderíamos muito bem nunca ter nascido, a menos que fosse necessário que fôssemos criadas para capacitar o homem a adquirir o nobre privilégio da razão, o poder de discernir o bem do mal, enquanto nos deitamos no pó de onde fomos levadas, para nunca mais nos levantarmos.

Seria uma tarefa sem fim rastrear a variedade de mesquinharias, cuidados e tristezas em que as mulheres são mergulhadas pela opinião predominante de que foram criadas mais para sentir do que para a razão, e que todo o poder que obtêm deve ser conquistado por seus encantos e fraquezas:

"Bela por seus defeitos e amavelmente frágil!"

Exceto o que as mulheres ganham pelo domínio ilícito, essa amável fragilidade as mantém inteiramente dependentes do homem, não só para a proteção, mas também para o conselho. É surpreendente que, negligenciando os deveres que a própria razão indica, e evitando as provações calculadas para fortalecer suas mentes, elas apenas se esforcem para dar a seus defeitos uma cobertura graciosa, que pode servir para aumentar seus encantos aos olhos do voluptuoso, embora isso as afunde na escala de excelência moral?

Frágeis em todos os sentidos da palavra, elas são obrigadas a olhar para o homem em busca de todo conforto. Nos perigos mais insignificantes, se apegam ao seu apoio, com tenacidade parasitária, dolorosamente exigindo socorro; e seu protetor *natural* estende seu braço, ou levanta sua voz, para proteger a amada trêmula – de quê? Talvez a carranca de uma vaca velha ou o pulo de um rato; uma ratazana seria um perigo sério. Em nome da razão e até do bom senso, o que pode salvar tais seres do desprezo, embora sejam suaves e belos?

Esses medos, quando não afetados, podem produzir algumas atitudes bonitas, mas mostram um grau de imbecilidade que degrada uma criatura racional de uma maneira que as mulheres não percebem, pois amor e estima são coisas muito distintas.

Estou plenamente persuadida de que não ouviríamos falar de nenhum desses ares infantis se as meninas pudessem fazer exercícios suficientes e não ficassem confinadas em quartos fechados até que seus músculos estejam relaxados e sua digestão destruída. Para levar a observação ainda mais longe, se o medo nas meninas, em vez de ser acariciado e, talvez criado, fosse tratado da mesma maneira que a covardia nos meninos, deveríamos ver rapidamente as mulheres com aspectos mais dignos. É verdade que elas não poderiam, então, com igual propriedade, ser denominadas as doces flores que sorriem no caminhar do homem, mas seriam membros mais respeitáveis da sociedade e cumpririam os importantes deveres da vida à luz de sua própria razão. "Eduque as mulheres como os homens", diz Rousseau, "e quanto mais se assemelham ao nosso sexo, menos poder terão sobre nós." Esse é exatamente o ponto que pretendo. Não desejo que elas tenham poder sobre os homens, mas sobre si mesmas.

Na mesma linha, tenho ouvido homens argumentarem contra instruir os pobres; para muitos são as formas que a aristocracia assume. "Ensine-os a ler e escrever", dizem eles, "e você os tira da posição que lhes foi designada pela natureza." Um francês eloquente respondeu, vou pegar emprestado seu sentimento. "Mas eles não sabem, quando fazem do homem um animal, que podem esperar a cada instante vê-lo se transformar em uma besta feroz. Sem conhecimento, não pode haver moralidade!"

A ignorância é uma base frágil para a virtude! No entanto, os escritores que mais veementemente argumentaram a favor da superioridade do homem insistem que essa é a condição pela qual se tem classificado a mulher; não é uma superioridade em grau, mas em essência, embora, para suavizar o argumento, tenham se esforçado para provar, com generosidade cavalheiresca, que os sexos não devem ser comparados; o homem foi feito para raciocinar, a mulher para sentir, e que juntos, carne e espírito, formam o todo mais perfeito, combinando felizmente razão e sensibilidade em um caráter.

E o que é sensibilidade? "Sensação rápida; rapidez de percepção; delicadeza." Assim é definida pelo Dr. Johnson, e a definição não me dá outra ideia senão do instinto mais primorosamente polido. Não vejo um traço da imagem de Deus, seja na sensação, seja na matéria. Refinado 70 vezes sete, ainda são materiais; o intelecto não mora lá; nem o fogo jamais produzirá ouro com chumbo!

Volto ao meu antigo argumento: se a mulher possui uma

alma imortal, deve ter, como ocupação vital, um entendimento para melhorar. E quando, para tornar o estado presente mais completo, embora tudo prove ser apenas uma fração de uma soma poderosa, ela é incitada pela gratificação presente a esquecer seu grande destino, a natureza é neutralizada, ou ela nasceu apenas para procriar e deteriorar-se. Concedendo a todo tipo de animal uma alma, ainda que sem capacidade de raciocínio, o exercício do instinto e da sensibilidade pode ser o passo que devem dar, nessa vida, para a realização da razão na próxima; de forma que por toda a eternidade elas ficarão atrás do homem, que, o porquê nós não sabemos, teve o poder de alcançar a razão em seu primeiro modo de existência.

Quando eu trato dos deveres peculiares das mulheres, como deveria tratar dos deveres peculiares de um cidadão ou um pai, veremos que não pretendo insinuar que elas devam ser retiradas de suas famílias, falando da maioria. "Aquele que tem esposa e filhos", diz Lorde Bacon, "deu reféns para o destino; pois eles são impedimentos para grandes empreendimentos, seja de virtude, seja de danos. Certamente as melhores obras, e de maior mérito para o público, procedem de homens solteiros ou sem filhos." Digo o mesmo das mulheres. Mas o bem-estar da sociedade não se baseia em esforços extraordinários, e, se fosse mais razoavelmente organizado, haveria ainda menos necessidade de grandes habilidades ou de virtudes heroicas.

Na regulamentação de uma família, na educação dos filhos, o entendimento, em um sentido não sofisticado, é particularmente necessário tanto para a força mental quanto física; mas os homens que, por seus escritos, trabalharam mais seriamente para domesticar as mulheres se esforçaram, por argumentos ditados por um apetite grosseiro, que a saciedade tornara fastidioso, para enfraquecer seus corpos e debilitar suas mentes. Mas, se mesmo por esses métodos sinistros eles realmente *persuadissem* as mulheres, trabalhando seus sentimentos, a ficar em casa e cumprir os deveres de mãe e dona de casa, eu deveria me opor cautelosamente às opiniões que levavam as mulheres a uma conduta correta, que as convencem a fazer do cumprimento de deveres tão importantes o principal negócio da vida, se a razão é insultada. No entanto, e apelo à experiência, se ao negligenciar o entendimento elas sejam tanto, ou melhor, mais distanciadas desses empregos domésticos, do que poderiam ser pela mais séria busca intelectual, embora possa ser observado que a massa da humanidade nunca irá buscar vigorosamente um objetivo intelectual[7], posso inferir que a razão é absolutamente necessária para capacitar uma mulher a cumprir qualquer dever apropriadamente, e devo repetir novamente que sensibilidade não é razão.

A comparação com os ricos ainda me ocorre, pois, quando os homens negligenciam os deveres da humanidade, as mulheres seguirão seu exemplo; um fluxo comum apressa os dois com uma rapidez impensada. As riquezas e as honrarias impedem o homem de ampliar sua compreensão e enfraquecem todas as suas faculdades, invertendo a ordem da natureza, que sempre fez do verdadeiro prazer a recompensa do trabalho. O prazer, o prazer enervante está, da mesma forma, ao alcance das mulheres, sem merecê-lo. Mas, se as posses hereditárias são amplamente estendidas, como podemos esperar que os homens se orgulhem da virtude? E, até que isso aconteça, as mulheres irão governá-los pelos meios mais diretos, negligenciando seus enfadonhos deveres domésticos para obter o prazer que fica ligeiramente nas asas do tempo.

"O poder da mulher", diz certo autor, "é a sua sensibilidade", e os homens, não cientes das consequências, fazem tudo o que podem para fazer com que esse poder engula todos os outros. Aqueles que empregam constantemente sua sensibilidade terão mais, por exemplo, poetas, pintores e compositores[8]. No entanto, quando a sensibilidade é assim aumentada à custa da razão e até da imaginação, por que os homens filosóficos se queixam de sua inconstância? A atenção sexual do homem atua particularmente na sensibilidade feminina, e essa simpatia foi exercida desde a juventude. Um marido não pode continuar a prestar essas atenções com a paixão necessária para despertar emoções vivas, e o coração, acostumado a emoções vivas, volta-se para um novo amante, ou enlanguesce em segredo, preso da virtude ou da prudência. Quero dizer, quando o coração realmente se torna suscetível, e o gosto, formado; pois estou apta a concluir, pelo que tenho visto na vida em sociedade, que a vaidade é mais frequentemente fomentada do que a sensibilidade pelo modo de educação e a relação sexual entre os sexos, o que tenho reprovado, e que o coquetismo procede mais frequentemente da vaidade do que daquela inconstância, que a sensibilidade excessiva naturalmente produz.

Outro argumento que, para mim, tem tido grande peso encontra força em todo coração benevolente e atencioso. As meninas que são educadas dessa maneira frágil frequentemente são cruelmente deixadas por seus pais sem nenhuma provisão, e, claro, dependem não apenas da razão, mas da generosidade de seus irmãos. Esses irmãos são, para ver o lado mais justo da questão, bons tipos de homens, e dão como um favor o que os filhos dos mesmos pais têm igual direito. Nessa situação humilhante equívoca, uma mulher dócil pode permanecer algum tempo com um grau tolerável de conforto. Mas, quando o irmão se casa, uma circunstância provável, deixa de ser considerada dona de casa para ser vista como uma intrusa e um peso desnecessário para a benevolência do dono da casa e de sua nova companheira.

Quem pode contar a miséria que muitos seres infelizes, cujas mentes e corpos são igualmente fracos, sofrem em tais situações, incapazes de trabalhar e com vergonha de implorar? A esposa, uma mulher de coração frio e mente estreita, e essa não é uma suposição injusta, pois o atual modo de educação não tende a dilatar o coração mais do que o entendimento, tem ciúme da pouca bondade que seu marido mostra a seus parentes, e sua sensibilidade não se eleva à humanidade, e não lhe agrada ver a propriedade de *seus* filhos dada a uma irmã desvalida.

Essas são questões de fato, que me vêm à mente repetidas vezes. A consequência é óbvia, a esposa recorre à astúcia para minar a afeição habitual, que teme abertamente se opor, e nem lágrimas nem carícias são poupadas até que a intrusa seja expulsa de sua casa e lançada ao mundo, despreparada para suas dificuldades; ou enviada, como um grande esforço de generosidade, ou por algum respeito à propriedade, com um pequeno estipêndio e uma mente inculta, para uma solidão sem alegria.

Essas duas mulheres podem estar em igualdade no que diz respeito à razão e à humanidade, e a mudança de situação pode ter agido da mesma forma egoísta; mas se elas tivessem sido educadas de forma diferente, o caso também teria sido muito diferente. A esposa não teria tido aquela sensibilidade, da qual o centro é ela mesma, e a razão poderia tê-la ensinado a não esperar nem mesmo ser lisonjeada pela afeição de seu marido, se isso o levasse a violar deveres anteriores. Ela desejaria amá-lo não apenas porque ele a amava, mas por causa de suas virtudes; e a irmã poderia ter sido capaz de lutar por si mesma, em vez de comer o pão amargo da dependência.

Estou, de fato, persuadida de que o coração, assim como o intelecto, é expandido pelo cultivo e, o que pode não parecer tão claro, pelo fortalecimento dos órgãos. Não estou falando agora de flashes momentâneos de sensibilidade, mas de afetos. E, talvez, na educação de ambos os sexos, a tarefa mais difícil seja ajustar a instrução de tal forma que não estreite o intelecto, enquanto o coração é aquecido pelos generosos sucos da primavera, recém-elevados pela fermentação elétrica da estação; nem para secar os sentimentos, empregando a mente em investigações distantes da vida.

No que diz respeito às mulheres, quando recebem uma educação cuidadosa, tornam-se ou belas damas, cheias de sensibilidade e cheias de fantasias caprichosas, ou mulheres meramente notáveis. Essas últimas, embora não possuam nem grandeza de espírito nem bom gosto, são muitas vezes criaturas amigáveis e honestas e têm um tipo astuto de bom senso aliado à prudência mundana, que muitas vezes as torna membros mais úteis da sociedade do que a elegante senhora sentimental. O mundo intelectual é fechado para elas; tirem-nas de sua família ou vizinhança e elas ficarão inativas; não tem como ocupar a mente, pois a literatura oferece uma fonte de diversão que elas nunca procuraram saborear, mas frequentemente desprezar. Os sentimentos e o gosto das mentes mais cultas parecem ridículos, mesmo naqueles a quem o acaso e as ligações familiares os levaram a amar. Mas, por simples conhecimento, pensam que tudo é afetação.

Um homem de bom senso só pode amar essa mulher sob o aspecto sexual e respeitá-la porque é uma servidora fiel. Para preservar sua própria paz, ele permite que ela repreenda os empregados e vá à igreja com roupas feitas com os melhores tecidos. Um homem com o mesmo nível intelectual, provavelmente, não concordaria tanto com ela, porque poderia querer invadir sua prerrogativa e cuidar ele mesmo de alguns assuntos domésticos. No entanto, as mulheres, cujas mentes não são ampliadas pelo cultivo, ou o egoísmo natural da sensibilidade ampliado pela reflexão, são muito inadequadas para administrar uma família; pois, por um esforço indevido de poder, elas estão sempre tiranizando para sustentar uma superioridade que repousa apenas na distinção arbitrária da sorte. O mal às vezes é mais sério, e os empregados são privados de inocentes indulgências e obrigados a trabalhar além de suas forças, a fim de permitir que a mulher notável mantenha uma mesa melhor e ofusque seus vizinhos em trajes e desfiles. Se ela cuida dos filhos, é, em geral, para vesti-los de maneira custosa e, proveniente da vaidade ou do carinho, essa atenção é igualmente perniciosa.

Além disso, quantas mulheres dessa descrição passam seus dias ou, pelo menos, suas tardes descontentes. Seus maridos reconhecem que são boas administradoras e esposas castas, mas saem de casa em busca de algo mais agradável, permita-me usar uma expressão francesa significativa, sociedade *piquant*; e a escrava paciente, que cumpre sua tarefa, como um cavalo cego em um moinho, é defraudada de sua justa recompensa, pois o salário devido a ela são as carícias de seu marido; e as mulheres que têm tão poucos recursos para si mesmas não suportam com muita paciência essa privação de um direito natural.

Uma dama elegante, ao contrário, foi ensinada a menosprezar as atividades vulgares da vida, embora só tenha sido incitada a adquirir habilidades que vão um pouco além do bom senso, pois nem mesmo os atributos corporais podem ser obtidos com algum grau de precisão, a menos que o intelecto tenha sido fortalecido pelo exercício. Sem uma base de princípios, o gosto é superficial, a graça deve surgir de algo mais profundo do que a imitação. A imaginação, entretanto, é estimulada, e os sentimentos tornam-se meticulosos, senão sofisticados, caso não se adquira um equilíbrio de julgamento, quando o coração ainda permanece ingênuo, embora se torne muito terno.

Essas mulheres costumam ser amáveis, e seus corações são realmente mais sensíveis à benevolência geral, mais vivos para os sentimentos que civilizam a vida, do que o trabalho duro da família; mas, querendo a devida proporção de reflexão e autogoverno, elas apenas inspiram amor; e são as amantes de seus maridos, embora tenham algum controle sobre suas afeições; e os amigos platônicos de seu conhecido homem. Esses são os justos defeitos da natureza, as mulheres que parecem ter sido criadas não para desfrutar da comunhão do homem, mas para salvá-lo de afundar na brutalidade absoluta, esfregando os ângulos ásperos de seu caráter; e pelo flerte lúdico para dar alguma dignidade ao apetite que o atrai a elas. Gracioso Criador de toda a raça humana! Criastes um ser como a mulher, que pode rastrear vossa sabedoria em vossas obras, e sentir que só vós fostes por vossa natureza exaltado acima dela, para nenhum propósito melhor? Ela pode acreditar que só foi feita para se submeter ao homem, seu igual, um ser que, como ela, foi enviado ao mundo para adquirir virtude? Ela pode consentir em se ocupar apenas para agradá-lo, meramente para adornar a terra, quando sua alma é capaz de subir a vós? E ela pode repousar supinamente dependente do homem para a razão, quando deveria subir com ele os árduos degraus do conhecimento?

No entanto, se o amor é o bem supremo, que as mulheres sejam educadas apenas para inspirá-lo e que todo encanto seja polido para intoxicar os sentidos; mas, se elas são seres morais, que tenham uma chance de se tornarem inteligentes; e que o amor ao homem seja apenas uma parte dessa chama fulgurante do amor universal, que, depois de circundar a humanidade, se eleva em grato incenso a Deus.

Para cumprir os deveres domésticos é necessária muita resolução e um tipo sério de perseverança que requer uma base mais firme do que as emoções, por mais viva e verdadeira que seja sua natureza. Para dar um exemplo de disciplina, a alma da virtude, alguma austeridade de comportamento deve ser adotada, dificilmente esperada de um ser que, desde a infância, foi feito o cata-vento de suas próprias sensações. Quem quer que pretenda ser útil racionalmente deve ter um plano de conduta; e, no cumprimento do dever mais simples, muitas vezes somos obrigados a agir contra o presente impulso de ternura ou compaixão. A severidade é frequentemente a mais certa, assim como a mais sublime prova de afeto; e a falta desse poder sobre os sentimentos, e daquela afeição elevada e digna, que faz uma pessoa preferir o futuro bem do objeto amado a uma gratificação presente, é a razão pela qual tantas mães afetuosas estragam seus filhos, tornando difícil dizer qual é mais nociva: a negligência ou a indulgência – sou inclinada a pensar que a última tem provocado mais danos.

A humanidade parece concordar que as crianças devem ser deixadas sob o controle das mulheres durante a infância. Agora, de todas as observações que pude fazer, as mulheres sensíveis são as mais inadequadas para essa tarefa, porque infalivelmente, levadas pelos sentimentos, estragam o temperamento de uma criança. O controle do temperamento, o primeiro e mais importante ramo da educação, requer o olhar firme e sóbrio da razão; um plano de conduta igualmente distante da tirania e da indulgência, mas esses são os extremos em que as pessoas sensíveis caem alternadamente; sempre atirando além da marca. Segui muito mais longe por essa linha de raciocínio, até concluir que uma pessoa de gênio é a pessoa mais imprópria para ser empregada na educação, pública ou privada. As mentes dessa espécie incomum veem as coisas muito massificadas e poucas vezes têm um bom temperamento. Essa alegria habitual, chamada de bom humor, é, talvez, tão raramente unida a grandes faculdades mentais quanto a fortes sentimentos. E aquelas pessoas que seguem, com interesse e admiração, os voos do gênio, ou, com aprovação mais fria, absorvem a instrução que foi preparada de modo elaborado para elas pelo pensador profundo, não devem ficar desgostosas se acharem o primeiro colérico e o último taciturno, porque uma imaginação viva e uma compreensão tenaz da mente são dificilmente compatíveis com aquela urbanidade flexível que leva um homem, pelo menos, a se curvar às opiniões e aos preconceitos dos outros, em vez de confrontá-los rudemente.

Por outro lado, tratando-se de educação ou de maneiras, mentes de uma classe superior não devem ser consideradas, mas sim deixadas ao acaso; é a multidão, com habilidades moderadas, que pede instrução, e capta a cor da atmosfera que respira. A meu ver, não deveria se estimular as sensações dessa respeitável massa de homens e mulheres no canteiro da indolência luxuosa, à custa de sua compreensão; pois, a menos que haja um lastro de entendimento, nunca se tornarão nem virtuosos nem livres; uma aristocracia fundada na propriedade ou em valores monetários sempre arrastará diante dela tanto os tímidos quanto os ferozes escravos do sentimento.

Inúmeros são os argumentos apresentados para considerarmos outra visão do assunto, com uma demonstração de razão supostamente deduzida da natureza, que dizem que os homens se acostumaram moral e fisicamente a degradar o sexo. Devo apontar alguns.

O intelecto feminino costuma ser mencionado com desprezo, como alguém que chega mais cedo à maturidade do que o masculino. Não responderei a esse argumento aludindo às primeiras provas da razão, bem como do gênio, em Cowley, Milton e Pope[9], mas apenas apelarei à experiência para decidir se os jovens, que são apresentados desde cedo na sociedade (e exemplos agora abundam), não adquirem a mesma precocidade. Tão notório é esse fato que a mera menção dele deve trazer perante as pessoas, que de alguma forma se misturam no mundo, a ideia de uma série de imitações burlescas de homens cujos entendimentos são estreitados por já fazerem parte da sociedade dos homens quando eles deveriam estar girando pião ou aro.

Também tem sido afirmado, por alguns naturalistas, que

os homens não atingem seu pleno crescimento e força antes dos 30, mas que as mulheres chegam à maturidade por volta dos 20. Entendo que raciocinam em terreno falso, desencaminhadas pelo preconceito masculino, que considera a beleza a perfeição da mulher – mera beleza de feições e tez, a aceitação vulgar da palavra, enquanto à beleza masculina pode ter alguma conexão com a mente. A força física e aquela marca de expressão, que os franceses chamam de *physionomie*, as mulheres não adquirem antes dos 30, assim como os homens. Os pequenos truques ingênuos das crianças, é verdade, são particularmente agradáveis e atraentes; no entanto, quando o belo frescor da juventude se esgota, essas graças ingênuas tornam-se ares estudados e são desagradáveis a todos os gostos. No semblante das meninas, procuramos apenas vivacidade e modéstia acanhada; mas, passada a maré primaveril da vida, procuramos no rosto um sentido mais sóbrio e traços de paixão, em vez das covinhas dos espíritos animais; esperando ver a individualidade de caráter, o único elemento das afeições[10]. Queremos então conversar, não acariciar; para dar espaço à nossa imaginação, bem como às sensações de nossos corações.

Aos 20 a beleza de ambos os sexos é igual; mas a libertinagem do homem o leva a fazer a distinção, e as coquetes aposentadas são comumente da mesma opinião, pois, quando não podem mais inspirar amor, pagam pelo vigor e vivacidade da juventude. Os franceses, que admitem mais em suas noções de beleza, dão preferência às mulheres de 30. Quero dizer que permitem que as mulheres estejam em seu estado mais perfeito, quando a vivacidade cede lugar à razão e àquela majestosa seriedade de caráter, que marca a maturidade ou a estabilidade. Na juventude, até os 20, o corpo fica em evidência, até os 30 a solidez está atingindo certo grau de densidade, e os músculos flexíveis, tornando-se cada vez mais rígidos, dão caráter ao semblante, isto é, eles rastreiam as operações da mente com a pluma férrea do destino e nos dizem não apenas quais poderes estão dentro, mas como eles foram empregados.

É bom observar que os animais que chegam lentamente à

maturidade são os mais longevos e das espécies mais nobres. Os homens não podem, entretanto, reivindicar qualquer superioridade natural da grandeza da longevidade, pois, a esse respeito, a natureza não distinguiu o masculino.

A poligamia é outra degradação física, e um argumento plausível para um costume, que destrói todas as virtudes domésticas, é extraído do fato bem atestado de que nos países onde está estabelecida nascem mais mulheres do que homens. Isso parece ser uma indicação da natureza, e para a natureza devem resultar especulações aparentemente razoáveis. Outra conclusão obviamente se apresentou; se a poligamia for necessária, a mulher deve ser inferior ao homem e feita para ele.

Com relação à formação do feto no útero, somos muito ignorantes; mas parece-me provável que uma causa física acidental pode explicar esse fenômeno e provar que não é uma lei da natureza. Encontrei algumas observações pertinentes sobre o assunto em *Forster's Account of the Isles of the South-Sea*, de Forster, que irão explicar o que quero dizer. Depois de observar que, entre os animais dos dois sexos, a constituição mais vigorosa e mais ardente sempre prevalece e produz sua espécie; ele acrescenta:

"Se isso for aplicado aos habitantes da África, é evidente que os homens de lá, acostumados à poligamia, ficam debilitados pelo uso de tantas mulheres e, portanto, menos vigorosos; as mulheres, ao contrário, são de constituição mais fogosa, não apenas por causa de seus nervos mais irritáveis, de uma organização mais sensível e de uma imaginação mais viva; mas também porque estão privadas em seu matrimônio daquela parte do amor físico que, em uma condição monogâmica, seria todo delas; e, portanto, pelas razões acima, a maioria das crianças nascem do sexo feminino.

"Na maior parte da Europa, foi provado pelas listas mais precisas de mortalidade, que a proporção de homens para mulheres é quase igual ou, se houver diferença, os homens nascidos são mais numerosos, na proporção de 105 para 100".

A necessidade da poligamia, portanto, não se faz clara; no

entanto, quando um homem seduz uma mulher, acho que deve ser chamado de casamento *morganático*, e o homem deveria ser *legalmente* obrigado a manter a mulher e seus filhos, a menos que o adultério, um divórcio natural, revogasse a lei. E essa lei deveria permanecer em vigor enquanto a fragilidade das mulheres fizesse a palavra "sedução" ser usada como desculpa para sua fragilidade e falta de princípios. Mais ainda, enquanto elas dependerem do homem para sua subsistência, em vez de se sustentarem pelo esforço de suas próprias mãos ou cabeças. Mas essas mulheres não devem, no sentido pleno do relacionamento, ser chamadas de esposas, ou o próprio propósito do casamento seria subvertido, e todas aquelas caridades carinhosas que fluem da fidelidade pessoal e dão santidade ao laço, quando nem amor nem a amizade unem os corações, se desmancham no egoísmo. A mulher que é fiel ao pai de seus filhos exige respeito e não deve ser tratada como uma prostituta; embora concorde prontamente que, se for necessário que um homem e uma mulher vivam juntos para criar sua prole, a natureza nunca pretendeu que um homem tivesse mais de uma esposa.

Ainda assim, por respeitar muito o casamento, como a base de quase todas as virtudes sociais, não posso deixar de sentir a mais viva compaixão por aquelas mulheres infelizes que estão separadas da sociedade e que, por um erro, perdem todos os afetos e relacionamentos que melhoram o coração e a mente. Frequentemente, nem mesmo merece o nome de erro; pois muitas meninas inocentes tornam-se vítimas de um coração sincero e afetuoso, e ainda mais são, como pode ser enfaticamente denominado, *arruinadas* antes de saberem a diferença entre virtude e vício. Assim, preparadas por sua educação para a desonra, elas se tornam desonradas. Asilos e abrigos não são os remédios adequados para esses abusos. É justiça, e não caridade, que falta no mundo!

Uma mulher que perdeu sua honra imagina que não pode afundar mais e que não irá mais recuperar sua posição anterior, nenhum esforço pode lavar essa mancha. Perdendo assim todo incentivo, e não tendo nenhum outro meio de sustento, a prostituição se torna seu único refúgio, e o caráter é rapidamente depravado por circunstâncias sobre as quais a pobre coitada tem pouco poder, a menos que ela possua uma porção incomum de bom senso e altivez de espírito. A necessidade nunca faz da prostituição o assunto da vida dos homens; embora incontáveis sejam as mulheres que assim se tornam sistematicamente viciosas. Isso, no entanto, em grande parte decorre do estado de ociosidade em que se educam as mulheres, que sempre são ensinadas a buscar o homem para seu sustento, e a considerar sua pessoa como a devida retribuição de seus esforços para ampará-la. Ares meretrícios e toda a ciência da devassidão têm então um estímulo mais poderoso do que o apetite ou a vaidade, e essa observação dá força à opinião prevalecente de que com a castidade se perde tudo o que é respeitável na mulher. Seu caráter depende da observância de uma virtude, embora a única paixão alimentada em seu coração seja o amor. Não, a honra de uma mulher não depende nem mesmo de sua vontade.

Quando Richardson[11] fez Clarissa dizer a Lovelace que ele tinha roubado a sua honra, ele deve ter tido estranhas noções de honra e virtude. Já que infelicidade, além de todos os termos que significam infortúnio, é a condição de um ser, que poderia ser degradado sem seu próprio consentimento! Ouvi dizer que esse excesso de rigidez é um erro salutar. Devo responder com as palavras de Leibnitz: "Erros são frequentemente úteis; mas normalmente são usados para remediar outros erros".

Muitos dos males da vida surgem de um desejo sem limites de desfrutar o momento presente. A obediência exigida das mulheres no casamento se enquadra nessa descrição; a mente, naturalmente enfraquecida por depender da autoridade, nunca exerce seus próprios poderes, e a esposa obediente torna-se assim uma mãe indolente e frágil. Ou, supondo que esta não seja sempre a consequência, um estado futuro de existência dificilmente é levado em consideração quando apenas virtudes negativas são cultivadas. Pois, ao tratar da moral, particularmente quando as mulheres são mencionadas, os escritores muitas vezes consideraram a virtude em um sentido muito limitado e fizeram disso o fundamento *unicamente* de utilidade mundana; soma-se a isso uma base ainda mais frágil a essa maravilhosa construção, e os sentimentos oscilantes e rebeldes dos homens se tornaram o padrão de virtude. Sim, a virtude, assim como a religião, está sujeita às decisões do gosto.

Quase provocaria um sorriso de desprezo observar quão ansiosos são os homens por degradar o sexo de quem fingem receber o principal prazer da vida, se seus absurdos vãos não nos atingissem por todos os lados. Respondo com plena convicção o sarcasmo de Pope sobre as mulheres, ou, falando mais explicitamente, parece-me aplicável a toda a raça humana. O amor ao prazer ou à influência parece dividir a humanidade, e o marido que governa seu pequeno harém pensa apenas em seu prazer ou em sua conveniência. A tal ponto, de fato, um amor intemperante pelo prazer leva alguns homens prudentes, ou libertinos exaustos, que se casem para ter uma companheira de cama seguro, que seduzem suas próprias esposas. O hímen bane a modéstia e o amor casto alça voo.

O amor, considerado um apetite animal, não pode se alimentar por muito tempo sem expirar. E essa extinção em sua própria chama pode ser chamada de morte violenta do amor. Mas a esposa que foi assim tornada licenciosa, provavelmente se esforçará para preencher o vazio deixado pela perda das atenções de seu marido, pois ela não pode se tornar satisfeita meramente por ser uma governanta qualificada depois de ter sido tratada como uma deusa. Ela ainda é bonita e, em vez de transferir seu carinho para os filhos, sonha apenas em aproveitar o sol da vida. Além disso, há muitos maridos tão desprovidos de bom senso e afeição paternal que, durante a primeira efervescência de voluptuosa afeição, recusam-se a permitir que suas esposas amamentem seus filhos. Devem apenas vestir-se e viver para agradá-los; e o amor, mesmo o amor inocente, logo afunda na lascívia quando o exercício de um dever é sacrificado à sua indulgência.

O apego pessoal é uma base muito feliz para a amizade; no entanto, mesmo quando dois jovens virtuosos se casam, seria, talvez, feliz se algumas circunstâncias restringissem sua paixão; se a lembrança de algum apego anterior, ou afeição decepcionada, o tornasse de um lado, pelo menos, um casamento fundado na estima. Nesse caso, olhariam para além do momento presente e tentariam tornar respeitável toda a vida, formando um plano para regular uma amizade que só a morte deveria dissolver.

A amizade é uma afeição séria, a mais sublime de todas as afeições, porque é fundada nos princípios e cimentada pelo tempo. O próprio inverso pode ser dito do amor. Em grande medida, o amor e a amizade não podem subsistir no mesmo seio; mesmo quando inspirados por objetos diferentes, eles enfraquecem ou se destroem mutuamente, e para o mesmo objeto só podem ser sentidos em sucessão. Os temores vãos e o ciúme afetuoso, os ventos que acendem a chama do amor, quando temperados judiciosa ou habilmente, são incompatíveis com a terna confiança e o sincero respeito da amizade.

O amor, tal como tem sido traçado pela brilhante pena do gênio, não existe na terra, ou reside apenas nas imaginações exaltadas e fervorosas que esboçaram tais quadros perigosos. Perigosos porque eles não só fornecem uma desculpa plausível, para o voluptuoso que disfarça a sensualidade pura sob um véu sentimental, mas espalham a afetação, diminuindo a dignidade da virtude. A virtude, como a própria palavra impõe, deve ter uma aparência de seriedade, se não de austeridade; e tentar enganá-la com as vestes do prazer, porque o epíteto foi usado como outro nome para beleza, significa exaltá-la em uma areia movediça, ou seja, uma tentativa das mais insidiosas de apressar sua queda por aparente respeito. A virtude e o prazer não são, de fato, quase aliados nessa vida, como alguns escritores eloquentes se esforçaram para provar. O prazer prepara a coroa que murcha e mistura a taça intoxicante, porém o fruto que a virtude dá é a recompensa do trabalho; mas ainda, visto gradualmente à medida que amadurece, apenas proporciona uma satisfação calma, ou melhor, parecendo ser o resultado da tendência natural das coisas, dificilmente é observado. O pão, alimento comum da vida, raramente considerado uma bênção, apoia a constituição e preserva a saúde, ainda assim as festas deliciam o coração do homem, embora a doença e até a morte espreitem na taça ou na guloseima que eleva o ânimo ou faz cócegas no paladar. Da mesma forma, a imaginação viva e acalorada, para aplicar a comparação, desenha a imagem do amor, como desenha todas as outras, com aquelas cores brilhantes, que a mão ousada roubará do arco-íris dirigido por uma mente condenada em um mundo como esse, para provar sua origem nobre, buscando a perfeição inatingível; sempre perseguindo o que reconhece ser um sonho passageiro. Uma imaginação desse tipo vigoroso pode dar existência a formas insubstanciais e estabilidade aos devaneios sombrios em que a mente naturalmente cai quando as realidades se tornam insípidas. Ele pode, então, representar o amor com encantos celestiais e idolatrar o grande objeto ideal – pode imaginar um grau de afeição mútua que refinará a alma e não expirará quando tiver servido como uma "escala para o celestial" e, assim como a devoção, faça-a absorver todo afeto e desejo mais mesquinhos. Nos braços um do outro, como em um templo, com seu cume perdido nas nuvens, o mundo deve ser excluído, e todo pensamento e desejo, que não nutrem afeição pura e virtude permanente. Virtude permanente! Ai de mim! Rousseau, respeitável visionário! Seu paraíso logo seria violado pela entrada de algum convidado inesperado. Como o de Milton, conteria apenas anjos ou homens submersos abaixo da dignidade de criaturas racionais. A felicidade não é material, não pode ser vista ou sentida! No entanto, a busca ávida pelo bem que cada um molda de acordo com sua própria fantasia proclama o homem o senhor deste mundo inferior e uma criatura inteligente, que não deve receber, mas adquirir felicidade. Eles, portanto, que se queixam dos delírios da paixão, não se lembram de que estão exclamando contra uma forte prova da imortalidade da alma.

Mas deixando que as mentes superiores se corrijam e paguem caro por sua experiência, é necessário observar que não é contra as paixões fortes e perseverantes, mas contra os sentimentos românticos vacilantes, que desejo resguardar o coração feminino exercitando o entendimento, pois esses devaneios paradisíacos são mais frequentemente o efeito da ociosidade do que de uma fantasia viva.

As mulheres raramente têm ocupação suficiente para silenciar seus sentimentos. Rodeadas de pequenas preocupações ou de objetivos vãos que desperdiçam toda a força da mente e dos órgãos, elas se tornam naturalmente apenas objetos dos sentidos. Em suma, todo o teor da educação feminina (a educação da sociedade) tende a tornar as mais bem-dispostas românticas e inconstantes; e as restante são vãs e mesquinhas. No estado atual da sociedade, temo que esse mal dificilmente possa ser remediado; caso uma ambição mais louvável ganhe terreno, elas podem ser trazidas para mais perto da natureza e da razão e tornar-se mais virtuosas e úteis à medida que se tornem mais respeitáveis.

Mas me arriscarei a afirmar que sua razão nunca adquirirá força suficiente para habilitá-la a regular sua conduta, enquanto o primeiro desejo da maioria da humanidade for fazer uma bela aparição na sociedade. A esse desejo fraco, as afeições naturais e as virtudes mais úteis são sacrificadas. As moças se casam apenas para *melhorar sua condição*, para usar uma frase vulgar significativa, e ter um poder tão perfeito sobre seus corações que não se permitem *apaixonar-se* até que um homem com uma fortuna superior se apresente. Sobre esse assunto, pretendo me estender em um capítulo futuro; é necessário apenas dar uma sugestão no momento, porque as mulheres muitas vezes são degradadas por sofrerem a prudência egoísta da idade para esfriar o ardor da juventude.

Da mesma fonte flui a opinião de que as meninas devem dedicar grande parte de seu tempo à costura; ainda assim, esse emprego contrai suas faculdades mais do que qualquer outro que poderia ter sido escolhido para elas, confinando seus pensamentos em si mesmas. Os homens ordenam que suas roupas sejam feitas e acabam com o assunto; as mulheres fazem suas próprias roupas, necessárias ou ornamentais, e falam continuamente delas; e seus pensamentos seguem suas mãos. Na verdade, não é o fazer que enfraquece a mente, mas o estilo adornado de se vestir, pois, quando uma mulher de baixa escala social faz as roupas de seu marido e de seus filhos, cumpre com seu dever, isso é parte de suas tarefas familiares. Mas, quando as mulheres trabalham para se vestir melhor do que poderiam pagar, é pior do que a simples perda de tempo. Para se tornarem virtuosas, as mulheres pobres devem trabalhar, e as mulheres da classe média, caso tivessem outra preocupação que não fosse imitar a moda da nobreza, poderiam empregá-las, enquanto elas mesmas se ocupariam de suas famílias, instruindo seus filhos e exercitando suas próprias mentes. A jardinagem, a filosofia experimental e a literatura proporcionariam a elas assuntos em que pensar e assuntos para conversação, que em algum grau exercitariam seus intelectos. A conversa das mulheres francesas, que não estão tão rigidamente pregadas às cadeiras para fazer dobras e dar laçarotes, é frequentemente superficial; mas, afirmo, que não é nem metade tão insípida quanto a das mulheres inglesas, cujo tempo é gasto fazendo bonés, gorros e todo tipo de enfeites, sem falar das compras, das liquidações etc.; e são as mulheres decentes e prudentes as mais degradadas por essas práticas, pois seu motivo é simplesmente vaidade. As mulheres licenciosas, que exercem seu gosto para tornar sua paixão atraente, têm algo mais em vista.

Todas essas observações derivam de uma geral, que já fiz antes, e que não deve ser muito frequentemente insistida, pois, falando de homens, mulheres ou profissões, será descoberto que o emprego dos pensamentos molda o caráter de ambos, em geral e individualmente. Os pensamentos das mulheres sempre pairam sobre si mesmas, e é surpreendente que esta seja de consideração máxima? Ainda assim, algum grau de liberdade mental é necessário até mesmo para formar a pessoa; e essa pode ser uma das razões pelas quais algumas esposas gentis têm tão poucas atrações além do sexo. Acrescente-se a isso: empregos sedentários tornam a maioria das mulheres doente e, falsas noções de excelência feminina as orgulham dessa delicadeza, embora seja outra barreira, que, ao chamar a atenção continuamente para o corpo, restringe a atividade da mente.

As mulheres ricas raramente fazem qualquer parte manual de suas roupas; consequentemente apenas seu bom gosto é testado, e, assim, por encarar os aderecos como uma coisa natural, elas adquirem aquela elegância que raramente aparece no porte das mulheres, que se vestem apenas para se vestir. De fato, a observação a respeito da classe média, aquela em que os talentos se desenvolvem melhor, não se estende às mulheres, porque as da classe superior, ao captar, pelo menos, um pouco de literatura e conversar mais com os homens, sobre temas gerais, adquire mais conhecimentos do que as mulheres que imitam suas modas e seus defeitos sem compartilhar suas vantagens. Com respeito à virtude, para usar a palavra em um sentido abrangente, tenho visto a maioria na classe baixa. Muitas mulheres pobres mantêm os filhos com o suor do rosto e mantêm unidas famílias que os vícios dos pais teriam dispersado; mas as mulheres nobres são indolentes demais para serem ativamente virtuosas e são mais refreadas, em vez de refinadas, pela civilização. Na verdade, o bom senso que encontrei entre as mulheres pobres que tiveram poucas vantagens na educação, e ainda assim agiram heroicamente, me confirmou fortemente a opinião de que empregos insignificantes tornaram a mulher uma pessoa frívola. O homem toma o corpo dela[12], e a mente enferruja; de modo que, enquanto o amor físico excita o homem, por ser sua recreação favorita, ele se empenhará em escravizar a mulher e quem pode dizer quantas gerações serão necessárias para dar vigor às virtudes e aos talentos das descendentes libertas de escravas abjetas?[13]

Ao rastrear as causas que, em minha opinião, degradaram a mulher, limitei minhas observações a quem age universalmente sobre a moral e os costumes de todo o sexo, e para mim parece claro que todas surgem da falta de compreensão. Se isso surge de uma fraqueza física ou acidental das aptidões, só o tempo pode determinar, pois não darei grande ênfase ao exemplo de algumas mulheres[14] que, por terem recebido uma educação masculina, adquiriram coragem e resolução. Afirmo apenas que os homens que foram colocados em situações semelhantes adquiriram um caráter semelhante – falo de corpos masculinos, e aqueles homens de gênio e talento têm sobressaído em uma classe, na qual as mulheres ainda não foram colocadas.

---

1. Em que inconsistências caem os homens quando não argumentam de acordo com os princípios. Mulheres, mulheres frágeis, são comparadas aos anjos, mas uma

ordem superior de seres deveria possuir mais intelecto do que o homem, ou em que consiste sua superioridade? Na mesma linha, para abandonar o escárnio, eles podem possuir mais bondade de coração, de piedade e de benevolência – eu duvido do fato, embora seja educadamente apresentado, a menos que a ignorância seja a mãe da devoção, pois eu estou firmemente persuadida de que, em média, a proporção entre virtude e conhecimento está mais próxima do que se supõe.

2. "Os brutos", diz Lorde Monboddo, "permanecem no estado em que a natureza os colocou, exceto na medida em que o seu instinto natural seja melhorado pela cultura que lhes conferimos."

3. Vide Milton.

4. Esta palavra não é totalmente apropriada, mas não consigo encontrar uma melhor.

5. "O prazer é o dote da classe *inferior*, mas glória, virtude e paraíso para o homem estão destinados ao *homem*." Depois de escrever essas linhas, como a sra. Barbauld pôde escrever a seguinte comparação ignóbil?

A uma Dama com flores pintadasPara ti trago essas flores: flores para a bela.

E me esforço para saudar-te com a iniciante primavera

Flores, DOCES e alegres, e DELICADAS COMO TU;

Símbolos de inocência, e beleza também.

As Graças atam com flores teus cabelos loiros

E coroas de flores usam os amantes consentidos.

Flores, o único luxo que conheceu a Natureza,

Cresciam no jardim do Éden, puras e sem culpa.

Aos mais altivos, as tarefas mais árduas;

O carvalho protetor resiste aos ventos tormentosos,

O teixo mais robusto repele os inimigos invasores;

E o alto pinho cresce para futuros navios;

Mas essa doce família, que desconhece as preocupações,

Nasceu APENAS para o prazer e o deleite.

Alegres sem fadiga e amáveis sem artes,

Brotam para ANIMAR o sentido e ALEGRAR o coração.

E não enrubesça, minha bela, por copiá-las;

Teu MELHOR, teu MAIS DOCE império é – AGRADAR.

É o que os homens nos dizem, mas a virtude, diz a razão, deve ser adquirida por meio de *árduos* esforços e lutas úteis com *preocupações* mundanas.

6. E uma sagacidade, sempre uma sagacidade, pode ser adicionada, pois as tolices vãs da perspicácia e da beleza para obter atenção e fazer conquistas são muito parecidas.

7. A massa da humanidade é mais escrava de seus apetites do que de suas paixões.

8. Os homens dessas descrições derramam sensibilidade em suas composições para

amalgamar os materiais brutos e, moldando-os com paixão, dão ao corpo inerte uma alma. Mas, na imaginação da mulher, só o amor concentra esses raios etéreos.

9. Muitos outros nomes podem ser adicionados.

10. A força de uma afeição perde-se no indivíduo, geralmente, na mesma proporção do caráter do objeto amado.

11. O Dr. Young defende a mesma opinião, em suas peças, quando fala da desgraça que evitou a luz do dia.

12. "Eu tenho seu corpo", diz Ranger.

13. "Supondo que as mulheres sejam escravas voluntárias – a escravidão de qualquer tipo é desfavorável à felicidade e ao aprimoramento humanos", Ensaios de Knox.

14. Safo, Eloisa, Sra. Macaulay, a Imperatriz da Rússia, Madame d'Eon etc. Essas e muitas mais podem ser consideradas exceções, e não são todos os heróis, assim como as heroínas, exceções às regras gerais? Não desejo ver mulheres nem como heroínas nem como animais, mas como criaturas racionais.

## capítulo 5

# Censura a alguns dos escritores que têm tornado as mulheres objetos de piedade, beirando o desprezo

As opiniões enganosamente sustentadas em algumas publicações modernas sobre o caráter e a educação femininos, que deram o tom à maioria das observações feitas, de forma mais superficial, sobre o sexo, continuarão a ser examinadas.

Seção I

Começarei com Rousseau e apresentarei um esboço de seu caráter de mulher, em suas próprias palavras, intercalando comentários e reflexões. Meus comentários, é verdade, surgirão todos de alguns princípios simples e podem ter sido deduzidos do que já disse; mas a estrutura artificial foi levantada com tanto engenho que parece necessário atacá-la de uma maneira mais circunstancial e fazer a aplicação eu mesma.

Sophia, diz Rousseau, deve ser tão perfeita como mulher quanto Emílio é como homem e, para torná-la assim, é necessário examinar o caráter que a natureza deu ao sexo.

Ele então passa a provar que a mulher deve ser fraca e passiva, porque tem menos força física do que o homem; e, portanto, infere que ela foi formada para agradar e estar sujeita a ele; e que é seu dever tornar-se agradável a seu mestre – sendo esse o grande fim de sua existência[1]. Ainda, no entanto, para dar um pouco de aparente dignidade à luxúria, ele insiste que o homem não deve exercer sua força, mas depender da vontade da mulher, quando busca prazer com ela.

Portanto, deduzimos uma terceira consequência das diferentes constituições dos sexos; isto é, que o mais forte deve parecer ser o senhor e ser dependente de fato do mais fraco; não de qualquer prática frívola de galanteria ou de vaidade de proteção, mas de uma invariável lei da natureza, que, proporcionando à mulher maior facilidade para excitar os desejos do que ela deu ao homem para satisfazê-los, torna esse último dependente do bom prazer da primeira, e o obriga, por sua vez, a se esforçar para agradar, *a fim de obter seu consentimento para que ele seja o mais forte*[2]. Nessas ocasiões, a circunstância mais deliciosa que um homem encontra em sua vitória é questionar se foi a fraqueza da mulher que cedeu à sua força superior ou se suas inclinações falaram em seu favor; as mulheres também são geralmente astutas o suficiente para deixar esse assunto em dúvida. A compreensão das mulheres nesse aspecto corresponde perfeitamente à sua constituição; longe de se envergonharem de sua fraqueza, se vangloriam dela; seus músculos frágeis não oferecem resistência; parecem ser incapazes de levantar os menores fardos e corariam se fossem consideradas robustas e fortes. Qual é o propósito de tudo isso? Não é só apenas para parecer delicada, mas por causa de uma astuta precaução. É assim que fornecem uma desculpa de antemão e um direito de serem frágeis quando acham conveniente.

Citei essa passagem para que meus leitores não suspeitassem que distorci o raciocínio do autor para apoiar meus próprios argumentos. Já afirmei que, ao educar as mulheres, esses princípios fundamentais conduzem a um sistema de astúcia e lascívia.

Supondo que a mulher tenha sido formada apenas para agradar e estar sujeita ao homem, a conclusão é justa. Ela deve sacrificar todas as outras considerações para tornar-se agradável a ele, e deixar que esse desejo natural de autopreservação seja a fonte de todas as suas ações, quando provado ser o curso inexorável de seu destino, e para moldar-se a ele seu caráter deve ser alongado ou contraído, independentemente de todas as distinções morais ou físicas. Mas, se, como penso, puder ser demonstrado, os propósitos desse tipo de vida, vendo o todo, forem subvertidos por regras práticas construídas sobre essa base desprezível, posso ter a permissão de duvidar se a mulher foi criada para o homem. E, embora o grito de irreligiosidade ou mesmo ateísmo seja levantado contra mim, declararei simplesmente que foi um anjo do céu para me dizer que a bela cosmogonia poética de Moisés, e o relato da queda do homem, é literalmente verdade, eu não poderia acreditar que o que minha razão diz é depreciativo ao caráter do Ser Supremo. E, não tendo medo do demônio diante de meus olhos, atrevo-me a chamar isso de sugestão de razão, em vez de repousar minha fraqueza nos ombros largos do primeiro sedutor do meu sexo frágil.

"Uma vez demonstrado", continua Rousseau, "que o homem e a mulher não são nem devem ser constituídos da mesma forma em temperamento e caráter, segue-se, é claro, que não devem ser educados da mesma maneira. Ao seguir as direções da natureza, devem de fato agir em conjunto, mas não devem estar engajados nas mesmas ocupações: o objetivo de suas atividades deve ser o mesmo, mas os meios que devem usar para realizá-los e, consequentemente, seus gostos e suas inclinações, devem ser diferentes."

"Quando eu considero o destino peculiar do sexo, observo suas inclinações ou seus deveres, todas as coisas concorrem igualmente para apontar o método peculiar de educação que melhor se adapta a eles. A mulher e o homem foram feitos um para o outro; mas sua dependência mútua não é a mesma. Os homens dependem das mulheres apenas por causa de seus desejos; as mulheres dos homens, tanto por seus desejos quanto por suas necessidades. Nós poderíamos viver melhor sem elas do que elas sem nós."

"Por isso, a educação das mulheres deve ser sempre relativa aos homens. Agradar, ser útil para nós, fazer-nos amá-las e estimá-las, educar-nos quando jovens e cuidar de nós quando adultos, aconselhar-nos, consolar-nos, tornar a nossa vida fácil e agradável; esses são os deveres das mulheres em todos os tempos, é o que devem ser ensinadas na infância. À medida que falhamos em repetir esse princípio, fugimos do alvo, e todos os preceitos que são dados a elas não contribuem nem para a felicidade delas nem para a nossa."

"As meninas gostam de vestidos desde a mais tenra infância. Não contentes em ser bonitas, desejam ser consideradas como tal. Vemos por todos os seus pequenos ares que esse pensamento prende sua atenção; e dificilmente são capazes de entender o que é dito a elas, a menos que sejam convencidas em função do que as pessoas pensarão a respeito de seu comportamento. Porém, usando-se o mesmo estímulo com os meninos, o efeito não é o mesmo. Desde que eles se divirtam à vontade, pouco se importam com o que as pessoas pensam deles. O tempo e os sofrimentos são necessários para submetê-los a isso."

"De onde quer que as meninas tirem essa primeira lição, será de bom proveito. Como o corpo nasce, de certa forma, antes da alma, nossa primeira preocupação deve ser cultivar o corpo; essa ordem é comum a ambos os sexos, mas o objetivo desse cultivo é diferente. Em um sexo é o desenvolvimento de poderes físicos, e no outro, o dos encantos pessoais. Não que a qualidade da força ou da beleza deva ser limitada exclusivamente a um sexo, mas apenas que a ordem do cultivo de ambos é nesse aspecto invertida. As mulheres certamente necessitam de força para poder se mover e atuar de maneira tão graciosa, e os homens necessitam de destreza para agir com naturalidade."

"As crianças de ambos os sexos têm muitos divertimentos em comum; e assim deve ser; não têm também muitos deles quando crescem? Cada sexo também tem seu gosto peculiar a distinguir nesse particular. Os meninos adoram esportes ruidosos e ativos; tocar tambor, rodopiar pião e arrastar seus carrinhos; as garotas, por outro lado, gostam mais de coisas vistosas e ornamentais, tais como espelhos, bugigangas e bonecas; a boneca é a diversão característica das meninas, de onde vemos seu gosto perfeitamente adaptado ao seu destino. A parte física da arte de agradar está no vestir; e isso é tudo o que as crianças são capacitadas a cultivar dessa arte."

"Aqui, então, vemos uma propensão primária firmemente estabelecida, que você só precisa perseguir e regular. A criaturinha ficará sem dúvida muito desejosa de saber vestir a sua boneca, fazer os nós de suas mangas, os seus babados, o seus toucados etc. e ela é obrigada a recorrer tanto às pessoas que a rodeiam para ajudar nestes artigos que seria muito mais agradável para ela fazê-los por si mesma. Temos, portanto, um bom motivo para as primeiras lições que costumam ser ensinadas a essas jovens: nas quais não parecemos estar lhes dando uma tarefa, mas sim as obrigando, instruindo-as no que é imediatamente útil para elas. E, de fato, quase todos aprendem com relutância a ler e a escrever, mas se dedicam prontamente ao uso de suas agulhas. Elas se imaginam já adultas e pensam com prazer que tais qualificações as capacitarão a se arrumar."

Isso certamente é apenas uma educação do corpo, mas Rousseau não é o único homem que diz indiretamente que apenas a pessoa de uma *jovem* sem nenhum entendimento, é muito agradável a menos que espíritos animais se enquadrem nessa descrição. Para torná-lo fraco, e o que alguns podem chamar de belo, o entendimento é negligenciado e as meninas obrigadas a ficar paradas, a brincar com bonecas e a ouvir conversas tolas; o efeito do hábito é insistido como uma indicação indiscutível da natureza. Sei que era opinião de Rousseau que os primeiros anos da juventude deveriam ser empregados para formar o corpo, embora, ao educar Emílio, ele tenha se desviado desse plano; no entanto, a diferença entre fortalecer o corpo, do qual depende em grande parte a força da mente, e apenas dar-lhe um movimento fácil é muito ampla.

As observações de Rousseau, deve-se ressaltar, foram feitas

em um país onde a arte de agradar foi refinada apenas para extrair a grosseria do vício. Ele não se voltou à natureza, nem o seu apetite dominante perturbou as operações da razão; caso contrário ele não teria feito essas inferências grosseiras.

Na França, os meninos e as meninas, especialmente as últimas, são educados apenas para agradar, para ocupar-se de si mesmos e regular seu comportamento exterior; e suas mentes são corrompidas, desde muito cedo, pelos cuidados mundanos e piedosos que recebem para protegê-los contra a falta de modéstia. Falo de tempos passados. Sei de fontes seguras que as próprias confissões que as crianças eram obrigadas a fazer, e as perguntas feitas pelos sacerdotes, eram suficientes para imprimir um caráter sexual; e a educação da sociedade era a escola de coquetismo e do artifício. Aos 10 ou 11 anos, ou melhor, muitas vezes muito mais cedo, as meninas começavam a ser coquetes e falavam, sem reprovação, em se estabelecer no mundo pelo casamento.

Em suma, elas eram tratadas como mulheres, quase desde o nascimento, e elogios foram ouvidos, em vez de instruções. Com a mente enfraquecida, supunha-se que a natureza tivesse agido como uma madrasta quando formou este pensamento posterior de criação.

Sem lhes conceder o entendimento, foi coerente submetê-las a uma autoridade independente da razão; e, para prepará-las para esta sujeição, ele dá o seguinte conselho:

"As meninas devem ser ativas e diligentes; mas isso não é tudo. Devem também ser submetidas a restrições desde o início. Esse infortúnio, se realmente o for, é inseparável de seu sexo; e elas não devem desejar livrar-se dele para não sofrer males mais cruéis. Devem estar sujeitas, durante toda a vida, à mais constante e severa restrição, que é a do decoro: é, portanto, necessário acostumá-las desde cedo a tal confinamento, para que mais tarde não lhes custe muito caro, e à supressão de seus caprichos, para que se submetam mais prontamente à vontade de outros. Se, de fato, gostam de estar sempre trabalhando, às vezes deveriam ser compelidas a não o fazer. Dissipação, leviandade e inconstância são falhas que surgem prontamente de suas primeiras propensões, quando corrompidas ou pervertidas por excesso de indulgência. Para evitar esse abuso, devemos ensiná-las, acima de tudo, a impor o devido controle a si mesmas. A vida de uma mulher modesta é reduzida, por nossas instituições absurdas, a um conflito perpétuo consigo mesma. Não deixa de ser justo que o sexo feminino participe dos sofrimentos que surgem dos males que nos causou."

E por que a vida de uma mulher modesta é um conflito perpétuo? Deveria responder que esse mesmo sistema de educação o torna assim. Modéstia, temperança e abnegação são frutos sóbrios da razão, mas, quando a sensibilidade é nutrida à custa do entendimento, tais seres fracos devem ser contidos por meios arbitrários e sujeitos a conflitos contínuos. Mas deem à sua atividade mental um alcance mais amplo, e os mais novos motivos e paixões governarão seus apetites e sentimentos.

O apego e a consideração comuns de uma mãe, ou melhor, um mero hábito, a tornarão amada por seus filhos, se ela não fizer nada para incorrer no ódio deles. Mesmo a restrição sob a qual ela os impõe, se bem dirigida, aumentará sua afeição, em vez de diminuí-la; pois, sendo um estado de dependência natural ao sexo, elas se percebem formadas para a obediência.

Tal pensamento desvirtua a questão, pois a servidão não apenas rebaixa o indivíduo, mas seus efeitos parecem ser transmitidos à posteridade. Considerando o tempo que as mulheres têm sido dependentes, é surpreendente que algumas delas abracem suas correntes e bajulem como cães? "Esses cães", observa um naturalista, "primeiro mantiveram suas orelhas eretas; mas o costume substituiu a natureza, e um símbolo de medo se converteu em sinônimo de beleza."

"Pela mesma razão", acrescenta Rousseau, "as mulheres têm, ou deveriam ter, muito pouca liberdade; tendem a ser excessivamente indulgentes consigo mesmas no que lhes é permitido. Viciadas em tudo até os extremos, elas ainda são mais arrebatadas em suas diversões do que os meninos."

A resposta a isso é muito simples. Escravos e turbas sempre se entregaram aos mesmos excessos, uma vez que se libertaram da autoridade. O arco flexionado volta à posição original com violência, quando a mão que o segurava com força relaxa; e a sensibilidade, o jogo das circunstâncias externas, deve ser submetida à autoridade ou moderada pela razão.

"Daí resulta", continua ele, "uma docilidade que as mulheres necessitam durante toda a sua vida, visto que estão constantemente sob a sujeição dos homens, ou às opiniões da humanidade, e nunca têm permissão para se colocar acima dessas opiniões. A primeira e mais importante qualificação em uma mulher é a bondade ou a doçura de temperamento: formada para obedecer a um ser tão imperfeito como o homem, muitas vezes cheio de vícios e sempre cheio de defeitos, ela deve aprender rapidamente até mesmo a sofrer injustiças, e suportar os insultos de um marido sem reclamar; não é por causa dele, mas dela mesma, que deve ter um temperamento aprazível. A perversidade e a malícia das mulheres só servem para agravar suas próprias desgraças e a má conduta de seus maridos; elas podem perceber claramente que tais não são as armas pelas quais elas ganham a superioridade.

Formadas para viver com um ser tão imperfeito como o homem, elas devem aprender, pelo exercício de suas faculdades, a necessidade da tolerância; mas todos os sagrados direitos da humanidade são violados pela insistência na obediência cega; ou os direitos mais sagrados pertencem *apenas* ao homem.

O ser que pacientemente suporta a injustiça e silenciosamente suporta os insultos logo se tornará injusto, ou incapaz de discernir o certo do errado. Além disso, nego o fato de que essa não é a verdadeira maneira de formar ou melhorar o temperamento, pois, como o sexo masculino tem melhor gênio do que o feminino, porque os homens estão ocupados com atividades que interessam tanto à mente quanto ao coração e, a firmeza da mente fornece uma temperatura saudável ao coração. Pessoas de sensibilidade raramente têm bom temperamento. A formação do temperamento é obra fria da razão, quando, à medida que a vida avança, ela mistura com a arte alegres elementos contundentes. Nunca conheci uma pessoa fraca ou ignorante que tivesse um bom temperamento, embora aquele bom humor inerente à constituição do indivíduo e aquela docilidade que o medo imprime no comportamento muitas vezes obtenha o nome. Digo comportamento, pois a mansidão genuína nunca alcançou o coração ou a mente, a não ser como efeito da reflexão; e essa restrição simples produz uma série de humores pecaminosos na vida doméstica, admitirão muitos homens sensatos, que acham algumas dessas criaturas gentis e irritáveis, companheiras muito problemáticas.

"Cada sexo", continua argumentando, "deve preservar seu tom e maneira peculiares; um marido manso pode tornar a esposa impertinente; mas a brandura de disposição por parte da mulher sempre trará o homem de volta à razão, pelo menos se ele não for absolutamente um irracional, e mais cedo ou mais tarde triunfará sobre ele." Talvez a doçura da razão às vezes possa ter esse efeito; mas o medo abjeto sempre inspira desprezo, e as lágrimas só são eloquentes quando escorrem pelo rosto bonito.

De que materiais pode ser composto esse coração, que pode derreter quando insultado e, em vez de se revoltar com a injustiça, beijar o açoite? É justo inferir que a virtude de quem pode acariciar um homem com verdadeira suavidade feminina no exato momento em que ele a trata tiranicamente seja construída sobre visões estreitas e egoísmo? A natureza nunca ditou tal falta de sinceridade; e, embora esse tipo de prudência seja considerado uma virtude, a moralidade torna-se vaga quando se supõe que alguma parte repouse na falsidade. Esses são meros expedientes, e expedientes são úteis apenas no momento.

Que o marido tenha cuidado ao confiar muito implicitamente nessa obediência servil, pois sua esposa pode acariciá-lo com doçura cativante quando está zangado, e quando ela também o deveria estar, a menos que o desprezo tenha abafado uma efervescência natural, ela poderá fazer o mesmo depois de se separar de seu amante. Esses são os preparativos para o adultério, que substituto pode ser encontrado por um ser que só foi formado, pela natureza e pela arte, para agradar ao homem? O que pode compensá-la por essa privação, ou onde ela deve procurar por uma nova ocupação? Onde encontrar força mental suficiente para determinar o início da busca, quando seus hábitos estão fixos e a vaidade há muito governa sua mente caótica?

Mas esse moralista parcial recomenda astúcia de forma sistemática e plausível.

"As filhas deveriam ser sempre submissas; suas mães, entretanto, não deveriam ser inexoráveis. Para que uma jovem seja dócil, ela não deve ser infeliz; para torná-la modesta, ela não deve ser considerada ignorante. Ao contrário, não deveria ficar descontente por ela usar certas artimanhas, não para fugir da punição em caso de desobediência, mas para se isentar da necessidade de obedecer. Não é necessário tornar sua dependência opressiva, mas apenas deixá-la sentir. A sutileza é um talento natural do sexo feminino; e, como estou convencido de que todas as nossas inclinações naturais são certas e boas em si mesmas, sou da opinião que isso deve ser cultivado assim como as outras; é necessário apenas prevenir seu abuso."

"O que quer que seja estará certo", ele então prossegue a inferir triunfantemente. Concedido. Ainda assim, talvez nenhum aforismo jamais tenha contido uma afirmação mais paradoxal. É uma verdade solene com respeito a Deus. Ele, afirmo com reverência, vê o todo de uma vez, e viu suas justas proporções nas entranhas do tempo; mas o homem, que só pode inspecionar partes desconexas, acha muitas coisas erradas. Faz parte do sistema e, portanto, é certo que se esforce para alterar o que não lhe parece ser correto, mesmo enquanto se curva à Sabedoria de seu Criador e respeita a escuridão que se empenha para dispersar.

A inferência que se segue é justa, supondo que o princípio seja correto. "A superioridade de discurso, peculiar ao sexo feminino, é uma indenização muito justa por sua inferioridade em termos de força: sem isso, a mulher não seria a companheira do homem, mas sua escrava; é por sua astúcia e engenhosidade superiores que ela preserva sua igualdade e o governa enquanto finge obedecer. A mulher tem tudo contra ela, tanto os nossos defeitos como suas próprias timidez e fraqueza; ela não tem nada a seu favor, exceto sua sutileza e sua beleza. Não é razoável, portanto, que cultive ambas?"

A grandeza da mente nunca pode coabitar com a astúcia ou o discurso; não me preocuparei com palavras, quando seu significado direto é insinceridade e falsidade, mas me contentarei em observar que, se alguma classe da humanidade for criada de tal forma que deva necessariamente ser educada por regras não estritamente dedutíveis da verdade, a virtude não é mais do que uma convenção. Como poderia Rousseau ousar afirmar, depois de dar esse conselho, que no grande final da existência o objetivo de ambos os sexos deve ser o mesmo, quando ele bem sabia que a mente, formada por suas atividades, ou se atrofia ou se expande por grandes visões que engolem as pequenas?

Os homens têm uma força física superior, mas, se não fossem por noções equivocadas de beleza, as mulheres adquiririam o suficiente para que pudessem ganhar sua própria subsistência, o que é a verdadeira definição de independência, e suportar aquelas inconveniências e esforços físicos que são necessários para fortalecer a mente.

Portanto, deixe-nos fazer o mesmo exercício que os meninos não só na infância, mas também na juventude, assim chegaremos à perfeição do corpo, para sabermos até onde se estende a superioridade natural do homem. Pois que razão ou virtude se pode esperar de uma criatura cujo tempo de semear a vida é negligenciado? Nenhuma. Não é por acaso que os ventos do céu não espalharam muitas sementes úteis no solo não cultivado.

"A beleza não pode ser adquirida pelo vestuário, e o coquetismo é uma arte não tão precoce e nem rapidamente alcançada. Enquanto as meninas ainda são jovens, porém, são capazes de estudar gestos agradáveis, uma modulação agradável da voz, um porte e um comportamento desenvoltos e também não perdem a oportunidade de adaptar elegantemente sua aparência e suas atitudes ao tempo, ao lugar e à ocasião. Sua aplicação, portanto, não deve se limitar apenas às artes da atividade e da agulha, quando exibem outros talentos, cuja utilidade já é aparente."

De minha parte, gostaria que uma jovem inglesa cultivasse seus agradáveis talentos a fim de agradar a seu futuro marido, com tanto cuidado e assiduidade quanto uma jovem circassiana cultiva os dela para adequar-se ao harém de um paxá oriental.

Para tornar as mulheres completamente insignificantes, ele acrescenta: "A língua das mulheres é muito volúvel; elas falam mais cedo, mais prontamente e mais agradavelmente do que os homens; são acusadas também de falar muito mais: mas assim deve ser, e estaria pronto para converter essa reprovação em um elogio; seus lábios e olhos têm a mesma vivacidade pela mesma razão. Um homem fala do que conhece, uma mulher do que lhe agrada; um requer conhecimento, o outro gosto; o objeto principal do discurso de um homem deve ser o que é útil, o de uma mulher o que é agradável. Não deve haver nada em comum entre as diferentes conversas, exceto a verdade".

Não devemos, portanto, conter a tagarelice das meninas, da mesma maneira que faríamos com a dos meninos, com esta pergunta severa: *Com que propósito você está falando?* Mas com outra, que não é menos difícil de responder: *Como o seu discurso será recebido?* Na infância, embora ainda sejam incapazes de discernir o bem do mal, devem observar como uma lei, nunca dizer nada desagradável àqueles a quem estão falando. O que tornará ainda mais difícil a prática dessa regra é que deve estar sempre subordinada à anterior, de nunca falar falsamente ou dizer uma mentira. De fato, é preciso grande habilidade para dominar a língua dessa maneira, e é muito praticado tanto por homens como por mulheres. Do que abunda o coração, tão poucos falam! Tão poucos que eu, que amo a simplicidade, desistiria de bom grado da polidez por um quarto da virtude que foi sacrificada em prol de uma qualidade equívoca que, na melhor das hipóteses, deveria ser apenas o polimento da virtude.

Mas para completar o esboço: "É fácil conceber que, se meninos não são capazes de formar quaisquer noções verdadeiras de religião, essas ideias devem estar muito acima da concepção das meninas: é por isso mesmo que eu começaria a falar com eles o mais cedo possível sobre esse assunto; pois, se fôssemos esperar até que estivessem em condições de discutir metodicamente questões tão profundas, correríamos o risco de nunca falar com eles sobre esse assunto enquanto viverem. A razão nas mulheres é de caráter prático, capacitando-as astuciosamente para descobrir os meios de atingir um fim conhecido, mas que nunca as capacitaria a descobrir esse próprio fim. As relações sociais entre os sexos são realmente admiráveis: de sua união resulta uma pessoa moral, da qual a mulher pode ser denominada como os olhos, e o homem, como a mão, com essa dependência um do outro, que a mulher tem de aprender com o homem o que vai ver e o homem o que deve fazer. Se a mulher pudesse recorrer aos primeiros princípios das coisas tão bem quanto o homem, e o homem fosse capacitado para entrar em suas *minúcias* tanto quanto a mulher, sempre independentes um do outro, eles viveriam em perpétua discórdia, e sua união não poderia subsistir. Mas, na presente harmonia que subsiste naturalmente entre eles, suas diferentes faculdades tendem a um fim comum; é difícil dizer qual deles contribui mais. Cada um segue o impulso do outro, cada um é obediente e ambos são mestres".

"Como a conduta da mulher é subserviente à opinião pública, sua fé em questões religiosas deve, por isso mesmo, estar sujeita à autoridade. *Toda filha deve ser da mesma religião que sua mãe, e toda esposa que seu marido; pois, embora tal religião seja falsa, aquela docilidade que induz a mãe e a filha a se submeterem à ordem da natureza ameniza, aos olhos de Deus, a criminalidade de seu erro*[3]. Como não são capazes de julgar por si mesmas, devem acatar a decisão de seus pais e de seus maridos com a mesma confiança que têm na Igreja."

"Como a autoridade deve regular a religião das mulheres, não é tão necessário explicar-lhes as razões de sua crença, mas estabelecer precisamente os princípios em que devem acreditar. Pois a doutrina que apresenta apenas ideias obscuras para a mente é a fonte do fanatismo; e a que apresenta absurdos, leva à infidelidade."

A autoridade absoluta e incontroversa, ao que parece, deve subsistir em algum lugar: mas isso não é uma apropriação direta e exclusiva da razão? Os *direitos* da humanidade têm sido, portanto, confinados à linhagem masculina, começando por Adão. Rousseau leva sua aristocracia masculina ainda mais longe, insinuando que não deve culpar aqueles que lutam por deixar a mulher em um estado da mais profunda ignorância, se não fosse necessário para preservar sua castidade e justificar a escolha do homem aos olhos do mundo, para dar a elas um pouco de conhecimento sobre os homens e os costumes produzidos pelas paixões humanas; do contrário, ela poderia se propagar em casa sem que torne menos voluptuosa e inocente pelo exercício de sua compreensão; exceto, de fato, durante o primeiro ano de casamento, quando ela pode dedicar-se a se vestir como Sofia. "Seu vestido é extremamente modesto na aparência, mas muito coquete na verdade; ela não mostra seus encantos, os esconde; mas, ao escondê-los, sabe como afetar sua imaginação. Todo aquele que a vir dirá: aí está uma moça modesta e discreta; mas, enquanto você está perto dela, olhares e afeições vagarão por toda sua pessoa, de forma que você não possa retirá-los; e você concluirá que cada parte de seu vestido, por mais simples que pareça, só foi colocada em sua devida ordem para ser desfeita pela imaginação." Isso é modéstia? Isso é uma preparação para a imortalidade? Mais uma vez. Que opinião devemos formar de um sistema de educação quando o autor diz de sua heroína que, "para ela, fazer as coisas de maneira certa é apenas uma preocupação *secundária*; sua principal preocupação é fazê-las *ordenadamente*".

Secundárias, na verdade, são todas as suas virtudes e suas qualidades, pois, com respeito à religião, ele faz com que os pais dela assim se dirijam a ela, acostumada à submissão: "Seu marido a instruirá *em seu tempo*".

Depois de confundir assim a mente de uma mulher para mantê-la adequada, caso não a tenha deixado completamente em branco, aconselha-a a refletir, que um homem reflexivo não boceje em sua companhia, quando se cansa de acariciá-la. O que ela tem para refletir sobre a quem deve obedecer? E não seria um refinamento na crueldade apenas abrir sua mente para tornar *visíveis* as trevas e a miséria de seu destino? No entanto, essas são as observações sensatas dele; o quão consistentes são com o que já fui obrigada a citar, para dar uma visão justa do assunto, o leitor pode determinar.

"Aqueles que passam a vida inteira trabalhando pelo pão de cada dia não têm ideias além de seus negócios ou interesses, e todo o seu entendimento parece estar na ponta de seus dedos. Essa ignorância não é prejudicial nem à sua integridade nem à sua moral; muitas vezes lhes é útil. Às vezes, por meio da reflexão, somos levados a cumprir nosso dever, e concluímos substituindo as coisas por um jargão de palavras. Nossa própria consciência é o filósofo mais esclarecido. Não há a necessidade de conhecer as obras de Cícero, para ser um homem íntegro; e talvez a mulher mais virtuosa do mundo seja a menos familiarizada com a definição de virtude. Mas não é menos verdade que uma compreensão melhorada só pode tornar a sociedade agradável; e é melancólico para um pai de família, que gosta do lar, ter a obrigação de estar fechado em si mesmo e de não ter ninguém com quem possa compartilhar seus sentimentos.

Além disso, como uma mulher sem reflexão pode ser capaz de educar seus filhos? Como pode discernir o que é adequado para eles? Como ela deveria incliná-los para aquelas virtudes com as quais não está familiarizada, ou para aquele mérito do qual não tem ideia? Ela só pode acalmá-los ou repreendê-los; torná-los insolentes ou tímidos; torná-los fanfarrões, ou idiotas ignorantes; mas nunca os fará sensíveis ou amáveis".

Como ela poderia ser capaz, quando seu marido nem sempre está disponível para lhe dar razão? Quando os dois juntos formam um único ser moral. Uma vontade cega, "olhos sem mãos", não iria longe; e talvez razão abstrata dele, que deveria concentrar os raios dispersos da razão prática dela, possa ser empregada em julgar o sabor do vinho, descrevendo os molhos mais apropriados para os assados; ou generalizar suas ideias quando, profundamente concentrado em uma mesa de jogo, aposta uma fortuna, deixando todas as minúcias da educação para sua companheira, ou para o acaso.

Mas, admitindo que aquela mulher deva ser bela, inocente e tola, para torná-la uma companheira mais atraente e indulgente, por que sacrificar seu entendimento? E por que toda essa preparação é necessária apenas, segundo o próprio Rousseau, para torná-la amante de seu marido, por pouco tempo? Pois nenhum homem insistiu tanto na natureza transitória do amor como assim o filósofo fala: "Os prazeres sensuais são efêmeros. Uma vez satisfeita, a condição habitual do afeto sempre se perde. A imaginação, que embeleza o objeto de nossos desejos, se perde em fruição. Exceto o Ser Supremo, que existe por si mesmo, não há nada de belo além do que é ideal".

Mas ele retorna aos seus paradoxos ininteligíveis novamente, quando assim se dirige a Sophia: "Emílio, ao se tornar seu marido, tornou-se seu mestre; e reivindica sua obediência. Essa é a ordem da natureza. Quando um homem é casado, no entanto, com uma esposa como Sofia, é apropriado que ele seja dirigido por ela: isso também está de acordo com a ordem da natureza. É, portanto, dar a você tanta autoridade sobre seu coração quanto seu sexo dá a ele sobre sua pessoa, que eu fiz de você o árbitro de seus prazeres. Isso pode lhe custar, talvez, alguma abnegação desagradável; mas certamente manterá seu domínio sobre ele se puder preservá-lo sobre si mesma. O que já observei, também, mostra que essa difícil tentativa não supera a sua coragem.

"Para ter seu marido constantemente a seus pés, mantenha-o a certa distância. Você garantirá por muito tempo a autoridade no amor, se souber como tornar seus favores raros e valiosos. É dessa maneira que você pode empregar as artes do coquetismo a serviço da virtude, e as do amor a serviço da razão."

Vou concluir minhas citações com uma descrição simples de um casal satisfeito: "E, no entanto, você não deve imaginar que mesmo esse tipo de gerenciamento sempre será suficiente. Qualquer que seja a precaução tomada, o prazer irá, aos poucos, afastar o fio da paixão. Mas, quando o amor tiver durado o bastante, uma convivência agradável tomará o seu lugar, e o apego a uma confiança mútua sucederá os arroubos da paixão. Os filhos costumam formar uma conexão mais agradável e permanente entre as pessoas casadas do que o próprio amor. Quando você deixar de ser a amante de Emílio, continuará a ser sua esposa e amiga, será a mãe de seus filhos[4]".

Os filhos, ele observa com sinceridade, constituem uma conexão muito mais permanente entre as pessoas casadas do que o amor. A beleza, declara ele, não será valorizada, nem mesmo vista, depois de um casal ter vivido seis meses junto; os encantos artificiais e o coquetismo também deixarão de estimular os sentidos. Por que, então, ele diz que uma menina deve ser educada para seu marido com o mesmo cuidado que para um harém oriental?

Agora apelo dos devaneios de fantasia e licenciosidade refinada para o bom senso da humanidade; se o objetivo da educação é preparar as mulheres para se tornarem esposas castas e mães sensatas, o método tão plausivelmente recomendado no esboço anterior seria o único mais bem calculado para produzir esses fins? Pode-se permitir que a maneira mais certa de tornar uma esposa casta seja ensiná-la a praticar as artes devassas de uma amante, denominadas de coquetismo virtuoso, pelo sensualista que já não pode mais saborear os encantos ingênuos da sinceridade, ou saborear o prazer que surge de uma terna intimidade, quando a confiança é desfeita pela suspeita e tornada interessante pelo sentido?

O homem que pode se contentar em viver com uma companhia bela, útil e que não usa a mente perdeu nas gratificações voluptuosas o gosto por prazeres mais refinados; nunca sentiu a satisfação serena, que refresca o coração sedento – como o orvalho silencioso do céu – de ser amado por alguém que o pudesse compreender. Na companhia de sua esposa, ele ainda está só, a menos que o homem esteja submerso no animal. "O encanto da vida", diz um sério pensador filosófico, "é solidariedade; nada nos agrada mais do que observar em outros homens um sentimento de solidariedade com todas as emoções de nosso próprio peito."

Mas, de acordo com o teor do pensamento, pelo qual as mulheres são mantidas longe da árvore do conhecimento, os anos importantes da juventude, a utilidade da idade e as esperanças racionais de futuro, tudo deve ser sacrificado para tornar as mulheres um objeto de desejo por *pouco* tempo. Além disso, como Rousseau poderia esperar que elas fossem virtuosas e constantes se a razão não pode ser o fundamento de sua virtude, nem a verdade o objeto de suas investigações?

Mas todos os erros de pensamento de Rousseau surgiram da sensibilidade, e as mulheres estão sempre prontas para perdoar a sensibilidade a seus encantos. Quando deveria ter raciocinado, ele ficou apaixonado, e a reflexão inflamou sua imaginação, em vez de iluminar seu pensamento. Mesmo suas virtudes também o desviaram ainda mais; pois, nascido com uma constituição calorosa e fantasia viva, a natureza o conduziu para o outro sexo com tal afeição que ele logo se tornou lascivo. Se ele tivesse cedido a esses desejos, o fogo teria se extinguido de maneira natural; mas a virtude, e um tipo romântico de delicadeza, fez com que ele praticasse a abnegação; contudo, quando o medo, a delicadeza ou a virtude o continham, ele depravava sua imaginação e, refletindo sobre as sensações às quais a fantasia dava força, ele as localizava nas cores mais brilhantes e as afundava profundamente em sua alma.

Ele então buscou a solidão não para descansar como o homem natural ou investigar calmamente as causas das coisas sob a sombra onde Sir Isaac Newton se entregava à contemplação, mas apenas para satisfazer seus sentimentos. E tão calorosamente pintou o que sentiu com força que, ao interessar o coração e inflamar a imaginação de seus leitores na proporção da força de sua fantasia destes, fez com que imaginassem que seu entendimento estivesse formado, quando apenas simpatizam com um escritor poético, que habilmente exibia os objetos dos sentidos, mais voluptuosamente sombreados ou graciosamente velados; e, assim, fazendo-nos sentir enquanto sonhamos que raciocinamos, conclusões errôneas são deixadas na mente.

Por que a vida de Rousseau foi dividida entre o êxtase e a infelicidade? Não existe melhor resposta do que esta: a efervescência de sua imaginação produziu ambos; mas, se sua imaginação tivesse esfriado, é possível que ele tivesse adquirido mais força mental. Ainda assim, se o propósito da vida é educar a parte intelectual do homem, tudo o que disse a esse respeito estava certo; no entanto, se a morte não levasse a um cenário de ação mais nobre, é provável que tivesse desfrutado de uma felicidade mais equilibrada na vida, e tivesse sentido as sensações calmas do homem natural, em vez de preparar-se para outro estágio de existência, alimentando paixões que agitam o homem civilizado.

Que descanse em paz! Não luto contra suas cinzas, mas contra suas opiniões. Luto somente contra a sensibilidade que o levou a rebaixar a mulher, tornando-a escrava do amor.

"Maldita vassalagem,
Primeiro, idolatradas até que o fogo do amor se extinga,
Em seguida, escravas daqueles que antes as cortejaram."

A tendência perniciosa desses livros, em que os escritores degradam insidiosamente o sexo, embora se prostrem diante de nossos encantos pessoais, não pode ser exposta com muita frequência ou severidade.

Vamos nos erguer acima de tais preconceitos estreitos, minhas queridas contemporâneas! Se a sabedoria é desejável por si mesma, se a virtude, para merecer o nome, deve ser fundada no conhecimento; esforcemo-nos por fortalecer nossas mentes pela reflexão, até que nossas cabeças se tornem um equilíbrio para nossos corações; não vamos limitar todos os nossos pensamentos às mesquinhas ocorrências diárias nem o nosso conhecimento à convivência com o coração de nossos amantes ou maridos; mas que a prática de toda obrigação seja subordinada ao grande dever de melhorar nossas mentes e preparar nossas afeições para um estado mais elevado!

Cuidado, então, minhas amigas, para não deixar o coração comover-se com cada incidente trivial: o junco é sacudido por uma brisa e morre anualmente, mas o carvalho permanece firme e por séculos enfrenta a tempestade!

Fôssemos nós, de fato, criadas apenas para ondear ao vento durante o período que nos corresponde e depois morrer, por que, então, nos entregarmos à sensibilidade e rirmos da severidade da razão? Mas ai! Mesmo assim, deveríamos desejar força física e mental, e a vida se perderia em prazeres febris ou em langor enfadonho.

No entanto o sistema de educação, que desejo sinceramente ver explodido, parece pressupor o que nunca deve ser dado como certo, que a virtude nos protege das casualidades da vida e que essa fortuna, tirando a sua venda, sorrirá para uma mulher bem-educada e colocará em sua mão um Emílio ou um Telêmaco. Embora, ao contrário, a recompensa que a virtude promete a seus devotos seja limitada, parece claro, em seu próprio interior; e muitas vezes precisam enfrentar as mais vexatórias preocupações mundanas e suportar os vícios e humores de parentes pelos quais nunca poderão sentir amizade.

Muitas mulheres no mundo, em vez de serem sustentadas pela razão e pela virtude de seus pais e irmãos, fortaleceram suas próprias mentes lutando contra seus vícios e suas loucuras. No entanto, nunca encontraram um herói, na forma de um marido, que, pagando a dívida da humanidade para com elas, talvez pudesse ter a chance de trazer de volta sua razão ao seu estado natural de dependência e restaurar ao homem a prerrogativa usurpada de reabilitação.

## Seção II

Os sermões do Dr. Fordyce há muito fazem parte da biblioteca de uma jovem mulher; mais ainda, as meninas na escola têm permissão para lê-los. Embora deva admitir que os sermões contêm muitas observações sensatas, deveria imediatamente afastá-los de minhas alunas se quisesse fortalecer seu entendimento, levando-as a formar princípios sólidos em uma base ampla, ou se estivesse apenas ansiosa para cultivar seu gosto.

O Dr. Fordyce pode ter tido um objetivo muito louvável em vista, mas esses discursos são escritos em um estilo muito afetado. Ainda que fosse só por isso e eu não tivesse nada a objetar contra seus conceitos *melífluos*, eu não deveria permitir que as meninas os examinassem, a menos que eu planejasse caçar de sua composição qualquer centelha de naturalidade, fundindo todas as qualidades humanas em mansidão feminina e graça artificial. Digo artificial, pois a verdadeira graça surge de algum tipo de independência mental.

As crianças, descuidadas em agradar e apenas ansiosas por se divertir, costumam ser muito graciosas; e a nobreza que tem vivido principalmente com subalternos, e sempre teve o domínio do dinheiro, adquire uma graciosa facilidade de comportamento, que deveria ser chamada de garbo natural, não aquela graciosidade superior que é verdadeiramente a expressão da mente. Essa graça mental, não percebida pelos olhos vulgares, muitas vezes passa por um semblante áspero e, irradiando todas as características, mostra simplicidade e independência de espírito. É então que lemos personagens da imortalidade nos olhos e vemos a alma em cada gesto, embora, quando em repouso, nem o rosto nem os membros possam ter muita beleza para recomendá-los, ou o comportamento, qualquer coisa peculiar para atrair atenção universal. A massa da humanidade, entretanto, busca uma beleza mais tangível; no entanto, a simplicidade é, em geral, admirada, quando as pessoas não consideram o que admiram; e pode haver simplicidade sem sinceridade? Termino com as observações que são em certa medida desconexas, embora naturalmente estimuladas pelo assunto.

Nos períodos declamatórios, o Dr. Fordyce expande a

eloquência de Rousseau e, no discurso mais sentimental, detalha suas opiniões a respeito do caráter do personagem feminino, e do comportamento que a mulher deve assumir para tornar-se adorável.

Que fale por si mesmo, pois assim faz a Natureza dirigir-se ao homem. "Vejam essas criaturas risonhas e inocentes, a quem eu agraciei com meus dons mais belos e entreguei à sua proteção; contemple-as com amor e respeito; trate-as com ternura e honra. Elas são tímidas e querem ser defendidas. São frágeis; oh, não tire proveito de suas fraquezas! Deixe seus medos e rubores os cativarem. Que a confiança delas em vocês nunca seja abusada. Mas será possível que qualquer um de vocês seja tão bárbaro, tão perverso, a ponto de abusar delas? Você pode encontrar em seu coração[5] capacidade de despojar de seu tesouro essas criaturas tão gentis e confiantes, ou fazer qualquer coisa para despi-las de seu manto nativo de virtude? Maldito seja a mão ímpia que ousaria violar a forma imaculada da Castidade! Desgraçado! Rufião! Contenha-se; nem se arrisque a provocar a mais feroz vingança do Céu." Não conheço nenhum comentário que possa ser feito a sério nessa passagem curiosa, e poderia produzir muitos semelhantes; e alguns, tão sentimentais, que ouvi homens racionais usarem a palavra "indecente" quando as mencionaram com indignação.

Por toda parte, há uma demonstração de frios sentimentos artificiais, e aquele desfile de sensibilidade que meninos e meninas devem ser ensinados a desprezar como a marca certa de uma pequena mente vaidosa. Os apelos floridos são feitos para o Céu, e para as *belas inocentes,* as mais belas imagens do céu representadas aqui na terra, enquanto o bom senso é abandonado. Essa não é a linguagem do coração, nem jamais a alcançará, embora o ouvido esteja sendo estimulado.

Talvez deva ser informada que o público ficou satisfeito com esses volumes. Realmente – *Meditations*, de Hervey, ainda é lido, embora peque igualmente contra o bom senso e o gosto.

Sou particularmente contra às frases amorosas inflamadas de paixão que estão espalhadas por toda a parte. Se as mulheres pudessem andar sem serem conduzidas, por que devem ser induzidas à virtude por lisonjas engenhosas e elogios sexuais? Falem com elas a linguagem da verdade e da sobriedade e deixem de lado a afeição condescendente das cantigas de ninar! Que sejam ensinadas a respeitar a si mesmas como criaturas racionais, e não que sejam levadas a ter uma paixão por sua própria pessoa insípida. Irrita-me ouvir um pregador dissertar sobre a roupa ou os trabalhos de agulha e, ainda mais, ouvi-lo se *referir às belas inglesas, as mais belas dentre as belas,* como se elas só tivessem sentimentos.

Mesmo recomendando a devoção, ele usa o seguinte argumento: "Nunca, talvez, uma bela mulher cause maior impressão do que quando, composta de uma piedosa recordação e possuída pelas mais nobres considerações, assume, sem saber uma superior dignidade e novas graças; de forma que as belezas da santidade parecem irradiar sobre ela, e os espectadores são quase induzidos a imaginá-la já adorando entre seus anjos, seus iguais!" Por que, então, as mulheres devem ser criadas com o desejo de conquista? A própria palavra, usada nesse sentido, me dá uma sensação doentia! A religião e a virtude não oferecem motivos mais fortes, nenhuma recompensa mais brilhante? Elas devem sempre ser rebaixadas por serem levadas a considerar o sexo de seus companheiros? Elas devem ser ensinadas a agradar sempre? E, ao nivelar sua pequena artilharia contra o coração do homem, é necessário dizer-lhes que um pouco de bom senso é suficiente para tornar sua atenção *incrivelmente suavizante?* "Assim como uma pequena dose de conhecimento entretém em uma mulher, então vindo de uma mulher, embora por uma razão diferente, uma pequena expressão de gentileza encanta, especialmente se ela tiver beleza!" Eu teria imaginado que fosse pelo mesmo motivo.

Por que se diz às meninas que se parecem anjos ou que uma mulher gentil e inocente é um objeto que se mais se aproxima da ideia que formamos de anjos do que qualquer outro, senão para rebaixá-las como mulheres? Ao mesmo tempo é-lhes dito que só se parecem com anjos quando são jovens e belas; consequentemente, são suas pessoas, não suas virtudes, que lhes garantem essa homenagem.

Palavras vazias e ociosas! A que essa bajulação ilusória pode levar, senão a vaidade e loucura? O amante, é verdade, tem uma licença poética para exaltar sua amante; sua razão é a bolha de sua paixão, e ele não profere uma falsidade quando toma emprestada a linguagem da adoração. Sua imaginação pode elevar o ídolo de seu coração, sem culpa, acima da humanidade; e felizes seriam as mulheres, lisonjeadas apenas pelos homens que as amam; quer dizer, que amam o indivíduo, não o sexo; mas deve um pregador sério intercalar seus discursos com tais tolices?

Em sermões ou romances, entretanto, a volúpia é sempre fiel ao seu texto. Aos homens é permitido pelos moralistas cultivar, conforme a natureza conduz, diferentes qualidades e assumir os diferentes caracteres, que as mesmas paixões, modificadas quase ao infinito, dão a cada indivíduo. Um homem virtuoso pode ter uma constituição colérica ou sanguínea, ser alegre ou sério, não reprovado; seja firme até que ele seja quase autoritário ou, fracamente submisso, não tenha vontade ou opinião próprias; mas todas as mulheres devem ser niveladas, pela mansidão e docilidade, em um caráter de brandura e de submissão gentil.

Vou usar as próprias palavras do pregador. "Deve-se observar que, para o seu sexo, os exercícios viris nunca são elegantes; que neles o tom e a figura, bem como o ar e o comportamento do tipo masculino, são sempre proibitivos; e que os homens de sensibilidade desejam em cada mulher traços suaves e uma voz fluida, uma forma, não robusta, e um comportamento delicado e gentil."

Não é o seguinte o retrato de uma escrava doméstica? "Estou surpreso com a tolice de muitas mulheres, que ainda censuram seus maridos por deixá-las sozinhas, por preferir esta ou aquela companhia à delas, por tratá-las com alguma mostra de desrespeito ou indiferença; quando, para falar a verdade, elas têm uma grande parcela de culpa. Não que eu fosse justificar os homens em qualquer coisa errada de sua parte. Mas se vocês tivessem se comportado com a mais *respeitosa atenção e uma ternura constante, estudando seu humor, ignorando seus erros, submetendo-se à suas opiniões* em assuntos indiferentes, sem levar em conta pequenos casos de asperezas, caprichos ou paixões, dando respostas *suaves* a palavras precipitadas, reclamando o menos possível, e tendo como seu cuidado diário aliviar suas ansiedades e antecipar seus desejos, animando as horas de tédio e evocando ideias de felicidade; se tivessem seguido essa conduta, não tenho dúvida que teriam mantido e até aumentado a estima deles, até o ponto de assegurarem o grau de influência necessário para conduzir à virtude deles ou à sua satisfação mútua; e seu lar poderia, então, ter sido o santuário da perfeita felicidade doméstica." Uma mulher assim deveria ser um anjo – ou ela é uma burra –, pois não vejo um traço do caráter humano, nem razão, nem paixão nessa serva doméstica de trabalho duro, cujo ser é sugado pelo ser de um tirano.

Ainda assim, o Dr. Fordyce deve ter muito pouco conhecimento do coração humano, se ele realmente supôs que tal conduta traria de volta o amor errante, em vez de um desprezo excitante. Não, beleza, gentileza etc. podem ganhar um coração; mas a estima, a única afeição duradoura, só pode ser obtida pela virtude sustentada pela razão. É o respeito pela compreensão que mantém viva a ternura pela pessoa.

Como esses livros são frequentemente colocados nas mãos das jovens, tenho prestado mais atenção neles do que estritamente merecem. Mas, como contribuíram para corromper o gosto e enfraquecer o entendimento de muitas de minhas semelhantes, não poderia ignorá-los silenciosamente.

## Seção III

*(A Father's) Legacy to His Daughters*, do Dr. Gregory, é uma obra tão permeada de solicitude paternal que me disponho a criticá-la com afetuoso respeito; mas como esse pequeno volume tem muitos atrativos para recomendá-lo à parte mais

respeitável de meu sexo, não posso deixar de lado os argumentos que sustentam de maneira tão ilusória as opiniões que, a meu ver, tiveram o efeito mais nocivo sobre a moral e os costumes do mundo feminino.

Seu estilo leve e intimista é particularmente adequado ao teor de seus conselhos, e a ternura melancólica que seu respeito pela memória de uma esposa amada percorre toda a obra torna-a muito interessante. No entanto, há um grau de elegância concisa evidente em muitas passagens que perturba essa simpatia; e nos defrontamos com o autor, quando apenas esperávamos encontrar o pai.

Além disso, tendo dois objetos em vista, ele raramente se apega firmemente a qualquer um; por desejar tornar suas filhas amáveis, e temendo que a infelicidade seja apenas a consequência, de incutir sentimentos que possam tirá-las do caminho da vida comum, sem capacitá-las a agir com independência e dignidade consonantes, ele controla o fluxo natural de seus pensamentos, e não aconselha nenhuma coisa nem outra.

No prefácio, ele lhes conta uma triste verdade, "que elas ouvirão, pelo menos uma vez na vida, os sentimentos genuínos de um homem que não tem interesse em enganá-las".

Mulher desafortunada! O que pode ser esperado de ti quando os seres de quem se diz que dependem naturalmente para razão e apoio têm todos interesse em te enganar! Essa é a raiz do mal que espalhou um bolor corrosivo em todas as tuas virtudes; e arruinando pela raiz tuas faculdades abertas, te tornou a coisa fraca que tu és! É esse interesse separado – esse estado insidioso de guerra, que mina a moralidade e divide a humanidade!

Se o amor tornou algumas mulheres infelizes, quantas mais a relação fria e sem sentido da galanteria tornou-se vã e inútil! No entanto, essa atenção cruel ao sexo é considerada tão viril, tão educada que, até que a sociedade seja organizada de maneira muito diferente, temo, esse vestígio de modos góticos não será eliminado por um modo de conduta mais razoável e afetuoso.

Além disso, para despojá-lo de sua dignidade imaginária, devo observar que nos Estados europeus mais incivilizados esse louvor fingido prevalece em um grau muito grande, acompanhado de extrema dissolução moral. Em Portugal, país a que faço alusão em particular, ocorre o exemplo das mais graves obrigações morais. Porque um homem raramente é assassinado quando na companhia de uma mulher. A mão selvagem da rapina fica nervosa com esse espírito cavalheiresco; e, se o golpe de vingança não pode ser detido, a dama é solicitada a perdoar a grosseria e a partir em paz, embora borrifada, talvez, com o sangue de seu marido ou de seu irmão.

Deixarei de lado suas críticas sobre religião, porque pretendo discutir esse assunto em um capítulo separado.

As observações relativas ao comportamento, embora muitas delas muito sensatas, eu desaprovo inteiramente, porque me parece estar começando, por assim dizer, do lado errado. Uma compreensão cultivada e um coração afetuoso nunca irão querer regras rígidas de decoro – algo mais substancial do que a elegância será o resultado; e, sem entendimento a conduta recomendada seria classificada como afetação. Decoro, de fato, é a única coisa necessária! Suplanta a natureza e bane toda a simplicidade e variedade de caráter do mundo feminino. No entanto, que bons resultados esses conselhos superficiais podem produzir? É, no entanto, muito mais fácil apontar esse ou aquele modo de comportamento do que definir a razão para funcionar; mas, quando a mente foi abastecida com algum conhecimento útil e fortalecida pelo seu uso, a regulação do comportamento pode ser deixada com segurança por sua conta.

Por que, por exemplo, a seguinte advertência deve ser dada, quando todo tipo de artimanhas contamina a mente; e por que embaralham os grandes motivos de ação, que a razão e a religião igualmente se associam para impor, com lamentáveis mudanças mundanas e ligeiras manobras para ganhar o aplauso de tolos de mau gosto boquiabertos? "Sejam ainda cautelosos ao mostrar seu bom senso[6]. Não deixe que se pense que estão assumindo certa

superioridade sobre os demais. Mas, se por acaso, tiver algum conhecimento, mantenha isso em segredo profundo, especialmente dos homens que geralmente olham com um olho ciumento e maligno uma mulher de grande talento e inteligência desenvolvida."
Se os homens de verdadeiro mérito, como observa mais adiante, são superiores a essa mesquinhez, onde está a necessidade de que o comportamento de todo o sexo seja moldado para agradar aos tolos ou homens que, tendo pouco direito a reclamar em relação ao respeito como indivíduos, escolhem se manter fechados em suas falanges. Os homens, de fato, que insistem em sua superioridade comum, tendo apenas a superioridade sexual, são certamente muito desculpáveis.

Não haveria fim às regras de comportamento se fosse sempre apropriado adotar o tom da companhia, pois assim, ao variar sempre o tom, um *bemol* frequentemente passaria por uma nota *natural*.

Certamente teria sido mais sábio aconselhar as mulheres a se aprimorarem até que se elevassem acima das fumaças da vaidade e, então, deixar que a opinião pública se modifique – pois até onde irão as regras de adaptação? O estreito caminho da verdade e da virtude não se inclina nem para a direita nem para a esquerda, é uma linha reta, e aqueles que estão diligentemente buscando seu caminho podem passar por cima de muitos preconceitos de decoro, sem abandonar a decência. Limpem o coração e usem a cabeça, e arrisco-me a prever que não haverá nada de ofensivo nesse comportamento.

Os ares da moda, que tantas jovens desejam tanto, sempre me parecem como as atitudes estudadas de alguns quadros modernos, copiadas dos antigos com servilismo de mau gosto; a alma é excluída, e nenhuma das partes se une pelo que pode ser apropriadamente denominado caráter. Esse verniz da moda, que raramente se ajusta ao bom senso, pode deslumbrar os fracos, mas deixemos a natureza entregue a si mesma, e raramente desgostará os inteligentes. Além disso, quando uma mulher tem juízo suficiente para não fingir o que não entende, não há necessidade de decidir esconder seus talentos. Deixemos que as coisas tomem seu curso natural, e tudo ficará bem.

Eu desprezo esse sistema de dissimulação que todo o livro contém. As mulheres sempre *parecem* ser isso e aquilo – mas a virtude pode apostrofá-las, nas palavras de Hamlet – parece! Não quero saber o que parece! Tem algo interior que vai além das aparências!

Ainda assim, continua com o mesmo tom; pois, em outro ponto, depois de recomendar delicadeza, sem defini-la com suficiente clareza, acrescenta: "Os homens reclamarão de sua reserva. Garantirão que um comportamento mais franco poderia fazê-las mais amáveis. Mas, acredite em mim, não são sinceros quando dizem isso. Reconheço que em algumas ocasiões poderia torná-las mais agradáveis como companhia, mas as faria menos amáveis como mulheres: uma distinção importante, que muitas de seu sexo não se dão conta".

Esse desejo de ser sempre mulher é a própria consciência que degrada o sexo. Devo repetir com ênfase uma observação que já fiz: exceto com um amante, ficaria bem se elas fossem apenas companhias agradáveis ou racionais. Mas a esse respeito seu conselho é até inconsistente com uma passagem que pretendo citar com total aprovação.

"O sentimento de que uma mulher pode permitir todas as liberdades inocentes, desde que sua virtude esteja segura, é grosseiramente indelicado e perigoso e provou ser fatal para muitos do seu sexo." Com essa opinião concordo perfeitamente. Um homem, ou uma mulher, de qualquer sentimento, deve sempre desejar convencer um objeto amado de que são as carícias do indivíduo, não do sexo, que são recebidas e retribuídas com prazer; e que o coração, em vez dos sentidos, se comove. Sem essa delicadeza natural, o amor se torna uma gratificação pessoal egoísta que logo degrada o caráter.

Levo esse sentimento ainda mais longe. Quando o amor é ponto pacífico, o afeto autoriza muitas carícias pessoais, que fluem naturalmente de um coração inocente e dão vida ao comportamento;

mas a relação pessoal de desejos, de galanteria ou de vaidade é desprezível. Quando um homem, ao conduzir à carruagem uma bela mulher que nunca viu antes, aperta-lhe a mão, ela tomará como um insulto tal liberdade impertinente caso seja realmente recatada, e não se sinta lisonjeada por essa insignificante homenagem a sua beleza. Essas são as prerrogativas da amizade, ou a homenagem momentânea que o coração presta à virtude, quando se mostra de improviso – os meros instintos animais não têm nenhum direito às gentilezas do afeto!

Desejando alimentar os afetos com o que agora é o alimento da vaidade, de bom grado persuadiria meu sexo a agir segundo princípios mais simples. Deixe que mereçam amor, e elas o obterão, embora nunca lhes digam que: "O poder de uma bela mulher sobre os corações dos homens, dos homens de maiores atributos, vai muito além do que ela imagina".

Já percebi os estreitos cuidados com respeito à duplicidade, suavidade feminina, delicadeza de constituição, pois essas são as mudanças que divulgava sem cessar – de uma maneira mais decorosa, é verdade, do que Rousseau; mas tudo volta ao mesmo ponto, e quem quer que se dê ao trabalho de analisar esses sentimentos descobrirá que os primeiros princípios não são tão delicados quanto a superestrutura.

O assunto das diversões é tratado de maneira muito superficial; mas com o mesmo espírito.

Quando trato de amizade, de amor e de casamento, descobriremos que diferimos materialmente em opiniões; por isso não adiantarei o que tenho observado sobre esses assuntos importantes, mas limitarei minhas observações ao seu teor geral, àquela prudência familiar cautelosa, às considerações de afeto parcial e mesquinho, que, no vão desejo de evitar a dor e o erro, impedem o prazer e o progresso – e, nessa defesa do coração e da mente, destroem também toda sua energia. É melhor ser enganada amiúde do que nunca confiar; ter um desapontamento amoroso do que nunca amar; perder o afeto do marido do que perder sua estima.

Que felicidade para o mundo inteiro, e claro, para os indivíduos, se toda essa solicitude inútil para alcançar a felicidade mundana, em um âmbito restrito se transformasse em um desejo ansioso de melhorar o entendimento. "A sabedoria é o principal: *portanto* conquistai a sabedoria, e com tudo o que ela acarreta conquistai o entendimento." Até quando, vós, os mais simples, amareis a simplicidade e odiareis o conhecimento?", disse a Sabedoria às filhas dos homens!

## Seção IV

Não pretendo aludir a todos os escritores que escreveram sobre o tema referente aos modos femininos – seria, de fato, insistir no mesmo assunto, pois eles, em geral, escreveram na mesma linha. Mas atacando a alardeada prerrogativa masculina – a prerrogativa que pode ser enfaticamente chamada de férreo cetro da tirania, o pecado original dos tiranos, eu me declaro contra todo poder baseado em preconceitos, por mais antigos que sejam.

Se a submissão precisa ser fundamentada na justiça, não há apelo a um poder superior, pois Deus é a própria Justiça. Vamos, então, como filhas do mesmo pai, se não nos couber a condição de bastardas por sermos as que nasceram mais tardes, raciocinar juntas e aprender a nos submeter à autoridade da razão, quando sua voz for ouvida claramente. Mas se for provado que esse trono de prerrogativa apenas repousa sobre uma massa caótica de preconceitos, que não tem nenhum princípio inerente de ordem para mantê-los juntos, ou em um elefante, uma tartaruga, ou mesmo nos ombros poderosos de um filho da terra, eles poderão ser contornados, sem nenhuma violação do dever, sem pecar contra a ordem das coisas, por aqueles que ousarem enfrentar as consequências.

Enquanto a razão eleva o homem acima do rebanho brutal, e a morte é cheia de promessas, somente estão sujeitos à autoridade cega aqueles que não confiam em suas próprias forças. "São livres os que querem ser livres!"[7]

O ser que pode governar a si mesmo não tem nada a temer na vida; mas, se houver algo mais caro do que seu próprio respeito, o preço deve ser pago até o último centavo. A virtude, como todas as coisas valiosas, deve ser amada pelo que é; ou não encontrará morada entre nós. Não transmitirá aquela paz "que excede todo o conhecimento", quando for meramente transformada em suporte de reputação ou respeitada com exatidão farisaica, porque "a honestidade é a melhor política".

Não se pode negar que o plano de vida que nos permite levar algum conhecimento e virtude para outro mundo é aquele mais bem calculado para garantir a satisfação neste aqui; no entanto, poucas pessoas agem de acordo com esse princípio, embora seja universalmente admitido como indiscutível. O prazer e o poder momentâneos trazem diante de si essas convicções sérias, e é para o dia, não para a vida, que o homem barganha com a felicidade. Quão poucos – realmente quão poucos! – têm prudência ou resolução suficientes para suportar um pequeno mal no momento, para evitar um maior no futuro.

A mulher em particular, cuja virtude[8] é baseada em preconceitos mutáveis, raramente atinge essa grandeza de espírito; de modo que, tornando-se escrava de seus próprios sentimentos, é facilmente subjugada pelos dos outros. Assim degradada, emprega sua razão, sua confusa razão, para polir suas correntes, em vez de rompê-las.

Com indignação, tenho ouvido mulheres argumentarem da mesma maneira que os homens e adotarem os sentimentos que as brutalizam com toda a obstinação da ignorância.

Devo ilustrar minha afirmação com alguns exemplos. A Sra. Piozzi, que muitas vezes repetia mecanicamente o que não entendia, apresenta-se com frases johnsonianas.

"Não busque a felicidade na singularidade; e tema um refinamento da sabedoria como um desvio que leva à loucura." Assim, se dirige dogmaticamente a um homem recém-casado, e para elucidar esse exórdio pomposo, acrescenta: "Eu disse que a figura de sua senhora poderia não lhe parecer tão mais agradável, mas rogue que ela nunca suspeite disso: é bem sabido que uma mulher perdoará uma afronta ao seu intelecto muito antes do que à sua pessoa; e nenhuma de nós contradirá a afirmação. Todas as nossas realizações, todas as nossas artes, são empregadas para ganhar e manter o coração do homem, e que mortificação pode exceder a decepção se o fim não for alcançado? Não há reprovação, por mais pungente, nem punição por mais severa que seja, que uma mulher de espírito preferirá à indiferença; e se ela puder suportá-la sem se queixar, provará somente que pretende compensar-se do desdém de seu marido com a atenção de outros!

Esses são sentimentos verdadeiramente masculinos. "Todas as nossas *artes* são empregadas para ganhar e manter o coração do homem" – e qual é a inferência? Se sua pessoa – e sempre houve uma pessoa, embora formada com simetria mediciana, que não foi menosprezada? – for negligenciada, ela buscará compensação esforçando-se por agradar a outros homens. Moralidade nobre! Mas, assim, a compreensão de todo o sexo é afrontada e sua virtude privada da base comum da virtude. Uma mulher deve saber que sua pessoa não pode ser tão agradável para seu marido quanto foi para seu amante, e se ela, por ser humana, se ofender com ele, poderá muito bem lamentar sobre a perda de seu coração como sobre qualquer outra coisa tola. E essa própria falta de discernimento ou raiva irracional prova que ele não pode transformar seu afeto por sua mulher em afeição por suas virtudes ou respeito por seu intelecto.

Enquanto as mulheres confessam e agem de acordo com tais opiniões, seus intelectos, pelo menos, merecem o desprezo e a indignação que os homens, *que nunca* insultam suas pessoas, apontam claramente para a mente feminina. E são os sentimentos desses homens educados, que não desejam ver-se perturbados com a mente, que as mulheres fúteis adotam impensadamente. No entanto, deveriam saber que apenas a razão insultada pode espalhar aquela reserva *sagrada* sobre a pessoa que reverencia as afeições humanas, pois estas sempre têm alguma liga básica tão permanente quanto consistente com o grande fim da existência – a obtenção da virtude.

A Baronesa de Staël fala a mesma língua da senhora que acabo de citar, com maior entusiasmo. Seu elogio a Rousseau foi colocado acidentalmente em minhas mãos, e seus sentimentos, os sentimentos de muitas do meu sexo, podem servir de texto para alguns comentários. "Embora Rousseau", observa ela, "tenha se empenhado em evitar que as mulheres interfiram nos assuntos públicos, e desempenhem um papel brilhante no teatro da política, ao falar delas, muito contribuiu para sua satisfação! Se ele desejava privá-las de alguns direitos estranhos ao sexo delas, como lhes restituiu para sempre aqueles a que têm direito! E, ao tentar diminuir a influência delas sobre as deliberações dos homens, quão sagrado estabeleceu seu domínio sobre a felicidade deles! Ao ajudá-las a descer de um trono usurpado, ele as assentou firmemente naquilo a que foram destinadas pela natureza; e embora ele esteja cheio de indignação contra elas quando se esforçam para se assemelhar aos homens, ainda quando se apresentam com todos *os encantos, as fraquezas, as virtudes e os erros* de seu sexo, seu respeito por *suas pessoas* equivale quase à adoração. É verdade! Pois nunca houve um sensualista que prestasse um tributo mais fervoroso ao santuário da beleza. Tão devoto, de fato, era seu respeito pela pessoa que exceto a virtude da castidade, por motivos óbvios, ele apenas desejava vê-la enfeitada por encantos, fraquezas e erros. Ele temia que a austeridade da razão perturbasse a brincadeira suave do amor. O senhor desejava ter uma escrava meretrícia para acariciar, inteiramente dependente de sua razão e generosidade; ele não queria uma companheira, a quem deveria ser compelido a estimar, ou uma amiga a quem pudesse confiar o cuidado da educação de seus filhos, caso a morte os privasse de seu pai, antes que tivesse cumprido a sagrada tarefa. Ele nega a razão à mulher, a exclui do conhecimento e afasta-a da verdade; no entanto, seu perdão é concedido, porque "admite a paixão do amor". Seria necessário alguma engenhosidade para mostrar por que as mulheres deveriam estar sob tal obrigação para com ele por assim admitir o amor; quando é claro que o admite apenas para o relaxamento dos homens e para perpetuar a espécie; mas ele falava com paixão, e essa magia poderosa surtiu efeito sobre a sensibilidade de uma jovem aduladora. "O que significa isso", prossegue a rapsodista, "para as mulheres é que a razão dele disputa com elas a supremacia, quando seu coração é devotamente delas". Não é pela supremacia que devem lutar, mas pela igualdade. No entanto, se elas apenas desejassem prolongar sua influência, não deveriam confiar inteiramente em suas pessoas, pois, embora a beleza possa ganhar um coração, não pode mantê-lo, mesmo enquanto a beleza está em plena floração, a menos que a mente conceda, pelo menos, algumas graças.

Estou persuadida de que, quando forem suficientemente iluminadas para descobrir seu real interesse, as mulheres estarão, em grande escala, realmente prontas a renunciar a todas as prerrogativas do amor, que não são mútuas, considerando-as como prerrogativas duradouras para a serena satisfação da amizade e a terna confiança da estima habitual. Antes do casamento, elas não assumirão nenhum ar insolente, e nem depois uma submissão abjeta, mas se esforçarão para agir como criaturas razoáveis em ambas as situações, não cairão de um trono para um banquinho.

A Sra. Genlis escreveu vários livros de entretenimento para crianças; e suas *Letters on Education* fornecem muitas dicas úteis, das quais pais sensatos certamente se aproveitarão; mas seus pontos de vista são limitados e seus preconceitos tão irracionais quanto fortes.

Deixarei de lado seu argumento veemente em favor da eternidade das punições futuras, porque coro ao pensar que um ser humano deveria argumentar com ênfase por tal causa, e apenas escrever algumas observações sobre sua maneira absurda de fazer a autoridade parental suplantar a razão. Porque o tempo todo ela incute não apenas uma submissão cega aos pais, mas também à opinião do mundo[9].

Ela conta a história de um jovem comprometido com uma jovem de boa posição, segundo o desejo expresso de seu pai. Antes de o casamento ser realizado, ela foi privada de sua fortuna e jogada ao mundo sem amigos. O pai pratica as artes mais infames para separar seu filho dela, e quando o filho detecta sua vilania, e seguindo os ditames da honra se casa com a jovem, ocorrem apenas calamidades, porque casou-se sem o consentimento de seu pai. Em que terreno pode a religião ou a moralidade se apoiar quando a justiça é assim desafiada? Com a mesma visão, ela representa uma jovem talentosa, pronta para se casar com qualquer um que sua mãe quisesse recomendar; na realidade acaba se casando com um jovem de sua própria escolha, sem sentir nenhuma emoção de paixão, porque uma jovem bem educada não tem tempo para se apaixonar. É possível ter tanto respeito por um sistema de educação que insulta a razão e a natureza?

Muitas opiniões semelhantes ocorrem em seus escritos, misturadas com sentimentos que honram sua mente e seu coração. No entanto, tanta superstição está misturada com sua religião, e tanta sabedoria mundana com sua moralidade, que eu não deveria deixar uma jovem ler suas obras, a menos que eu pudesse depois conversar sobre os assuntos e apontar as contradições.

As cartas da Sra. Chapone são escritas com tanto bom senso e humildade sincera, e contêm tantas observações úteis, que só as menciono para prestar à digna escritora esse tributo de respeito. Não posso, é verdade, sempre concordar com a opinião dela, mas sempre a respeito.

A própria palavra "respeito" traz a Sra. Macaulay à minha lembrança. Sem dúvida, uma das mais talentosas mulheres que este país já apresentou e, no entanto, morreu sem que fosse prestado respeito suficiente à sua memória.

A posteridade, porém, será mais justa e lembrará que Catharine Macaulay foi um exemplo de qualidades intelectuais consideradas incompatíveis com a fragilidade de seu sexo. Em seu estilo de escrever, de fato, não transparece o sexo, pois ele é forte e claro, assim como o bom senso transmite.

Não vou chamar de masculino o seu entendimento porque não admito essa suposição tão arrogante da razão, mas afirmo que era firme e de que seu julgamento, o fruto maduro de um pensamento profundo, foi uma prova de que uma mulher pode adquirir julgamento, em toda a extensão da palavra. Possuindo mais sagacidade do que sabedoria, mais compreensão do que fantasia, ela escreve com energia sóbria e exatidão de argumentos; no entanto, a solidariedade e a benevolência dão certo interesse a seus sentimentos e aquele calor vital aos seus argumentos, que obriga o leitor a avaliá-los[10].

Quando pensei pela primeira vez em escrever essas críticas, contei antecipadamente com a aprovação da Sra. Macaulay, com um pouco daquele ardor otimista, que tem sido o trabalho de minha vida reprimir. Mas logo depois soube com o escrúpulo doentio de esperança frustrada, e a ainda seriedade do arrependimento, que ela não existia mais!

## Seção V

Tendo em vista as diferentes obras que foram escritas sobre educação, as *Letters* de Lorde Chesterfield não se pode deixar de mencionar. Não que pretenda analisar seu sistema covarde e imoral, nem mesmo selecionar quaisquer comentários úteis e astutos que ocorrem em suas epístolas. Não, quero apenas fazer algumas reflexões sobre sua tendência declarada, a arte de adquirir um conhecimento precoce do mundo. Uma arte, arrisco-me a afirmar, que ataca secretamente, como o verme em botão, a expansão dos poderes, e passa a envenenar os sucos generosos que deveriam subir com vigor no corpo juvenil, inspirando afeições calorosas e grandes resoluções[11].

Para tudo, diz o sábio, há um tempo; e quem procuraria os frutos do outono durante os belos meses da primavera? Mas isso é mera declamação, e pretendo argumentar com aqueles instrutores experientes do mundo, que, em vez de cultivar o julgamento, instilam preconceitos e endurecem o coração de que a experiência gradual apenas teria esfriado. Um conhecimento precoce das enfermidades humanas; ou, o que se denomina conhecimento do mundo, é a maneira mais segura, em minha opinião, de contrair o coração e amortecer o ardor natural da juventude que produz não apenas grandes talentos, mas grandes virtudes. Pois a vã tentativa de produzir o fruto da experiência, antes que a muda tenha lançado suas folhas, apenas esgota sua força e impede que assuma a forma natural; assim como a forma e a resistência dos metais em queda são prejudicadas quando a atração da coesão é perturbada.

Digam-me, vocês que estudaram a mente humana, não é uma maneira estranha de fixar princípios mostrando aos jovens que eles raramente são estáveis? E como eles podem ser fortalecidos por hábitos quando se provou que o exemplo é uma falácia? Por que o ardor da juventude deve ser abafado, e a exuberância da fantasia reduzida ao seu âmago? Essa advertência áspera pode, é verdade, proteger o caráter de infortúnios mundanos, mas impedirá infalivelmente a excelência em virtude ou conhecimento[12]. O obstáculo que a suspeita lança em todos os caminhos impedirá qualquer esforço vigoroso de gênio ou benevolência, e a vida será despojada de seu encanto mais atraente muito antes de sua noite tranquila, quando o homem deve retirar-se para a contemplação para obter conforto e apoio.

Um jovem que tenha sido criado com amigos de casa e levado a abastecer sua mente com tanto conhecimento especulativo quanto pode ser adquirido pela leitura e pelas reflexões naturais, que a ebulição juvenil de espíritos animais e sentimentos instintivos inspiram, entrará no mundo com expectativas cálidas e errôneas. Mas esse parece ser o curso da natureza; e na moral, bem como em matéria de gosto, deveríamos estar atentos a suas sagradas indicações, e não ter a pretensão de liderar quando deveríamos obedientemente segui-la.

No mundo, poucas pessoas agem por princípio; sentimentos presentes e hábitos anteriores são as molas que impulsionam; mas como os primeiros seriam amortecidos, e os últimos tornados em grilhões corrosivos de ferro, se o mundo fosse mostrado aos jovens exatamente como é, quando nenhum conhecimento da humanidade ou de seus próprios corações, lentamente obtido pela experiência, os tornou tolerantes? Seus companheiros, então, não seriam vistos como seres frágeis; como eles próprios, condenados a lutar contra as fraquezas humanas, às vezes exibindo a luz, às vezes o lado negro de seu caráter; extorquindo sentimentos de amor e de desgosto alternadamente, mas sempre de guarda como aves de rapina, até que cada sentimento social em um sentido mais amplo – em uma palavra, a humanidade – fosse erradicado.

Na vida, ao contrário, à medida que descobrimos gradualmente as imperfeições de nossa natureza, descobrimos as virtudes, e várias circunstâncias nos ligam a nossos semelhantes, quando nos relacionamos com eles, e observamos os mesmos objetos, o que nunca se pensa quando se adquire um conhecimento apressado e não natural do mundo. Vemos uma loucura transformar-se em vício, em graus quase imperceptíveis, e sentimos pena enquanto culpamos; mas, se o monstro hediondo explodir de repente à nossa vista, o medo e a repulsa nos tornando mais severos do que o homem deveria ser, podem nos levar com zelo cego a usurpar o caráter de onipotência e denunciar a condenação aos nossos companheiros mortais, esquecendo que não podemos ler o coração, e que temos as sementes dos mesmos vícios ocultas em nosso peito.

Já observei que esperamos mais da instrução do que ela pode produzir; pois, em vez de preparar os jovens para enfrentar os males da vida com dignidade e adquirir sabedoria e virtude pelo exercício de suas próprias faculdades, amontoam-se preceitos sobre preceitos, e a obediência cega é exigida, quando a convicção deveria ser trazida à razão.

Suponha, por exemplo, que um jovem no primeiro ardor da amizade endeuse o objeto amado: que mal pode surgir desse apego entusiástico equivocado? Talvez seja necessário que a virtude primeiro apareça em forma humana para impressionar os corações dos jovens; o modelo ideal, que uma mente mais madura e exaltada admira e molda por si mesma, escaparia à sua visão. Aquele que não ama seu irmão a quem viu, como pode amar a Deus?, perguntou o mais sábio dos homens.

É natural que os jovens adornem o primeiro objeto de sua afeição com todas as boas qualidades, e a emulação produzida pela ignorância ou, para falar com mais propriedade, pela inexperiência, apresente a mente capaz de formar tal afeto, e quando, com o passar do tempo, descobre-se que a perfeição não está ao alcance dos mortais, abstratamente a virtude é considerada bela, e a sabedoria, sublime. A admiração dá então lugar à amizade, propriamente dita, porque é cimentada pela estima e o ser anda sozinho, dependendo apenas do céu para obter o êmulo almejado pela perfeição que sempre brilha em uma mente nobre. Mas esse conhecimento o homem deve obter pelo exercício de suas próprias faculdades; e esse é certamente o fruto abençoado da esperança frustrada! Pois Aquele que se deleita em difundir a felicidade e demonstrar misericórdia às criaturas fracas, que estão aprendendo a conhecê-lo, nunca implantou uma propensão ao bem para se tornar *ignis fatuus*.

Nossas árvores agora podem se espalhar com exuberância selvagem, nem esperemos combinar pela força as marcas majestosas do tempo com as graças da juventude, mas aguardemos pacientemente até que tenham criado raízes profundas e enfrentado muitas tempestades. Deve então a mente ser tratada com menos respeito, já que, em proporção com sua dignidade, avança mais lentamente em direção à perfeição? Raciocinando por analogia, tudo ao nosso redor está em um estado progressivo; e quando um conhecimento indesejado da vida produz quase uma saciedade dela, e descobrimos pelo curso natural das coisas que tudo o que é feito no mundo é vaidade, estamos nos aproximando da terrível conclusão do drama. Os dias de atividade e de esperança se acabaram, e as oportunidades que o primeiro estágio da existência proporcionou de avançar na escala da inteligência devem ser recapituladas em breve. Nesse período, ou antes, um conhecimento da futilidade da vida, se obtido pela experiência, é muito útil, porque é natural; mas, quando as loucuras e os vícios do homem são mostrados a um ser frágil, para que ele possa ser ensinado prudentemente a se proteger das contingências comuns da vida, sacrificando seu coração, não é dissonante chamar isso de sabedoria desse mundo, contrastada com o fruto mais nobre da piedade e da experiência.

Vou arriscar um paradoxo e dar minha opinião sem reservas; se os homens tivessem nascido apenas para completar um círculo de vida e morte, seria sábio dar todos os passos que a prudência pudesse sugerir para tornar a vida feliz. A moderação em cada busca seria então a sabedoria suprema; e o voluptuoso prudente poderia desfrutar de certo grau de contentamento, embora não tivesse cultivado seu intelecto nem mantido seu coração puro. A prudência, supondo que fôssemos mortais, seria a verdadeira sabedoria, ou, para ser mais explícito, proporcionaria a maior porção de felicidade, considerando toda a vida, mas o conhecimento além das conveniências da vida seria uma maldição.

Por que devemos prejudicar nossa saúde pelo estudo intenso? O prazer refinado que as atividades intelectuais proporcionam dificilmente seria equivalente às horas de langor que se seguem; principalmente, se for necessário levar em conta as dúvidas e as decepções que ofuscam nossas pesquisas. A vaidade e a irritação obstruem todas as indagações, pois a causa que particularmente desejamos descobrir, voa como o horizonte diante de nós à medida que avançamos. Os ignorantes, ao contrário, parecem crianças e supõem que, se pudessem andar em linha reta, deveriam finalmente chegar aonde a terra e as nuvens se encontram. Ainda assim, desapontados como estamos em nossas investigações, a mente ganha força com o exercício suficiente, talvez para compreender as respostas que, em outra etapa da existência, poderá receber às ansiosas perguntas formuladas quando o entendimento esvoaçava com asas débeis em torno dos efeitos visíveis para mergulhar na causa oculta.

As paixões, os ventos da vida também seriam inúteis, senão

prejudiciais, se a substância que compõe nosso ser pensante, depois de termos pensado em vão, apenas se tornasse o suporte da vida vegetal, revigorando um repolho ou ruborizando uma rosa. Os apetites atenderiam a todos os propósitos terrenos e produziriam uma felicidade mais moderada e permanente. Mas os poderes da alma, que são de pouca utilidade aqui e, provavelmente, perturbam nossos prazeres animais, mesmo quando a dignidade consciente faz com que nos vangloriemos em possuí-los, provam que a vida é meramente uma educação, um estado de infância, ao qual não devem ser sacrificadas as únicas esperanças que vale a pena nutrir. Por essa razão, o que pretendo inferir é que devemos ter uma ideia precisa do que desejamos alcançar com a educação, pois a imortalidade da alma é contradita pelas ações de muitas pessoas que professam firmemente sua crença.

Se você pretende, em primeira análise, garantir facilidade e prosperidade na terra, e não se preocupar com o futuro, aja com prudência ao dar a seu filho uma visão precoce das fraquezas da natureza dele. Você não pode, é verdade, fazer dele um Inkle; mas não imagine que quem foi imbuído desde cedo de uma opinião mesquinha da natureza humana irá muito além do que a lei determina, nem achará necessário sobressair-se ao padrão comum. Ele pode evitar os vícios grosseiros, porque a honestidade é a melhor política, mas ele nunca terá como objetivo alcançar grandes virtudes. O exemplo de escritores e de artistas ilustrará essa observação.

Arrisco-me, portanto, a duvidar se o que foi pensado como um axioma da moral pode não ter sido uma afirmação dogmática feita por homens que têm visto a humanidade friamente por meio de livros, e a dizer, em contradição direta com eles, que os regulamentos das paixões nem sempre é sabedoria. Pelo contrário, ao que parece, uma das razões pelas quais os homens têm julgamento superior e mais força moral do que as mulheres é, sem dúvida, o fato de liberarem as grandes paixões e, ao errarem com mais frequência, engrandecem suas mentes. Se, então, pelo exercício de sua própria[13] razão, eles fixarem alguns princípios estáveis, provavelmente devem agradecer à força de suas paixões, nutridas por *falsas* visões da vida e permitidas a ultrapassar o limite que garante a satisfação. Mas se, no alvorecer da vida, pudéssemos examinar com sobriedade as cenas anteriores como em perspectiva, e ver tudo em suas verdadeiras cores, como poderiam as paixões ganhar força suficiente para revelar os talentos?

Deixe-me agora examinar o mundo das alturas despojado de todos os seus encantos falsos e ilusórios. A atmosfera límpida me permite ver cada objeto sob seu verdadeiro ponto de vista, enquanto meu coração está calmo. Estou calma como a perspectiva de uma manhã em que as brumas, lentamente se dispersando, silenciosamente desvendam as belezas da natureza, refrescadas pelo descanso.

Sob que luz aparecerá o mundo agora? Esfrego os olhos e penso que talvez acabe de acordar de um sonho intenso.

Vejo os filhos e as filhas dos homens perseguindo sombras e desperdiçando ansiosamente seus poderes para alimentar paixões que não têm objeto adequado – se o próprio excesso desses impulsos cegos, mimados por aquele guia mentiroso, mas constantemente confiável, que é a imaginação, não tornasse mais sábios os míopes mortais, preparando-os para qualquer outra situação, mesmo que para isso não contribuíssem; ou quando estivessem buscando algum bem imaginário imediato, o que é a mesma coisa.

Depois de ver os objetos sob essa luz, não seria muito fantasioso imaginar que esse mundo fosse um palco no qual uma pantomima é executada diariamente para a diversão dos seres superiores. Como eles seriam desviados para ver o homem ambicioso se consumindo correndo atrás de um fantasma e "perseguindo o sonho da fama na boca de um canhão", que vai fazê-lo ir pelos ares, pois, quando a consciência é perdida, não importa que se monte em um redemoinho ou se desça na chuva. E deveriam eles compassivamente revigorar sua percepção e mostrar-lhe o caminho espinhoso que leva à eminência, que como areia movediça afunda enquanto ele tenta subir, frustrando suas esperanças quando estavam quase ao seu alcance, e ele não deixaria para outros a honra de diverti-los e trabalharia para assegurar o momento presente, ainda que, devido à constituição de sua natureza, não achasse muito fácil pegar a corrente que foge? Tais escravos somos nós, com esperanças e temores!

Mas, por mais vãs que sejam as buscas do homem ambicioso, ele muitas vezes se esforça por algo mais substancial do que a fama. Isso, de fato, seria o mais perfeito meteoro, o fogo mais selvagem que poderia atrair um homem à ruína. Como! Renunciar à mais insignificante gratificação para ser aplaudido quando já não deveria! Por que essa luta, seja o homem mortal ou imortal, se aquela nobre paixão não elevou realmente o ser acima de seus semelhantes?

E o amor! Que cenas divertidas isso produziria; os truques de um bufão devem render-se a uma loucura ainda mais flagrante. Que ridículo ver um mortal adornar um objeto com encantos imaginários e, então, prostrar-se e adorar o ídolo que ele próprio havia criado! Mas que consequências tão graves resultam de roubar do homem aquela porção de felicidade que a Divindade, ao dar-lhe existência, indubitavelmente lhe prometeu (ou, em que se baseiam seus atributos?); não teriam sido todos os propósitos da vida muito mais satisfeitos se ele tivesse apenas sentido o que se denomina amor físico? E se a visão do objeto sem a intermediação da imaginação não reduzisse logo a paixão a um apetite, se a reflexão, a nobre distinção do homem, não lhe desse força e fizesse dela um instrumento para elevá-lo acima dessa escória terrestre, ensinando-o a amar o centro de toda perfeição, cuja sabedoria aparece cada vez mais e mais clara nas obras da natureza, na medida em que a razão é iluminada e exaltada pela contemplação e pela aquisição daquele amor pela ordem que as lutas da paixão produzem?

O hábito de reflexão e o conhecimento obtidos pela promoção de qualquer paixão podem ser mostrados como igualmente úteis, embora o objeto seja igualmente falacioso, pois todos apareceriam sob a mesma luz, se não fossem magnificados pela paixão governante implantada em nós pelo Autor de todo o bem, para invocar e fortalecer as faculdades de cada indivíduo e capacitá-lo a atingir toda a experiência que um criança pode obter ao fazer certas coisas, sem saber o porquê.

Desço das alturas e, misturando-me com os meus semelhantes, sinto-me arrastada pela corrente comum. A ambição, o amor, a esperança e o medo exercem seu poder habitual, embora sejamos convencidos pela razão de que suas promessas presentes e mais atraentes são apenas sonhos mentirosos; mas teria a mão fria da circunspecção amortecido cada sentimento generoso antes que ele deixasse qualquer caráter permanente, ou fixasse algum hábito, o que se poderia esperar, senão a prudência egoísta e a razão apenas superando o instinto? Poderá esquivar-se de ver a futilidade de rebaixar as paixões ou de fazer o homem apoiar-se na satisfação aquele que tiver lido, com um olhar filosófico, a descrição desagradável dos Yahoos e o relato insípido dos Houyhnhnms, feitos pelo reitor Swift?

O jovem deveria *agir*, pois se tivesse a experiência de uma cabeça grisalha estaria mais apto para a morte do que para a vida, embora suas virtudes, residindo mais em sua cabeça do que em seu coração, não pudessem produzir nada de grandioso, e seu entendimento, preparado para este mundo, não provaria, por seus nobres voos, que tivesse direito a um mundo melhor.

Além disso, não é possível dar a um jovem uma visão justa da vida; ele deve lutar com suas próprias paixões antes de poder avaliar a força da tentação que levou seu irmão ao vício. Aqueles que estão entrando na vida e aqueles que estão partindo veem o mundo de pontos de vista tão diferentes que raramente podem pensar da mesma forma, a menos que a razão imaculada do primeiro, nunca tente uma fuga solitária.

Quando ouvimos falar de algum crime ousado, toma conta de nós a escuridão mais profunda da torpeza, provocando indignação; mas os olhos que gradualmente viram as trevas se intensificarem, devem observá-las com mais paciência compassiva. O mundo não pode ser observado por um espectador impassível, devemos nos misturar na multidão e sentir como os homens se sentem antes de podermos julgar seus sentimentos. Se pretendemos, em suma, viver no mundo para crescer mais sábios e melhores, e não apenas para desfrutar as boas coisas da vida, devemos alcançar o conhecimento dos outros ao mesmo tempo que nos familiarizamos com nós mesmos. O conhecimento adquirido de qualquer outra forma apenas endurece o coração e confunde o entendimento.

Pode-se dizer que o conhecimento assim adquirido às vezes é adquirido a um preço muito alto. Só posso responder que duvido muito que algum conhecimento possa ser obtido sem trabalho e sofrimento; e aqueles que desejam poupar seus filhos não devem reclamar, se eles não são sábios nem virtuosos. A intenção foi apenas torná-los prudentes, e a prudência, no início da vida, é apenas a arte cautelosa do egoísmo ignorante.

Tenho observado que os jovens a cuja educação foi dada atenção particular têm sido, em geral, muito superficiais e presunçosos, e estão longe de agradar sob qualquer aspecto, porque não têm a cálida ingenuidade da juventude nem a sagacidade arrojada da idade. Não posso deixar de atribuir essa aparência antinatural principalmente àquela instrução precipitada e prematura, que os leva presunçosamente a repetir todas as noções grosseiras conquistadas pela confiança, de modo que a cuidadosa educação recebida os torna escravos dos preconceitos por toda a vida.

O esforço mental, assim como o físico, é, a princípio, enfadonho, tanto que muitos gostariam de deixar os outros trabalharem e pensarem por eles. Uma observação que tenho feito com frequência ilustrará o que quero dizer. Quando, em um círculo de indivíduos estranhos ou conhecidos, uma pessoa de habilidades moderadas expressa uma opinião com veemência, arrisco-me a afirmar, pois tenho convivido com isso, que se trata muitas vezes de um preconceito. No entendimento de algum parente ou amigo, esses ecos têm um grande respeito e, mesmo sem compreender totalmente as opiniões, que tanto anseiam por reter, mantêm-nas com certa obstinação que surpreenderia até mesmo quem as formulou.

Sei que hoje prevalece uma espécie de moda em respeitar preconceitos; e quando alguém se atreve a enfrentá-los, embora movido pela humanidade e armado de razão, é arrogantemente questionado se seus ancestrais eram loucos. Não, eu deveria responder. A princípio, as opiniões de qualquer tipo eram consideradas e, portanto, fundadas em alguma razão; mas não raro, é claro, era mais um expediente local do que um princípio fundamental, que seria razoável em todos os momentos. Mas as opiniões cobertas de musgo assumem a forma desproporcional de preconceitos, quando são adotadas indolentemente apenas porque a idade lhes concedeu um aspecto venerável, embora a razão sobre a qual foram construídas deixe de ser uma razão, ou não possa ser delineada. Por que devemos amar os preconceitos, simplesmente porque são preconceitos?[14] Um preconceito é uma persuasão obstinada e afetuosa para a qual não podemos dar nenhuma razão; no momento em que uma razão pode ser dada para uma opinião, deixa de ser um preconceito, embora possa ser um erro de julgamento; e somos então aconselhados a acalentar opiniões apenas para desafiar a razão? Esse modo de argumentar, se é que pode ser chamado de argumentar, me lembra do que é vulgarmente denominado de razão de uma mulher. Pois as mulheres às vezes declaram que amam ou acreditam em certas coisas *porque* as amam ou acreditam.

É impossível conversar com pessoas que só usam afirmativas e negativas, qualquer que seja a finalidade. Antes que você possa levá-las a um ponto, para que se possa começar de maneira justa, você deve voltar aos princípios simples que antecederam os preconceitos introduzidos pelo poder; e muito provavelmente você é interrompido pela afirmação filosófica de que certos princípios são praticamente tão falsos quanto são abstratamente verdadeiros.[15] Mais ainda, pode-se inferir que a razão tenha sussurrado algumas dúvidas, pois geralmente acontece que as pessoas afirmam suas opiniões com o maior calor quando começam a vacilar; esforçando-se para afastar suas próprias dúvidas, convencendo o oponente, irritando-se mais e mais quando essas dúvidas persistentes são devolvidas para atacar a si mesmas.

O fato é que os homens esperam da educação algo que ela não pode dar. Um pai ou um tutor sagazes podem fortalecer o corpo e estimular os instrumentos pelos quais a criança irá reunir conhecimento, mas a excelência deve ser a recompensa da própria presteza do indivíduo. É quase tão absurdo tentar tornar um jovem sábio pela experiência de outro quanto esperar que o corpo cresça forte pelo exercício que só é falado ou visto.[16] Muitas dessas crianças cuja conduta tem sido observada de forma mais restrita tornam-se homens mais fracos, porque seus instrutores inculcaram apenas certas noções em suas mentes, que não têm outro fundamento além de sua autoridade; e se elas são amadas ou respeitadas, a mente fica presa em seus esforços e vacilante em seus avanços. A missão da educação, nesse caso, é apenas conduzir a planta que cresce em desalinho para um suporte mais adequado; ainda assim, depois de colocar preceito sobre preceito, sem permitir que a criança adquira julgamento por si própria, os pais esperam que ela se comporte da mesma maneira sob essa luz enganosa tomada de empréstimo, como o fariam se tivessem eles mesmos acendido; e que sejam, quando entram na vida, o que seus pais são no final. Eles não consideram que a árvore, assim como o corpo humano, não fortalece suas fibras até que tenha alcançado seu desenvolvimento pleno.

Parece haver algo análogo na mente. Os sentidos e a imaginação dão forma ao personagem, durante a infância e a juventude, e, conforme a vida avança, o entendimento dá firmeza aos primeiros propósitos justos da sensibilidade, até que a virtude que surge da clara convicção da razão do que do impulso do coração, faz com que a moral descanse sobre uma rocha contra a qual as tempestades da paixão se batem em vão.

Espero não ser mal interpretada quando digo que a religião não terá essa energia de concentração, a menos que seja fundamentada na razão. Se for apenas o refúgio da fraqueza ou do fanatismo selvagem, e não um princípio regulador da conduta, derivado do autoconhecimento e uma opinião racional a respeito dos atributos de Deus, o poderá produzir? A religião que consiste em aquecer os afetos e exaltar a imaginação é apenas a parte poética e pode proporcionar ao indivíduo o prazer sem torná-lo um ser mais moral. Pode ser um substituto para atividades mundanas, ainda que estreite, em vez de alargar, o coração; mas a virtude deve ser amada por ser sublime e excelente, e não pelas vantagens que proporciona ou pelos males que evita, se algum grande grau de excelência for esperado. Os homens não se tornarão morais quando só se constroem castelos no ar em um mundo futuro para compensar as decepções que encontrarão neste, se eles desviam os pensamentos de seus deveres em direção aos devaneios religiosos.

A maioria das perspectivas na vida é prejudicada pela confusão da sabedoria mundana dos homens, que, esquecendo-se de que não podem servir a Deus e às riquezas, procuram misturar coisas contraditórias. Se você deseja tornar seu filho rico, siga um caminho; se você estiver apenas ansioso para torná-lo virtuoso, deve pegar outro. De todo jeito, não imagine que você pode saltar de uma estrada para outra sem se perder.[17]

---

1. Já inseri esta passagem.

2. Que absurdo!

3. Qual será a consequência se a opinião da mãe e do marido por acaso não coincidirem? Uma pessoa ignorante não pode ser fundamentada em um erro – e, quando persuadida a desistir de um preconceito por outro, a mente fica perturbada. Na verdade, o marido pode não ter nenhuma religião para ensiná-la, embora em tal situação ela sinta grande falta de um suporte para sua virtude, independentemente de considerações mundanas.

4. Rousseau.

5. Você pode? – Você pode? Seria um comentário mais enfático, caso tivesse dito com uma voz chorosa.

6. Que as mulheres uma vez adquiram o bom senso – e se merecer esse nome, vai ensiná-las, ou, então, de que serve? Como deve ser empregado?

7. "É livre o homem a quem a verdade torna livre!", Cowper.

8. Pretendo usar uma palavra que abrange mais do que castidade, a virtude sexual.

9. Uma pessoa não deve agir dessa ou daquela maneira, embora esteja convencida de que está certa ao fazê-lo, porque algumas circunstâncias equívocas podem levar o mundo a *suspeitar* que agiu por motivos diferentes. Isso é sacrificar a substância pela aparência. Vigiem seus próprios corações e ajam corretamente, tanto quanto possam julgar, e esperem pacientemente até que a opinião do mundo se refaça. É melhor ser dirigido por um motivo simples, já que a justiça muitas vezes tem sido sacrificada em nome do interesse – outra palavra para conveniência.

10. Coincidindo em opiniões com a Sra. Macaulay em relação a muitos ramos da educação, refiro-me ao seu valioso trabalho, em vez de citar seus sentimentos para apoiar o meu.

11. Que as crianças devam ser constantemente protegidas contra os vícios e as loucuras do mundo, parece-me uma opinião muito equivocada, pois no decorrer da minha experiência – e tenho observado muito – nunca conheci uma juventude educada dessa maneira, que desde cedo absorveu essas suspeitas assustadoras, e repetiu de cor a hesitação, embora fosse maior de idade, isso não provou ter um caráter egoísta.

12. Já observei que um conhecimento precoce do mundo, obtido de forma natural, através da socialização, tem o mesmo efeito: por exemplo, os militares e as mulheres.

13. "Acho que tudo é apenas sabedoria da boca para fora que requer experiência!", diz Sidneyb

14. Vide Sr. Burke.

15. "Convença um homem contra sua vontade

    E ele continuará com a mesma opinião."

16. "Não se vê nada quando se contenta apenas em contemplar; é necessário agir por si mesmo para poder ver como os outros agem", Rousseau.

17. Veja um excelente ensaio sobre este assunto em *Miscellaneous Pieces in Prose*, da Sra. Barbauld.

## capítulo 6

# O efeito que uma associação prematura de ideias tem sobre o caráter

Educadas no estilo debilitante recomendado pelos escritores que critiquei, e não tendo a menor chance de recuperar seu terreno perdido devido ao seu estado subalterno na sociedade, é de surpreender que as mulheres de todos os lugares pareçam um defeito na natureza? É de surpreender quando consideramos o efeito determinante que uma associação prematura de ideias tem sobre o caráter, que elas negligenciem seus entendimentos e voltem toda a atenção para si?

As grandes vantagens que resultam naturalmente de dotar a mente com conhecimento são óbvias a partir das seguintes considerações. A associação de nossas ideias é habitual ou instantânea; e o último modo parece depender mais da temperatura original da mente do que da vontade. Quando as ideias e as questões de fato são assimiladas, permanecem para uso, até que alguma circunstância fortuita faça a informação disparar para a mente com força ilustrativa, que foi recebida em períodos muito diferentes de nossas vidas. Existem muitas lembranças, como o clarão do relâmpago; uma ideia assimilando e explicando outra, com surpreendente rapidez. Não me refiro agora àquela percepção rápida da verdade, tão intuitiva que confunde a pesquisa e nos deixa perplexas em determinar se é a reminiscência ou o raciocínio, perdido de vista em sua celeridade, que rompe a obscuridade. Sobre essas associações instantâneas, temos pouco poder; pois, quando a mente é uma vez ampliada por voos digressivos, ou reflexão profunda, as matérias-primas irão, em algum grau, se organizar. A compreensão, é verdade, pode nos impedir de sair do desenho quando agrupamos nossos pensamentos, ou transcrevemos da imaginação os esquecíveis esboços da fantasia; mas os espíritos animais, o caráter individual, dão o colorido. Sobre esse fluido elétrico sutil[1], que pequeno poder possuímos, e sobre ele um pequeno poder pode obter a razão! Esses belos espíritos intratáveis parecem ser a essência do gênio e, brilhando em seus olhos de águia, produzem no grau mais eminente a feliz energia de pensamentos associados que surpreendem, encantam e instruem. Essas são as mentes brilhantes que concentram imagens para seus semelhantes; forçando-os a ver com interesse os objetos refletidos da imaginação apaixonada, que tinham sido ignorados na natureza.

Permitam-me explicar. A maior parte das pessoas não pode ver ou sentir poeticamente, falta-lhes fantasia e, portanto, elas fogem da solidão em busca de objetos concretos; mas, quando um autor lhes empresta seus olhos, podem ver como ele viu e se divertir com imagens que não puderam selecionar, embora estivessem diante delas.

A educação, portanto, apenas fornece ao homem de gênio o conhecimento para dar variedade e contraste às suas associações; mas há uma associação habitual de ideias, que cresce "com o nosso progresso", que tem um grande efeito sobre o caráter moral da humanidade, conferindo à mente uma transformação que, em regra, permanece por toda a vida. Tão maleável é o entendimento e, ao mesmo tempo, tão teimoso que as associações que dependem de circunstâncias ocasionais durante o período que o corpo leva para chegar à maturidade raramente podem ser desemaranhadas pela razão. Uma ideia evoca outra, seu antigo associado, e a memória, fiel às primeiras impressões, principalmente quando as faculdades intelectuais não são empregadas para esfriar nossas sensações, recorda-se com exatidão mecânica.

Essa escravidão habitual às primeiras impressões tem um efeito mais pernicioso sobre o caráter feminino do que sobre o masculino, porque os negócios e outros empregos áridos do entendimento tendem a amortecer os sentimentos e a quebrar associações que violentam a razão. Mas aquelas que são transformadas em mulheres quando ainda crianças e voltam à infância quando deveriam deixar para sempre o carrinho de passeio não têm força mental suficiente para superar os excessos de induções da arte que sufocaram a natureza.

Cada coisa que elas veem ou ouvem serve para fixar impressões, despertar emoções e associar ideias, que conferem um caráter sexual à mente. As falsas noções de beleza e delicadeza impedem o crescimento de seus membros e produzem uma dor doentia, em vez de delicadeza de órgãos; assim, enfraquecidas por ocupar-se em revelar, em vez de examinar as primeiras associações impostas a elas por todos os objetos circundantes, como podem atingir o vigor necessário para capacitá-las a se livrar de seu caráter artificial? Onde encontrarão forças para recorrer à razão e superar um sistema de opressão que destrói as belas promessas da primavera? Essa cruel associação de ideias, que tudo conspira para distorcer seu modo de pensar, ou, para falar com mais precisão, de sentir, ganha nova força quando começam a agir um pouco por si mesmas, pois então percebem que é somente por meio de seu tratamento para excitar emoções nos homens que o prazer e o poder devem ser obtidos. Além disso, os livros supostamente escritos para sua instrução, que causam a primeira impressão em suas mentes, todos inculcam as mesmas opiniões. Educadas, então, pior do que se tivesse em um cativeiro egípcio, é tão irracional quanto cruel, censurá-las por falhas que dificilmente podem ser evitadas, a menos que se pressuponha um grau de vigor inato, que poucos seres humanos têm a sorte de possuir.

Por exemplo, os sarcasmos mais severos foram dirigidos contra as mulheres. Elas têm sido ridicularizadas por repetir "um conjunto de frases aprendidas mecanicamente", quando nada poderia ser mais natural, considerando a educação que recebem e que seu "maior orgulho é obedecer, sem contestação", a vontade do homem. Se não lhes é permitido ter razão suficiente para governar sua própria conduta, pois bem, que aprendam tudo mecanicamente! E quando toda a sua engenhosidade é solicitada para compor seu vestuário, "a paixão por um casaco escarlate" é tão natural que nunca me surpreendeu; e, admitindo-se que seja justo o resumo de Pope sobre seu caráter, de "que toda mulher é, no fundo, uma libertina", e por que elas deveriam ser amargamente censuradas por buscar uma mente compatível e preferir um libertino a um homem sensato?

Os libertinos sabem como trabalhar sua sensibilidade, enquanto o talento modesto dos homens sensatos tem, é claro, menos efeito em seus sentimentos, e não podem atingir o coração pelo caminho do entendimento, já que têm poucos sentimentos em comum.

Parece um pouco absurdo esperar que as mulheres sejam mais razoáveis do que os homens em seus *gostos* e, ainda assim, negar-lhes o uso livre da razão. Por que os homens *se apaixonam* pelo bom senso? Quando eles, com seus poderes e vantagens superiores, se voltam da pessoa para a mente? E como eles podem então esperar que as mulheres, que são ensinadas apenas a observar o comportamento e adquirir modos, em vez da moral, desprezem o que têm trabalhado durante toda a vida para conseguir? Onde elas irão de repente encontrar juízo suficiente para ponderar com tolerância o bom senso de um homem virtuoso, mas desajeitado, quando seus modos, sobre os quais elas aprenderam a fazer juízos críticos, são mal recebidos e sua conversa é fria e monótona, porque não consiste em belas réplicas, ou elogios bem torneados? Para admirar ou estimar qualquer coisa de modo permanente devemos, pelo menos, ter nossa curiosidade aguçada para conhecer, em algum grau, o objeto de nossa admiração, pois não podemos estimar o valor das qualidades e virtudes acima de nossa compreensão. Tal respeito, quando sentido, pode ser muito sublime; e a confusa consciência da humildade pode tornar uma criatura dependente um objeto interessante sob alguns pontos de vista; mas o amor humano deve ter ingredientes mais notórios; e a pessoa muito naturalmente virá receber sua parte – e, em proporção bastante ampla!

O amor é, em grande medida, uma paixão arbitrária e reinará, como algumas outras travessuras, por sua própria autoridade, sem se dignar à razão; e também pode ser facilmente distinguido da estima, o fundamento da amizade, porque muitas vezes é estimulado por belezas e graças evanescentes, embora, para dar energia ao sentimento, algo mais sólido deve aprofundar sua impressão e colocar a imaginação para funcionar, para tornar o mais justo – o primeiro bem.

As paixões comuns são estimuladas por qualidades comuns. Os homens procuram a beleza e o sorriso da docilidade bem-humorada; as mulheres são cativadas pelos modos desembaraçados; um cavalheiro raramente deixa de agradá-las, e seus ouvidos sedentos bebem avidamente as palavras insinuantes de polidez, enquanto se afastam dos sons ininteligíveis do sedutor – a razão, que nunca as atrai da mesma maneira. A respeito dos dotes superficiais, os libertinos certamente têm vantagem; e sobre eles as mulheres podem formar uma opinião, pois estão em seu próprio terreno. Tornadas alegres e frívolas em consequência do teor de suas vidas, o próprio aspecto da sabedoria, ou as severas graças da virtude devem ter uma aparência lúgubre para elas e produzem uma espécie de restrição da qual elas e o amor, filho do divertimento, naturalmente se revoltam. Sem gosto, exceto do tipo mais leve, pois o gosto é fruto do julgamento, como elas podem descobrir que as verdadeiras beleza e graça devem surgir do jogo da mente? E como se pode esperar que apreciem em um amante o que não possuem, ou possuem de maneira muito imperfeita? O entendimento que une os corações e convida à confiança é tão tênue nelas que não pode inflamar-se, tornando-se assim, paixão. Não, repito, o amor nutrido por tais mentes deve contar com um combustível mais potente!

A inferência é óbvia: até que se permita às mulheres exercitar seus conhecimentos, não deveriam ser satirizadas por sua atração pelos libertinos; ou mesmo por serem libertinas na essência, quando parece ser essa a consequência inevitável de sua educação. Aqueles que vivem para agradar devem encontrar seu deleite, sua felicidade, no prazer! É uma observação banal, mas verdadeira, que nunca fazemos nada bem, a menos que gostemos dela por si só.

Supondo, entretanto, por um momento, que as mulheres devessem, em alguma revolução futura do tempo, se tornar o que eu sinceramente desejo que elas fossem, até mesmo o amor adquiriria uma dignidade mais séria e seria purificado em seu próprio fogo; e, a virtude dando verdadeira delicadeza às suas afeições, elas rejeitariam com aversão os libertinos. Por meio do uso da razão, assim como do sentimento, o único domínio das mulheres no momento, elas poderiam facilmente se proteger contra as graças externas e rapidamente aprender a desprezar a sensibilidade que havia sido estimulada e banalizada em suas maneiras, cuja prática era o vício; e as seduções, os ares devassos. Elas se lembrariam de que a chama, deve-se usar as expressões apropriadas, que desejavam acender, fora exaurida pela luxúria, e que o apetite saciado, perdendo todo o gosto pelos prazeres puros e simples, só poderia ser despertado pelas artes licenciosas ou pela variedade. Que satisfação poderia uma mulher delicada prometer a si mesma em união com tal homem, quando a própria simplicidade de sua afeição pode parecer insípida? Assim, Dryden descreve a situação:

> "Onde o amor é dever, da parte feminina,
> Da parte masculina, é mero ímpeto sexual e, perseguido com orgulho grosseiro".

Mas uma grande verdade as mulheres ainda precisam aprender, embora seja importante para elas agirem de acordo. Na escolha de um marido, não deveriam deixar se enganar pelas qualidades de um amante – pois o marido, mesmo supondo que seja sábio e virtuoso, não pode permanecer amante por muito tempo.

Se as mulheres tivessem uma educação mais racional, se pudessem ter uma visão mais abrangente das coisas, se contentariam em amar apenas uma vez na vida; e depois do casamento, calmamente, deixar que a paixão se transformasse em amizade – naquela terna intimidade, que é o melhor refúgio do cuidado; ainda assim, é construída sobre afeições tão puras e tranquilas que não seria permitido que o ciúme ocioso perturbasse o desempenho dos deveres sóbrios da vida ou absorvesse os pensamentos que deveriam ser empregados de outra forma. Esse é um estado em que muitos homens, mas poucas, muito poucas mulheres, vivem. E a diferença pode ser facilmente explicada, sem recorrer a um caráter sexual. Os homens, para quem dizem que as mulheres foram feitas, têm ocupado demais os pensamentos das mulheres; e essa associação tem emaranhado tanto amor com todos os seus motivos de ação que, para voltarmos a um antigo tema, tendo sido exclusivamente empregadas para se preparar para suscitar o amor, ou de fato colocar suas lições em prática, elas não podem viver sem amor. Mas, quando o senso de dever, ou o medo da vergonha, as obriga a conter esse desejo mimado de agradar além de certos comprimentos, longe demais para delicadeza, é verdade, embora longe da criminalidade, elas obstinadamente decidem amar, eu falo da paixão, seus maridos até o fim – e então desempenhando o papel que tolamente exigiram de seus amantes, convertem-se em abjetas pretendentes e escravas apaixonadas.

Os homens de espirituosos e extravagantes são frequentemente libertinos; e a extravagância é o alimento do amor. Esses homens inspirarão paixão. Metade das representantes do sexo feminino, em seu atual estado infantil, ansiava por um Lovelace, um homem tão espirituoso, tão gracioso e tão valente; e elas *merecem* a culpa por agir de acordo com princípios tão constantemente inculcados? Elas querem um amante e um protetor; contemplam-no ajoelhando-se diante delas – a bravura prostrada diante da beleza! As virtudes de um marido são, portanto, jogadas em segundo plano pelo amor, e as esperanças alegres, ou emoções vivas, banem a reflexão até que chegue o dia do ajuste de contas; e certamente virá, para transformar o amante alegre em um tirano ranzinza e desconfiado, que insulta desdenhosamente a própria fraqueza que alimentou. Ou, supondo que o libertino se corrija, ele não pode livrar-se rapidamente dos velhos hábitos. Quando um homem de habilidades é primeiro levado por suas paixões, é necessário que o sentimento e o gosto envernizem as enormidades do vício e deem gosto às indulgências brutais; mas quando o brilho da novidade se esvai e o prazer empalidece sobre os sentidos, a lascívia se torna descarada, e o prazer apenas o esforço desesperado de fraqueza fugindo do reflexo como de uma legião de demônios. Oh! Virtude, não és um nome vazio! Proporcionas tudo o que a vida pode dar!

Se muito conforto não pode ser esperado da amizade de um libertino reformado de habilidades superiores, qual é a consequência quando ele carece de bom senso, bem como de princípios? Verdadeira desgraça, em sua forma mais hedionda. Quando os hábitos das pessoas fracas são consolidados com o tempo, uma reforma dificilmente é possível; e realmente torna infelizes os seres que não conseguem se divertir com os prazeres inocentes; tal como o comerciante que se aposenta do mundo frenético dos negócios, a natureza apresenta-lhes apenas um vazio universal, e os pensamentos inquietos predem os espíritos abatidos.[2] Sua nova vida, bem como sua aposentadoria, na verdade os torna miseráveis porque os priva de toda ocupação, extinguindo as esperanças e os temores que põem em movimento suas mentes preguiçosas.

Se tal for a força do hábito, se tal for a escravidão da tolice, quão cuidadosamente devemos guardar a mente de acumular associações viciosas; e devemos ser igualmente cuidadosos em cultivar o entendimento, para salvar o pobre indivíduo do estado de dependência fraca da ignorância até mesmo inofensiva. Pois é apenas o uso correto da razão que nos torna independentes de tudo – exceto da Razão límpida – "cuja função é a liberdade perfeita".

---

1. Algumas vezes, quando me sinto inclinada a rir dos materialistas, pergunto-me se, como os efeitos mais poderosos da natureza são aparentemente produzidos por

fluidos, pelo magnético etc., as paixões não seriam fluidos finos voláteis que envolveram a humanidade, mantendo as partes elementares mais refratárias junto – ou se seriam simplesmente um fogo líquido que permeia os materiais mais preguiçosos, dando-lhes vida e calor?

2. Tenho visto isso frequentemente exemplificado em mulheres cuja beleza não se pode mais ser reparada. Elas se retiram das cenas barulhentas de libertinagem; mas, a menos que tenham se tornado metodistas, o isolamento da companhia seleta de suas relações familiares ou dos conhecidos representava apenas um vazio terrível; consequentemente, queixas nervosas, e todas as sequelas da ociosidade, tornam-nas muito mais infelizes do que quando faziam parte de um grupo frívolo.

## ⸱capítulo 7⸱

### A modéstia – considerada de forma abrangente, e não como uma virtude sexual

Modéstia! Descendência sagrada da sensibilidade e da razão! Verdadeira delicadeza de espírito! Que eu possa ter a presunção de investigar tua natureza, e rastrear até seu refúgio o encanto suave, que, suavizando cada característica áspera de um personagem, torna o que de outra forma apenas inspiraria admiração fria! Adorável! Tu, que suavizas as rugas da sabedoria, e suavizas o tom das virtudes mais sublimes até que todas se fundam na humanidade; tu que espalhastes a nuvem etérea que, envolvendo o amor, eleva toda beleza, que ela parcialmente encobre, avivando aquelas doçuras tímidas que roubam o coração, e encantam os sentidos – module para mim a linguagem da razão persuasiva, até que eu desperte meu sexo do canteiro florido, onde indolentemente dorme o sono da vida!

Ao falar da associação de nossas ideias, percebi dois modos distintos; e, ao definir a modéstia, parece-me igualmente adequado discriminar aquela pureza de espírito, que é o efeito da castidade, de uma simplicidade de caráter que nos leva a formar uma opinião justa de nós mesmos, igualmente distante da vaidade ou da presunção, embora não signifique que seja incompatível com uma consciência elevada de nossa própria dignidade. Modéstia, no último significado do termo, é aquela sobriedade de espírito que ensina o homem a não pensar mais de si mesmo do que deveria, e deve ser distinguida da humildade, porque humildade é uma espécie de autodegradação.

Um homem modesto frequentemente concebe um grande plano e tenazmente adere a ele, consciente de sua própria força, até que o sucesso lhe dê uma sanção que determinará seu caráter. Milton não era arrogante quando emitia um juízo de valor que resultava em uma profecia, nem o foi o general Washington, quando aceitou o comando das forças americanas. Esse último sempre foi caracterizado como um homem modesto, mas, se tivesse sido apenas humilde, provavelmente teria recuado indeciso, com medo de confiar a si mesmo a direção de uma empreitada da qual muita coisa dependia.

O homem modesto é firme, o homem humilde é tímido, e o vaidoso, presunçoso. Esse é o juízo que a observação de muitos personagens me levou a formar. Jesus Cristo era modesto, Moisés era humilde, e Pedro, vaidoso.

Assim, discriminando modéstia de humildade em um caso, não pretendo confundi-la com acanhamento no outro. A timidez, na verdade, é tão distinta da modéstia que a moça mais acanhada, ou rude do campo, frequentemente se torna a mais atrevida; por sua timidez ser apenas a timidez instintiva da ignorância, o costume logo a transforma em segurança.[1]

O comportamento desavergonhado das prostitutas, que infestam as ruas dessa metrópole, suscitando emoções alternadas de piedade e desgosto, pode servir para ilustrar essa observação. Eles espezinham a timidez virgem com uma espécie de bravata e, vangloriando-se de sua vergonha, tornam-se mais audaciosamente obscenas do que os homens, por mais depravados que sejam, aos quais essa qualidade sexual não foi concedida gratuitamente, sempre parecem ser. Mas essas pobres coitadas ignorantes nunca tiveram qualquer modéstia a perder, quando se entregaram à infâmia, pois a modéstia é uma virtude, e não uma qualidade. Não, elas eram apenas inocentes acanhadas e envergonhadas, e, perdendo sua inocência, seu pudor foi rudemente descartado; se tivesse sido sacrificada à paixão, a virtude teria deixado alguns vestígios na mente que nos fizesse respeitar a grande ruína.

A pureza da mente, ou aquela delicadeza genuína, que é o único suporte virtuoso da castidade, é muito semelhante àquele refinamento da humanidade, que reside apenas em mentes cultivadas. É algo mais nobre que a inocência, é a delicadeza de reflexão, e não a aparente timidez da ignorância. A reserva da razão que, como a limpeza habitual, raramente é vista em alto grau, a menos que a alma esteja ativa, pode ser facilmente distinguida da timidez rústica ou do capricho silencioso; e, longe de ser incompatível com o conhecimento, é seu fruto mais belo. Que ideia vulgar de modéstia tinha o escritor da seguinte observação! "A senhora que perguntou se as mulheres instruídas segundo o sistema moderno de botânica estariam de acordo com a delicadeza feminina foi acusada de pudor ridículo; no entanto, se ela tivesse proposto a pergunta a mim, eu certamente deveria ter respondido: Não." Assim, o belo livro do conhecimento deve ser fechado com um selo eterno! Ao ler passagens semelhantes, eu reverencialmente levantei meus olhos e meu coração para Aquele que vive para todo o sempre, e disse: "Oh, meu Pai, vós, pela própria constituição de vossa natureza, proibistes vossa filha de buscar a vós nas belas formas da verdade? E pode sua alma ser maculada pelo conhecimento que terrivelmente a chama para vós?"

Persegui então filosoficamente essas reflexões até inferir que as mulheres que mais aprimoraram sua razão teriam de ser as mais modestas, embora uma digna serenidade de comportamento possa ter sucedido à lúdica e encantadora timidez da juventude.[2]

E assim tenho argumentado. Para transformar a castidade na virtude da qual fluirá naturalmente a modéstia, sem sofisticação, a atenção deve ser desviada das tarefas que apenas exercem a sensibilidade, e o coração feito para bater no ritmo da humanidade, em vez de pulsar por amor. A mulher que dedicou uma parte considerável de seu tempo a atividades puramente intelectuais, e cujas afeições foram exercidas por projetos humanos de utilidade, deve ter mais pureza de espírito, como consequência natural, do que os seres ignorantes cujo tempo e pensamentos foram ocupados por prazeres alegres ou esquemas para conquistar corações.[3] As regras do comportamento não constituem modéstia, embora aquelas que estudam as normas de decoro sejam, em geral, chamadas de mulheres modestas. Purifique o coração, deixe-o expandir e sentir tudo que é humano, em vez de ser limitado por paixões egoístas; e deixe que a mente frequentemente contemple assuntos que exercitem o entendimento, sem aquecer a imaginação, e a modéstia natural dará os últimos retoques ao quadro.

Aquela que pode discernir o alvorecer da imortalidade nos raios que atravessam a noite enevoada da ignorância, prometendo um dia mais claro, respeitará, como templo sagrado, o corpo que consagra uma alma capaz de aperfeiçoar-se. O amor verdadeiro, da mesma forma, espalha esse tipo de santidade misteriosa ao redor do objeto amado, tornando o amante mais modesto quando em sua presença.[4] Tão reservado é o afeto que, recebendo ou retribuindo carinhos pessoais, deseja não apenas evitar o olhar humano, enquanto uma espécie de profanação, mas também difundir uma obscuridade envolvente que bloqueia a entrada até mesmo dos raios de sol brilhantes e travessos. No entanto, essa afeição não merece o epíteto de casta, que não recebe uma escuridão sublime de terna melancolia, que permite que a mente por um momento pare e desfrute da satisfação presente, quando uma consciência da presença Divina é sentida, pois esse deve ser sempre o alimento da alegria!

Como sempre gostei de rastrear qualquer costume prevalecente até sua origem na natureza, muitas vezes pensei que era um sentimento de afeição por tudo o que tocou a pessoa de um amigo ausente ou perdido, que deu origem a esse respeito por essas relíquias, tão abusado por padres egoístas. A devoção ou o amor podem ser admitidos para santificar as vestimentas, assim como a pessoa, pois deve carecer de imaginação o amante que não tenha uma espécie de respeito sagrado pela luva ou pelo chinelo de sua amante. Ele não podia confundi-los com coisas vulgares do mesmo tipo. Esse belo sentimento, talvez, não resistisse ser analisado pelo filósofo experimental. Mas de tal matéria é feito o êxtase humano! Um fantasma sombrio desliza diante de nós, obscurecendo todos os outros objetos. No entanto, quando a nuvem etérea é agarrada, a forma se derrete no ar comum, deixando um vazio solitário, ou um doce perfume roubado da violeta, que a memória guarda por muito tempo como algo querido. Mas caí desprevenida no solo das fadas, sentindo a brisa amena da primavera aproximar-se despercebidamente, embora novembro mostre sua testa franzida.

Considerando-se o sexo, as mulheres são mais castas do que os homens, e como a modéstia é o efeito da castidade, podem merecer que essa virtude seja atribuída a elas em um sentido bastante apropriado. No entanto, permito-me acrescentar uma hesitante "se", pois duvido que a castidade produzirá modéstia, embora seja a conduta adequada, quando é meramente um respeito pela opinião do mundo[5] e quando o coquetismo e os contos de amor de romancistas ocupam os pensamentos. Mais ainda, por experiência e razão, deveria esperar encontrar mais modéstia entre os homens do que entre as mulheres, simplesmente porque os homens exercitam sua compreensão mais do que as mulheres.

Mas, no que diz respeito à propriedade de comportamento, exceto uma classe de mulheres, as mulheres evidentemente levam vantagem. O que pode ser mais nojento do que aquela escória insolente de galanteria, considerada tão viril, que faz muitos homens olharem insultuosamente para cada mulher que encontram? Pode ser chamada de respeito pelo sexo? Não, esse comportamento licencioso mostra tanta depravação habitual, tanta fraqueza mental, que é vão esperar muita virtude pública ou privada, até que os homens e as mulheres tornem-se mais modestos, até que os homens refreiem a atração sensual pelo sexo ou a afetação para afirmar sua virilidade, mais propriamente falando, atrevimento, até que tratem uns aos outros com respeito; a não ser que o apetite ou a paixão deem o tom peculiar a seus comportamentos. Refiro-me inclusive ao respeito pessoal – o modesto respeito pela humanidade e ao sentimento de solidariedade – não a zombaria libidinosa da bravura, nem a condescendência insolente do protetorado.

Para levar a observação ainda mais longe, a modéstia deve, de coração, negar veementemente e recusar-se a habitar com aquela libertinagem de espírito, que leva um homem a apresentar friamente, sem rubor, alusões indecentes ou gracejos obscenos na presença de um semelhante; as mulheres agora estão fora de questão, pois se trataria, então, de brutalidade. O respeito pelo homem, como homem, é o fundamento de todo sentimento nobre. Quanto mais modesto for o libertino que obedece ao chamado do apetite ou da fantasia, em comparação ao piadista lascivo que provoca gargalhadas à mesa!

Esse é um dos muitos casos em que a distinção sexual com respeito à modéstia se provou fatal para a virtude e a felicidade. No entanto, é levado ainda mais adiante, e exige-se da mulher, frágil mulher, que por sua educação tornou-se escrava da sensibilidade, nas ocasiões mais difíceis, resistir a essa sensibilidade. "Pode alguma coisa", diz Knox, "ser mais absurda do que manter as mulheres em um estado de ignorância, e ainda assim insistir veementemente em sua resistência à tentação?" Assim, quando a virtude ou a honra tornam apropriado controlar uma paixão, o fardo é lançado sobre os ombros mais fracos, ao contrário da razão e da verdadeira modéstia, que, pelo menos, deveria tornar mútua a abnegação, para não falar da generosidade da bravura, considerada uma virtude viril.

Na mesma linha vão os conselhos de Rousseau e do Dr. Gregory a respeito da modéstia, estranhamente mal denominada, pois ambos desejam que uma esposa deixe pairar a dúvida se foi a sensibilidade ou a fraqueza que a levou para os braços de seu marido. É imodesta a mulher que pode deixar a sombra de tal dúvida permanecer na mente do marido por um momento.

Mas, para expor o assunto sob uma luz diferente, a falta de modéstia, que eu principalmente deploro como subversiva da moralidade, surge do estado de guerra tão arduamente apoiado por homens voluptuosos como a própria essência da modéstia, embora, na verdade, seja de fato a causa de sua ruína; porque é um refinamento da luxúria, em que caem os homens que não têm virtude suficiente para saborear os prazeres inocentes do amor. Um homem delicado leva suas noções de modéstia ainda mais longe, pois nem a fraqueza nem a sensibilidade o satisfarão – ele busca afeto.

Novamente. Os homens se gabam de seus triunfos sobre as mulheres, de que se vangloriam? Verdadeiramente, a criatura sensível foi surpreendida por sua sensibilidade na extravagância, no vício[6]; e, quando a razão desperta, a terrível culpa recai pesadamente em sua própria cabeça frágil. Pois onde encontrarás conforto, criatura desamparada e desconsolada? Aquele que deveria ter direcionado a tua razão e apoiado tua fraqueza, te traiu! Em um sonho de paixão, consentiste em vagar por gramados floridos, e descuidadamente pulaste no precipício para o qual ele te guiou, em vez de te guardar; despertaste de teu sonho apenas para enfrentar um mundo zombeteiro e carrancudo, e para se encontrar sozinha em um deserto, pois aquele que triunfou em tua fraqueza está agora buscando novas conquistas. Mas para ti não há redenção desse lado do túmulo! E que recurso tu tens, com a mente debilitada, para levantar um coração arruinado?

Mas, se os sexos devem realmente viver em estado de guerra, se a natureza assim o decidiu, que ajam nobremente ou deixem o orgulho sussurrar para eles, que a vitória é ruim quando meramente subjugam a sensibilidade. A verdadeira conquista é quando o afeto não é pego de surpresa, quando, como Heloísa, uma mulher deliberadamente desiste de todo o mundo por amor. Não considero agora a sabedoria ou a virtude de tal sacrifício. Apenas afirmo que foi um sacrifício ao afeto, e não apenas à sensibilidade, embora ela tivesse sua parte. E devo ter permissão para chamá-la de mulher modesta, e antes de finalizar essa parte do assunto, dizendo que, até que os homens sejam mais castos, as mulheres serão imodestas. Onde, de fato, as mulheres modestas poderiam encontrar maridos de quem não se afastariam com aversão? A modéstia deve ser cultivada igualmente por ambos os sexos, ou sempre permanecerá uma planta de estufa frágil, ao passo que a afetação dela, a folha de figueira emprestada pela devassidão, puder dar um sabor a prazeres voluptuosos.

Os homens provavelmente ainda insistirão que a mulher deva ter mais modéstia do que o homem, mas não serão os argumentadores desapaixonados que se oporão com mais veemência à minha opinião. Não, eles são os homens de imaginação, os favoritos do sexo, que respeitam a aparência, mas internamente desprezam as criaturas fracas com as quais passam o tempo. Eles não podem se submeter a renunciar à mais alta gratificação sensual, nem mesmo saborear o epicurismo da virtude – a abnegação.

Para ter outra visão do assunto, limitarei minhas observações às mulheres.

As ridículas falsidades[7] que são ditas às crianças, a partir de noções errôneas de modéstia, tendem desde muito cedo a inflamar sua imaginação e a colocar suas pequenas mentes para trabalhar, respeitando assuntos que a natureza nunca pretendeu que pensassem até que o corpo chegasse a algum grau de maturidade; então as paixões naturalmente começam a tomar lugar dos sentidos, como instrumentos para desenvolver o entendimento e formar o caráter moral.

Em creches e internatos, temo, as meninas são mimadas primeiro; particularmente nesses últimos. Várias meninas dormem no mesmo quarto e tomam banho juntas. E, embora eu deva lamentar por contaminar a mente de uma criatura inocente incutindo falsa delicadeza ou aquelas noções pudicas e indecentes, que os primeiros cuidados a respeito do outro sexo naturalmente geram, eu deveria estar muito ansiosa para evitar que adquiram hábitos desagradáveis ou imodestos; e como muitas meninas aprenderam truques muito desagradáveis com empregas ignorantes, misturá-las assim indiscriminadamente é muito inapropriado.

Para dizer a verdade, as mulheres em geral são muito íntimas umas com as outras, o que leva àquele grau grosseiro de familiaridade que tantas vezes torna o casamento infeliz. Por que, em nome da decência, as irmãs, as amigas íntimas ou as damas e suas camareiras têm de se relacionar de forma tão grosseiramente familiar a ponto de esquecer o respeito que uma criatura humana deve à outra? É desprezível essa delicadeza melindrosa que se esquiva dos ofícios mais repulsivos, quando a afeição[8] ou o caráter humanitário nos levam a velar um leito enfermo. Mas, porque as mulheres saudáveis devem ser mais íntimas umas das outras do que os homens o são, quando se gabam de sua delicadeza superior, é um solecismo de maneiras que eu nunca poderia resolver.

A fim de preservar a saúde e a beleza, devo recomendar abluções frequentes para dignificar meu conselho de que não ofenda os ouvidos exigentes; e, por exemplo, as meninas devem ser ensinadas a se lavar e se vestir sozinhas, sem nenhuma distinção de classe social; e se o costume as obrigar a requerer alguma pequena assistência, que não a requeiram até que termine a parte da função que nunca deve ser feita diante de um semelhante; porque é um insulto à majestade da natureza humana. Não por modéstia, mas decência; pois o cuidado que algumas mulheres recatadas tomam, ao mesmo tempo fazendo uma demonstração desse cuidado, para não deixar que suas pernas sejam vistas, é tão infantil quanto imodesto.[9]

Eu poderia ir ainda mais longe, até que censurasse alguns costumes ainda mais sórdidos, com os quais os homens nunca se envolvem. Os segredos são contados, quando deveriam ser guardados; é violado de uma maneira abominável aquele respeito à pureza, que algumas seitas religiosas talvez tenham levado longe demais, especialmente os essênios entre os judeus, tornando isso um insulto a Deus o que é apenas um insulto à humanidade. Como as mulheres *delicadas* podem interferir ao perceber essa parte da economia animal que é tão repugnante? E não é muito racional concluir que as mulheres que não foram ensinadas a respeitar a natureza humana de seu próprio sexo nesses detalhes, não respeitarão por muito tempo a mera diferença de sexo em seus maridos? Observei de fato que, geralmente, depois que sua timidez de donzela é perdida, as mulheres caem em velhos hábitos, tratando seus maridos como tratavam suas irmãs ou suas amigas.

Além disso, por não terem suas mentes cultivadas, as mulheres têm a necessidade de recorrer muito frequentemente ao que chamo familiarmente de sagacidade física, e suas intimidades são do mesmo tipo. Em suma, com respeito à mente e ao corpo, são íntimas demais. Essa decente reserva pessoal, que é o fundamento da dignidade de caráter, deve ser mantida entre as mulheres, ou suas mentes nunca ganharão força ou modéstia.

Também por causa disso, oponho-me a que muitas mulheres sejam fechadas juntas em creches, escolas ou conventos. Não consigo me lembrar sem indignação das piadas e das brincadeiras grosseiras a que se entregavam os grupos de jovens quando, em minha juventude, eu, uma criatura desajeitada do campo, fui por acaso lançada em seu caminho. Eles estavam quase no mesmo nível dos duplos significados, que agitam a mesa de convívio quando o copo circula livremente. Mas é vão tentar manter puro o coração, a menos que a cabeça esteja equipada com ideias e ponha-se a trabalhar para compará-las a fim de adquirir juízo, generalizando ideias simples e modéstia, fazendo com que o entendimento amorteça a sensibilidade.

Pode-se pensar que dou muita ênfase à reserva pessoal, mas essa é sempre a serva da modéstia. Assim, se fosse nomear as graças que devem adornar a beleza, deveria imediatamente exclamar limpeza, esmero e reserva pessoal. É óbvio, suponho, que a reserva, quero dizer, não contém nada de sexual e que a considero igualmente necessária em ambos os sexos. Tão necessárias, na verdade, são aquela reserva e limpeza que as mulheres indolentes muitas vezes negligenciam que me arrisco a afirmar que, quando duas ou três mulheres moram na mesma casa, aquela que será mais respeitada pela parte masculina da família, que residir com elas, deixando o amor inteiramente fora de questão, será aquela que presta esse tipo de respeito habitual à sua pessoa.

Quando as amigas da casa se encontram pela manhã, prevalecerá naturalmente uma seriedade afetuosa, especialmente se cada uma anseia pelo cumprimento dos deveres diários; e pode ser considerado fantasioso, mas esse sentimento frequentemente vem espontaneamente à minha mente e, depois de respirar o doce ar matinal, fico contente em ver o mesmo tipo de frescor nos semblantes que particularmente amo; fico feliz em vê-las preparadas, por assim dizer, para o dia, e prontas para seguir seu rumo com o sol. As saudações afetuosas pela manhã são, assim, mais respeitosas do que a ternura familiar que frequentemente prolonga a conversa vespertina. Mais ainda, muitas vezes me senti magoada, para não dizer desgostosa, quando uma amiga, que deixei bem vestida na noite anterior, apareceu com as roupas desalinhadas, porque escolheu ficar na cama até o último momento.

A afeição doméstica só pode ser mantida viva por essas atenções negligenciadas; no entanto, se homens e mulheres se esforçassem tanto para vestir-se habitualmente bem como para ornamentar, ou melhor, para desfigurar suas pessoas, muito seria feito para a obtenção da pureza da mente. Mas as mulheres apenas se vestem para agradar aos homens galanteadores, pois o amante sempre fica mais satisfeito com a vestimenta simples que se ajusta bem à silhueta. Há uma impertinência nos ornamentos que rejeita o afeto, porque o amor sempre se apega à ideia de lar.

Consideradas como sexo, as mulheres são habitualmente indolentes; e tudo tende a fazê-las. De modo que não me esqueço dos surtos de atividade que a sensibilidade produz; mas, como esses voos de sentimentos apenas aumentam o mal, não devem ser confundidos com o andar lento e ordeiro da razão. Tão grande é, na realidade, sua indolência mental e física que, até que seu corpo seja fortalecido e sua compreensão ampliada por esforços vigorosos, há pouca razão para esperar que a modéstia substitua a timidez. Elas podem achar prudente assumir essa falsa aparência, mas o belo véu só será usado nos dias de gala.

Talvez não haja uma virtude que se misture tão bem com

todas as outras como a modéstia. É a pálida luz da Lua que torna mais interessante todas as virtudes que suaviza, dando uma leve grandeza ao horizonte contraído. Nada pode ser mais belo do que a ficção poética, que faz de Diana, com sua meia-lua de prata, a deusa da castidade. Penso, às vezes, que vagando com passo sereno em algum recanto solitário, uma modesta dama da antiguidade deve ter sentido um brilho de dignidade consciente quando, após contemplar a paisagem irreal e suave, atraiu com fervor o pacífico reflexo dos raios de luz de sua irmã para voltar para seu casto seio.

Uma cristã tem motivos ainda mais nobres que a incitam a preservar sua castidade e adquirir modéstia, pois seu corpo foi chamado de Templo do Deus vivo, daquele Deus que exige mais do que ares de modéstia. Seus olhos sondam o coração e faz com que ela se lembre que, se espera encontrar benevolência aos olhos da própria pureza, sua castidade deve ser fundada na modéstia, e não na prudência mundana; na verdade, uma boa reputação será sua única recompensa, pois aquela relação horrível, aquela comunicação sagrada, que a virtude estabelece entre o homem e seu Criador, deve dar origem ao desejo de ser puro como ele é puro!

Depois das observações anteriores, é quase supérfluo acrescentar que considero imodestos todos aqueles ares femininos de maturidade que sucedem à timidez, perante os quais se sacrifica a verdade para conquistar o coração de um marido, ou melhor, para obrigá-lo a ser ainda amante, quando a natureza teria feito o amor dar lugar à amizade, se não tivesse sido interrompida em suas operações. A ternura que um homem sentirá pela mãe de seus filhos é um excelente substituto para o ardor da paixão insatisfeita; mas, para prolongar esse ardor, é indelicado, para não dizer imodesto, que as mulheres simulem uma frieza de constituição artificial. Assim como os homens, as mulheres devem ter os apetites e as paixões comuns à sua natureza, que só são brutais quando não são controlados pela razão; mas a obrigação de controlá-los é dever da humanidade, não um dever do sexo. A natureza, a esse respeito, pode ser deixada com segurança por sua própria conta. Deixe que as mulheres apenas adquiram conhecimento e humanidade, e o amor lhes ensinará a modéstia.[10] Não há necessidade de falsidades, tão repulsivas quanto fúteis, pois regras de comportamento estudadas só se impõem a observadores superficiais; um homem de bom senso logo percebe e despreza a afetação.

O comportamento dos jovens uns com os outros, enquanto homens e mulheres, é a última coisa que se deveria considerar na educação. Na verdade, o comportamento na maioria das circunstâncias é agora tão considerado que a simplicidade de caráter raramente é vista. No entanto, se os homens estivessem apenas preocupados em cultivar cada virtude, e a deixassem criar raízes firmes na mente, a graça resultante disso, sua marca externa natural, logo despiria a afetação de suas plumas ostentosas, porque, tão falaciosa quanto instável, é a conduta que não se baseia na verdade!

Oh, minhas irmãs, se realmente possuís modéstia, deveis lembrar que a posse da virtude, de qualquer denominação, é incompatível com a ignorância e a vaidade! Deveis adquirir aquela sobriedade mental que o exercício dos deveres e a busca do conhecimento por si só inspiram, caso contrário permanecereis ainda em uma situação de incerteza e de dependência, e sereis apenas amadas enquanto fordes belas! Os olhos baixos, o rubor rosado, a graça retraída, tudo é apropriado em seu tempo; mas a modéstia, sendo a filha da razão, não pode coexistir por muito tempo com a sensibilidade que não seja temperada pela reflexão. Além disso, quando o amor, mesmo o amor inocente, é o único emprego de suas vidas, seus corações serão brandos demais para permitir a modéstia, aquele retiro tranquilo onde ela tem prazer em morar, em íntima união com a humanidade.

---

1. "Tal é o medo da donzela do campo,

   Quando se depara pela primeira vez com uma farda vermelha;

Atrás da porta ela esconde o rosto;
Na próxima vez, observa os galões à distância,
Agora já pode aguentar todos os seus terrores,
E não retira sua mão do aperto de mão dele.
Fica à vontade em seus braços,
E cada soldado tem seus encantos;
De tenda em tenda ela espalha sua chama,
Porque o costume vence o medo e a vergonha." *Gay*.

2. A modéstia é a virtude calma e elegante da maturidade; a timidez, o encanto da juventude vivaz.

3. Tenho conversado com médicos sobre assuntos de anatomia, como de homem para homem, e comparado as proporções do corpo humano com artistas; no entanto, deparei-me com uma modéstia tal que nunca fui lembrada por palavras ou olhares de meu sexo das regras absurdas que fazem da modéstia um manto farisaico da fragilidade. Estou persuadida de que na busca por conhecimento as mulheres nunca serão insultadas por homens sensatos, e raras vezes por homens de qualquer tipo, se elas não lembrarem a eles por meio da falsa modéstia de que são mulheres; atuando com o mesmo espírito das senhoras portuguesas, que considerariam um insulto a seus encantos se, quando deixadas sozinhas com um homem, ele não tentasse, pelo menos, ser grosseiramente íntimo. Os homens nem sempre são homens na companhia das mulheres nem as mulheres sempre se recordariam de que são mulheres, se lhes fosse permitido adquirir mais entendimento.

4. Homens ou mulheres, pois o mundo contém muitos homens modestos.

5. O comportamento imodesto de muitas mulheres casadas, que são, todavia, fiéis ao leito do marido, ilustrará esse comentário.

6. A pobre mariposa, esvoaçando ao redor de uma vela, queima suas asas.

7. Desde cedo, as crianças veem os gatos com suas crias, os pássaros com seus filhotes etc. Por que, então, não se deve dizer-lhes que suas mães as têm e as nutrem da mesma forma? Como, dessa forma, não se lhes pareceria nada misterioso, elas nunca mais pensariam no assunto. Pode-se sempre dizer a verdade às crianças, se ela for dita com seriedade, mas é a falta de modéstia da afetação que faz todo o mal, e essa fumaça aquece a imaginação, ao tentar ocultar de modo frívolo certos objetos. Se, de fato, fosse possível manter as crianças longe das más companhias, nunca teríamos de aludir a qualquer um desses assuntos; mas como isso é impossível, é melhor dizer-lhes a verdade, especialmente quando tal informação, por não lhes interessar, não causará nenhuma impressão em sua imaginação.

8. Ao realizar essas tarefas, o afeto é a melhor escolha para não ferir a delicadeza de um amigo, mantendo-as cobertas com um véu, porque a impotência pessoal acarretada pela enfermidade é de natureza humilhante.

9. Lembro-me de ter encontrado em um livro sobre educação uma frase que me fez sorrir: "Seria desnecessário adverti-la para não colocar sua mão por acaso sob sua echarpe, porque uma mulher modesta jamais o faria!"

10. O comportamento de muitas mulheres recém-casadas, com frequência, tem me desagradado. Parecem preocupadas em não deixar que o marido esqueça o privilégio do matrimônio e não encontram prazer na sua companhia a não ser que ele aja como um amante. Breve, de fato, deve ser o reinado do amor quando a chama é assim constantemente inflamada, sem receber nenhum combustível sólido!

## capítulo 8

# A moralidade prejudicada por noções sexuais referentes à importância de uma boa reputação

Há muito tempo me ocorreu que os conselhos a respeito do comportamento e todos os vários modos de preservar uma boa reputação, que têm sido tão fortemente inculcados no mundo feminino, foram venenos capciosos, que ao incrustar a moralidade corroeram a substância. E essa quantidade de sombras produziu um cálculo falso, porque seu comprimento depende muito da altitude do sol e de outras circunstâncias adventícias.

De onde surge o comportamento fácil e falacioso de um cortesão? Da sua situação, sem dúvida: por carecer de dependentes, ele é obrigado a aprender a arte de negar sem ofender e, de alimentar evasivamente a esperança com a comida do camaleão; assim a polidez brinca com a verdade e, corroendo a sinceridade e a humanidade natural ao homem, produz o cavalheiro refinado.

Da mesma forma, as mulheres adquirem, por uma suposta necessidade, um modo de comportamento igualmente artificial. No entanto, não se pode jogar impunemente com a verdade, pois o dissimulador experiente acaba por se tornar vítima de suas próprias artimanhas e perde aquela sagacidade que tem sido justamente chamada de bom senso; isto é, uma rápida percepção de verdades comuns, que são constantemente recebidas como tais pela mente não sofisticada, embora possa não ter tido energia suficiente para descobri-las por si mesma, quando obscurecidas por preconceitos locais. A maior parte das pessoas confia em suas opiniões para evitar o trabalho de exercitar suas próprias mentes, e esses seres indolentes aderem naturalmente à letra, mais do que ao espírito de uma lei, divina ou humana. "As mulheres", diz certo autor, não consigo lembrar quem, "não se preocupam com o que apenas o céu vê." Por que, de fato, deveriam? É o olho do homem que elas foram ensinadas a temer – e, se elas podem acalmar seu Argos para dormir, raramente pensam no céu ou em si mesmas, porque sua reputação está salva; e é a reputação, e não a castidade, com todos seus belos complementos, que elas empregam para se manterem livres de mácula não como uma virtude, mas para preservar sua posição no mundo.

Para provar a veracidade dessa observação, preciso apenas alertar para as intrigas das mulheres casadas, especialmente na alta sociedade e em países onde as mulheres são casadas adequadamente, de acordo com suas respectivas classes, por seus pais. Se uma garota inocente se torna uma presa do amor, é degradada para sempre, embora sua mente não tenha sido contaminada pelas artimanhas que as mulheres casadas praticam, sob o conveniente manto do casamento; ela não terá violado nenhum dever – a não ser o dever de respeitar a si mesma. A mulher casada, ao contrário, rompe o mais sagrado compromisso e, sendo uma esposa falsa e infiel, se torna uma mãe cruel. Se seu marido ainda tiver uma afeição por ela, as artimanhas que ela pratica para enganá-lo a tornarão o mais desprezível dos seres humanos; e, de qualquer modo, os artifícios necessários para preservar as aparências, manterão sua mente naquele tumulto infantil, ou vicioso, que destrói toda a sua energia. Além disso, com o tempo, como aquelas pessoas que costumam tomar tônicos para levantar o ânimo, ela vai querer uma intriga para dar vida aos seus pensamentos, tendo perdido todo o gosto pelos prazeres que não são muito temperados pela esperança ou pelo medo.

Às vezes, as mulheres casadas agem ainda mais audaciosamente. Vou dar um exemplo.

Ninguém tomou a iniciativa de situar na classe da qual deveria fazer parte uma mulher de bem que, ainda que vivendo com seu marido, ficou conhecida por suas aventuras, fazendo questão de tratar com o mais insultante desprezo uma pobre e tímida criatura, envergonhada pelo sentimento de sua antiga fraqueza, quando um cavalheiro da vizinhança a seduziu e a desposou. Essa mulher havia realmente confundido virtude com reputação e, acredito firmemente, valorizou-se pela retidão de seu comportamento antes do casamento, embora quando uma vez estabelecida, para a satisfação de sua família, ela e seu marido fossem igualmente infiéis – de modo que o herdeiro imperfeito de uma imensa fortuna veio sabe Deus de onde!

Analisando esse assunto sob outra luz.

Conheci várias mulheres que, se não amavam seus maridos, não amavam mais ninguém, se entregavam inteiramente à vaidade e à dissipação, negligenciando todos os deveres domésticos; mais ainda, esbanjando todo o dinheiro que deveria ter sido economizado para seus filhos jovens e indefesos, ainda que tivessem se pavoneado de sua reputação imaculada, como se todo o âmbito de seu dever como esposas e mães fosse apenas preservá-la. Enquanto outras mulheres indolentes, negligenciando todos os deveres pessoais, pensavam que mereciam o afeto de seus maridos, pois certamente consideravam sua conduta apropriada.

As mentes fracas sempre gostam de descansar nos cerimoniais do dever, mas a moralidade oferece motivos muito mais simples, e seria desejável que os moralistas superficiais tivessem falado menos a respeito do comportamento e de sua prática exterior, pois, a menos que a virtude de qualquer tipo seja construída sobre o conhecimento, ela produzirá apenas uma espécie de decência insípida. No entanto, o respeito pela opinião do mundo tem sido definido como o principal dever da mulher nas mais explícitas palavras, pois Rousseau declara "que essa reputação não é menos indispensável do que a castidade". "Um homem", acrescenta ele, "seguro de sua própria boa conduta, depende apenas de si mesmo e pode desafiar a opinião pública, mas uma mulher, ao se comportar bem, cumpre apenas metade de seu dever; como o que é pensado dela é tão importante para ela quanto o que ela realmente é. Segue-se, portanto, que o sistema de educação de uma mulher deve, a esse respeito, ser diretamente contrário ao nosso. A opinião é o túmulo da virtude entre os homens, mas é o trono entre as mulheres." É estritamente lógico inferir que a virtude que se baseia na opinião é meramente mundana, e que é a virtude de um ser a quem a razão foi negada. Mas, mesmo com respeito à opinião do mundo, estou convencida de que essa classe de pensadores está enganada.

Essa consideração pela reputação, independentemente de ser uma das recompensas naturais da virtude, no entanto, surgiu de uma causa que já deplorei como a grande fonte da depravação feminina, a impossibilidade de recuperar a respeitabilidade por um retorno à virtude, embora os homens preservem a deles quando se abandonam ao vício. Era natural para as mulheres então se esforçarem para preservar o que antes haviam perdido, e estaria perdido para sempre, até que esse cuidado, a reputação de castidade, engolindo todos os outros cuidados, se tornasse a única coisa necessária ao sexo. Mas vã é a escrupulosidade da ignorância, pois nem a religião nem a virtude, quando residem no coração, requerem tal atenção pueril a meras cerimônias; o comportamento deve ser adequado, em geral, quando o motivo é puro.

Para apoiar minha opinião, introduzo uma autoridade muito respeitável; e a autoridade de um pensador frio deve ter peso para impor a consideração, embora não para estabelecer um sentimento. Falando das leis gerais da moralidade, o Dr. Smith observa que, "por alguma circunstância muito extraordinária e infeliz, um homem bom pode vir a ser suspeito de um crime do qual era totalmente incapaz, e por causa disso ser injustamente exposto pelo resto de sua vida ao horror e à aversão da humanidade. Por um acidente desse tipo, pode-se dizer que tenha perdido tudo, não obstante sua integridade e justiça, da mesma maneira que um homem cauteloso, apesar de sua extrema circunspecção, pode ser arruinado por um terremoto ou uma inundação. Os acidentes do primeiro tipo, entretanto, são talvez ainda mais raros e ainda mais contrários ao curso comum das coisas do que os do segundo; e ainda é certo que a prática da verdade, da justiça e da humanidade é um método certo e quase infalível de adquirir aquilo que essas virtudes visam principalmente, a confiança e o amor daqueles com quem vivemos. Uma pessoa pode ser facilmente deturpada em relação a uma ação específica; mas é dificilmente possível que o seja no que diz respeito ao teor geral de sua conduta. Pode-se acreditar que um homem inocente fez algo errado; isso, entretanto, raramente acontecerá. Pelo contrário, a opinião estabelecida sobre a inocência de seus modos muitas vezes nos leva a absolvê-lo onde realmente foi o culpado, apesar de presunções muito fortes".

Concordo plenamente com a opinião desse escritor, pois realmente acredito que poucas pessoas de ambos os sexos já tenham sido desprezadas, sem merecê-lo, por certos vícios. Não falo da calúnia momentânea, que paira sobre um caráter da mesma forma que uma dessas densas neblinas matinais de novembro o faz sobre essa metrópole, até que gradualmente se acalme antes da luz comum do dia; apenas afirmo que a conduta diária da maioria prevalece para estampar seu caráter com a impressão da verdade. Em silêncio, a luz clara brilhando dia após dia, refuta a suposição ignorante ou o conto malicioso, que jogou sujeira sobre um caráter puro. Uma luz falsa distorceu, por pouco tempo, sua sombra – a reputação; mas raramente deixa de se tornar justo quando a nuvem que produziu o erro de visão é dispersa.

Sob vários aspectos, sem dúvida, muitas pessoas obtêm uma reputação melhor do que merecem, estritamente falando; pois o trabalho incessante alcançará seu objetivo, na maioria das vezes, em todas as competições. Aqueles que apenas se esforçam por esse prêmio insignificante, como os fariseus, que oravam nas esquinas das ruas para serem vistos pelos homens, certamente obtêm a recompensa que procuram, pois o coração do homem não pode ser lido pelo homem! Ainda assim, a fama justa que se reflete naturalmente pelas boas ações, quando o homem está empenhado apenas em direcionar seus passos corretamente, independentemente dos observadores, em geral, é não apenas mais verdadeira, mas mais certa.

É verdade que existem provações para as quais o homem bom deve apelar a Deus contra a injustiça do homem e, em meio à candura lamuriosa ou aos sibilos de inveja, erguer um pavilhão em sua própria mente para se retirar até que o boato passe; mais ainda, os dardos da censura imerecida podem perfurar um peito inocente e terno com muitas tristezas; mas todas essas são exceções às regras gerais. E é de acordo com as leis comuns que o comportamento humano deve ser regulamentado. A órbita excêntrica do cometa nunca influencia os cálculos astronômicos que respeitam a ordem invariável estabelecida no movimento dos principais corpos do sistema solar.

Atrevo-me, então, a afirmar que, depois que um homem atinge a maturidade, o esboço geral de seu caráter no mundo é justo, permitindo as mencionadas exceções à regra. Não estou dizendo que um homem prudente e sábio, com apenas virtudes e qualidades negativas, às vezes não pode obter uma reputação mais estável do que um homem mais sábio ou melhor. Longe disso, estou propensa a concluir por experiência própria que, onde a virtude de duas pessoas é quase igual, o caráter mais negativo será mais apreciado pelo mundo em geral, enquanto o outro pode ter mais amigos na vida privada. Mas as colinas e os vales, as nuvens e a luz do Sol, conspícuos nas virtudes dos grandes homens, se destacam; e embora ofereçam à fraqueza da inveja um alvo mais justo para atirar, o caráter real ainda abrirá seu caminho para a luz, embora salpicado de afeição débil ou malícia engenhosa.[1]

Quanto àquela ansiedade de preservar uma reputação dificilmente conquistada, que leva pessoas perspicazes a analisá-la, não farei o comentário óbvio, mas temo que a moralidade seja minada de forma muito insidiosa no mundo feminino pelo fato de a atenção ser voltada para a aparência, em vez de para a substância. Assim, uma coisa simples se torna estranhamente complicada; mais ainda, às vezes a virtude e sua sombra são postas em xeque. Nunca deveríamos, talvez, ter ouvido falar de Lucrécia, se tivesse morrido para preservar sua castidade, em vez de sua reputação. Se realmente merecemos uma boa opinião de nós mesmos, seremos comumente respeitados pelo mundo; mas, se ansiamos por um aperfeiçoamento superior e realizações mais plenas, não é suficiente nos vermos como supomos que somos vistos pelos outros, embora isso tenha sido engenhosamente argumentado, como o fundamento de nossos sentimentos morais[2]. Porque cada espectador pode ter seus preconceitos próprios, ao lado dos preconceitos de sua idade ou de seu país. Deveríamos antes nos esforçar para nos ver como supomos que o Ser observa cada pensamento nosso amadurecer e ser colocado em ação, e cujo julgamento nunca se desvia da regra eterna de direito. Justos e misericordiosos são todos os seus julgamentos!

A mente humilde que busca encontrar benevolência perante Seus olhos, e calmamente examina sua conduta quando apenas Sua presença é sentida, raramente formará uma opinião errônea de suas próprias virtudes. Durante a hora serena da autorreflexão, o cenho franzido da justiça violada será o representante de uma terrível reprovação, e o laço que une o homem à Divindade será reconhecido no puro sentimento de adoração reverente, que inflama o coração sem despertar quaisquer emoções tumultuadas. Nesses momentos solenes, o homem descobre o germe desses vícios que, como a árvore de Java, espalha um vapor pestilento ao redor – a morte espreita na sombra! E ele os percebe sem repulsa, porque se sente atraído por algum cordão de amor a todos os seus semelhantes, por cujas loucuras ele está ansioso por encontrar todas as atenuações em sua natureza – em si mesmo. Ele pode então argumentar: se eu, que exercito minha própria mente e fui purificado pela tribulação, encontro o ovo da serpente em alguma dobra do meu coração, e o esmago com dificuldade, não terei pena daqueles que o pisaram com menos vigor, ou quem alimentou descuidadamente o réptil insidioso até que envenenou o fluxo vital que sugava? Posso, consciente de meus pecados secretos, jogar fora meus semelhantes e ver com calma eles caírem no abismo da perdição, que se abre para recebê-los. Não! Não! O coração agoniado chorará de impaciência sufocante – eu também sou um homem! E tenho vícios escondidos, talvez, do olho humano, que me curvam ao pó diante de Deus, e me dizem em voz alta, quando tudo está mudo, que somos formados da mesma terra e respiramos o mesmo elemento. Assim a humanidade surge naturalmente da humildade e torce as cordas do amor que em várias circunvoluções enredam o coração.

Essa empatia se estende ainda mais, até que um homem bem satisfeito usa a força ao lançar argumentos que não trazem convicção nem para seu próprio eu, e de bom grado coloca para si mesmo, sob a mais clara luz, as manifestações da razão que têm enganado os outros, alegrando-se ao descobrir alguma razão em todos os erros humanos. Embora antes convencido de que aquele que governa o dia faz seu sol brilhar sobre todos. Ainda assim, apertando as mãos como se fosse com a corrupção, um pé na terra e o outro que sobe ao céu com passadas ousadas, reivindicando parentes com naturezas superiores. As virtudes despercebidas pelo homem deixam cair sua fragrância balsâmica nessa hora fresca, e a terra sedenta refrescada pelas puras correntes de conforto, que de repente jorram, é coroada com um verde sorridente; esse é o verde vivo que o olhar pode observar com complacência e que é puro demais para ver a iniquidade!

Mas meu ânimo enfraquece, e devo silenciosamente ceder ao devaneio a que essas reflexões conduzem, incapaz de descrever os sentimentos, que acalmaram minha alma, quando, vendo o Sol nascente, uma chuva suave escorreu pelas folhas das árvores vizinhas e pareceu cair sobre meu lânguido, mas tranquilo espírito, para refrescar o coração acalorado pelas paixões que a razão lutou para domar.

Os princípios orientadores, que permeiam toda a minha dissertação, tornariam desnecessário prolongar-me nesse assunto, se uma atenção constante para manter fresco e em boas condições o verniz do caráter não fosse frequentemente inculcada como a soma total dos deveres femininos; caso as regras para regular o comportamento e preservar a reputação não substituíssem com muita frequência as obrigações morais. Mas, no que diz respeito à reputação, a atenção se limita a uma única virtude – a castidade. Se a honra de uma mulher, como é absurdamente chamada, estiver segura, ela pode negligenciar todos os deveres sociais; mais ainda, pode arruinar sua família com jogos de azar e extravagâncias; ainda assim apresentando uma fachada sem vergonha – pois é realmente uma mulher honrada!

A Sra. Macaulay justamente observou que "há apenas uma falta que uma mulher de honra não pode cometer impunemente". Ela, então, acrescenta justa e humanamente: "Isso deu origem à observação banal e tola de que a primeira falta contra a castidade em uma mulher tem um poder radical de depravar seu caráter. Mas nenhum desses seres frágeis sai das mãos da natureza. A mente humana é construída com materiais mais nobres, que não se corrompem tão facilmente; e, com todas as suas desvantagens de situação e educação, as mulheres raramente ficam totalmente abandonadas até que sejam lançadas em um estado de desespero, pelo rancor venenoso de seu próprio sexo".

Mas, na mesma proporção que essa consideração pela reputação de castidade é valorizada pelas mulheres, é desprezada pelos homens; e os dois extremos são igualmente destrutivos para a moralidade.

Os homens certamente estão mais sob a influência de seus apetites do que as mulheres; e seus apetites são mais depravados pela indulgência desenfreada e pelos artifícios ardilosos da saciedade. A luxúria introduziu um requinte na alimentação, que destrói a constituição física e, um grau de gula tão bestial que a percepção de aparência de comportamento decoroso deve ser desgastada antes que um ser pudesse comer imoderadamente na presença de outro, e depois reclamar da opressão que sua intemperança naturalmente produziu. Algumas mulheres, principalmente as francesas, também perderam o senso de decência a esse respeito, pois falam muito calmamente de uma indigestão. Seria desejável que a ociosidade não pudesse gerar, no solo fértil da riqueza, aqueles enxames de insetos de verão que se alimentam de putrefação; não deveríamos, então, ficar revoltados ao ver tais excessos brutais.

Existe uma regra relativa ao comportamento que, penso eu, deve regular todas as outras; consiste apenas em nutrir um respeito habitual pela humanidade que possa nos impedir de repugnar um semelhante por um prazer momentâneo. A vergonhosa indolência de muitas mulheres casadas, e de outras um pouco avançadas na idade, frequentemente as leva a pecar contra a delicadeza. Pois, embora convencidos de que a pessoa física é o elo da união entre os sexos, quantas vezes não causam desgosto por pura indolência ou, para desfrutar de algum capricho insignificante?

A depravação do apetite que une os sexos teve um efeito ainda mais fatal. A natureza deve sempre ser o padrão de gosto, a medida do apetite; mas quão grosseiramente a natureza é insultada pelo voluptuoso. Vamos deixar os refinamentos do amor fora de questão; a natureza, ao fazer da satisfação de um apetite, a esse respeito ou a qualquer outro, uma lei natural e imperiosa de preservação da espécie, exalta o apetite e mescla ao ímpeto sensual um pouco de mente e de afeto. Os sentimentos de um pai misturado com um instinto meramente animal dão-lhe dignidade; e, quando o homem e a mulher se unem por causa da criança, o exercício de uma simpatia comum acarreta um interesse e afeição mútuos. As mulheres, então, tendo necessariamente algum dever a cumprir, mais nobre do que se adornar, não ficariam contentes como escravas da luxúria casual, que é agora a situação de um número bem considerável delas, objeto de apetite que qualquer glutão pode ter acesso.

Pode ser que me digam que, por maior que seja essa monstruosidade, ela afeta apenas uma parte devotada do sexo, devotada à salvação do resto. Mas, por mais falsa que toda afirmação possa ser facilmente provada, recomenda-se sancionar um pequeno mal para produzir um bem maior; o dano não para aqui, pois o caráter moral e a paz de espírito da parte mais castrada do sexo são minados pela conduta das próprias mulheres a quem não permitem refúgio para a culpa; a quem inexoravelmente consignam o exercício de artes para atrair o marido e perverter os filhos e, ao não permitir que as mulheres modestas aflorem, começam a assumir, de certa maneira, o mesmo caráter. Pois me aventurarei a afirmar que todas as causas da fragilidade feminina, a que mencionei, bem como a da depravação, derivam de uma grande causa – a falta de castidade nos homens.

Essa intemperança tão prevalecente corrompe o apetite a tal ponto que é necessário um estímulo lascivo para despertá-lo, mas o desígnio parental da natureza é esquecido, e a mera pessoa, por um momento, absorve os pensamentos. De fato, muitas vezes se torna tão voluptuoso o vagabundo luxurioso que refina a suavidade feminina. Procura-se então algo mais suave do que a mulher; até que, na Itália e em Portugal, os homens frequentam recepções na corte com seres equívocos, para suspirar por algo mais do que o langor feminino.

Para satisfazer esse gênero de homens, as mulheres se tornam sistematicamente voluptuosas e, embora nem todas possam levar sua libertinagem à mesma altura, essa relação sem coração com o sexo a que se permitem deprava ambos os sexos, porque o gosto dos homens está viciado; e as mulheres de todas as classes ajustam naturalmente seu comportamento para satisfazer o gosto pelo qual obtêm prazer e poder. Consequentemente, as mulheres se tornam mais fracas física e mentalmente do que deveriam ser, se levassem em consideração um dos grandes fins de sua existência, o qual seria gerar e criar filhos, não tendo forças suficientes para cumprir o primeiro dever de uma mãe e, ao sacrificarem à lascívia a afeição maternal, que enobrece o instinto, ou destroem o embrião no útero ou abandonam o recém-nascido. A natureza exige respeito em tudo, e aqueles que violam suas leis raramente as violam impunemente. As mulheres frágeis e enervadas que chamam a atenção dos libertinos são inadequadas para serem mães, embora possam conceber; de forma que os ricos sensualistas, que provocaram distúrbios entre as mulheres, espalhando depravação e infelicidade, quando desejam perpetuar seu nome, recebem de sua esposa apenas um ser imperfeito, que herda as fraquezas tanto de seu pai quanto de sua mãe.

Comparando a humanidade da época atual com a barbárie

da antiguidade, tem sido dada grande ênfase ao costume selvagem de abandonar os filhos que os pais não podiam manter; ao passo que o homem de sensibilidade, que talvez, se queixe disso, produz com seus amores promíscuos uma esterilidade destrutiva e uma contagiosa perversidade de maneiras. Certamente a natureza nunca pretendeu que as mulheres, ao satisfazer um apetite, frustrassem o próprio propósito para o qual foi implantado?

Já observei que os homens devem manter as mulheres que seduziram; isso seria um meio de reformar os modos femininos e impedir um abuso que tem um efeito igualmente fatal sobre a população e a moral. Outro, não menos óbvio, seria voltar a atenção da mulher para a verdadeira virtude da castidade, pois, embora sua reputação possa ser branca como a neve, essa mulher que sorri para o libertino enquanto rejeita as vítimas de seus apetites e de sua própria loucura tem pouco direito ao respeito por causa de sua modéstia.

Além disso, ainda que se considere pura, tem uma mancha da mesma loucura, quando cuidadosamente se enfeita apenas para ser vista pelos homens, para despertar suspiros respeitosos, e todas as vãs homenagens do que é chamado de galanteria inocente. Se as mulheres realmente respeitassem a virtude pela própria virtude, não buscariam uma compensação na vaidade, pela renúncia que são obrigadas a praticar para preservar sua reputação, nem se associariam a homens que as desafiam.

Os dois sexos se corrompem e se aperfeiçoam mutuamente. Acredito ser essa uma verdade indiscutível, estendendo-se a todas as virtudes. A castidade, a modéstia, o espírito público e todo o nobre curso das virtudes, sobre o qual a virtude social e a felicidade são construídas, devem ser compreendidos e cultivados por toda a humanidade, caso contrário seu efeito será reduzido. E, em vez de fornecer ao vicioso ou indolente um pretexto para violar algum dever sagrado, qualificando-o de sexual, seria mais sábio mostrar que a natureza não fez nenhuma diferença, pois o homem que não é casto frustra duplamente o propósito da natureza, tornando as mulheres estéreis e destruindo sua própria constituição, embora evite a vergonha que persegue o delito no outro sexo. Essas são as consequências físicas, as morais são ainda mais alarmantes, pois a virtude é apenas uma distinção nominal quando os deveres dos cidadãos, dos maridos, das esposas, dos pais, das mães e dos gestores de família se tornam meramente os laços egoístas de conveniência.

Por que, então, os filósofos procuram o espírito cívico? O espírito cívico deve ser nutrido pela virtude privada, ou se parecerá com o sentimento artificial que faz com que as mulheres se preocupem em preservar sua reputação, e os homens, sua honra. Um sentimento que muitas vezes existe sem o suporte da virtude, sem o suporte daquela moralidade sublime que torna a violação habitual de um dever uma violação de toda a lei moral.

---

1. Faço alusão a vários escritos biográficos, particularmente a *Life of Johnson*, de Boswell.
2. Adam Smith.

## capítulo 9

## Dos efeitos perniciosos que surgem das distinções não naturais estabelecidas na sociedade

Do respeito prestado à propriedade flui, como de uma fonte envenenada, a maioria dos males e vícios que tornam este mundo uma cena tão sombria para a mente contemplativa. Pois é na sociedade mais polida que répteis nocivos e serpentes venenosas se escondem sob a vegetação exuberante; e há uma volúpia mimada pelo ar ainda abafado, que relaxa qualquer boa disposição antes que amadureça em virtude.

Uma classe oprime a outra, pois todos visam obter respeito por causa de sua propriedade; e a propriedade, uma vez obtida, obterá o respeito devido apenas aos talentos e às virtudes. Os homens negligenciam os deveres que incumbem ao homem, embora sejam tratados como semideuses, a religião também é separada da moralidade por um véu cerimonial, mas os homens se admiram que o mundo seja quase, literalmente falando, um covil de vigaristas ou de opressores.

Há um provérbio familiar que expressa uma verdade astuta, quem quer que o diabo ache ocioso, ele o empregará. E o que, senão a ociosidade habitual, pode produzir riqueza e títulos hereditários? Pois o homem é constituído de modo que só pode atingir um uso adequado de suas faculdades exercendo-as, e não as exercitará a menos que a necessidade, de algum tipo, primeiro coloque as rodas em movimento. A virtude da mesma forma só pode ser adquirida pelo cumprimento dos deveres relativos, mas a importância desses deveres sagrados dificilmente será sentida pelo ser que é seduzido para fora de sua humanidade pela adulação dos bajuladores. Deve haver mais igualdade estabelecida na sociedade, ou a moralidade nunca ganhará terreno, e essa igualdade virtuosa não permanecerá firme, mesmo quando fundada sobre uma rocha, se metade da humanidade estiver acorrentada ao fundo pelo destino, pois estará continuamente minada pela ignorância ou pelo orgulho.

É vão esperar virtude das mulheres até que sejam, em algum grau, independentes dos homens; mais ainda, é vão esperar aquela força de afeição natural que as tornaria boas esposas e mães. Enquanto forem absolutamente dependentes de seus maridos, serão astutas, mesquinhas e egoístas, e os homens que podem ser gratificados pelo amor bajulador de uma afeição semelhante ao de um cão não têm muita delicadeza, pois o amor não se compra, em qualquer sentido das palavras, suas asas de seda murcham-se instantaneamente quando se busca algo além de um retorno monetário. No entanto, enquanto a riqueza debilitar os homens e as mulheres viverem, por assim dizer, de seus encantos pessoais, como podemos esperar que cumpram esses deveres enobrecedores que igualmente requerem esforço e abnegação? A propriedade hereditária sofistica a mente, e suas infelizes vítimas, se assim posso me expressar, envoltas desde o nascimento, raramente exercem a faculdade de movimento do corpo ou da mente; e, vendo assim tudo através de um meio, que é falso, elas são incapazes de discernir em que consiste o verdadeiro mérito e felicidade. Falsa, de fato, deve ser a luz quando a cortina da situação esconde o homem, e o faz espreitar disfarçado, arrastando de uma cena de dissipação para outra os membros inertes que pendem com uma indiferença estúpida, e girando os olhos inexpressivos que claramente nos dizem que não há inteligência no íntimo.

Portanto pretendo inferir que a sociedade não está

devidamente organizada, o que não obriga o homem e a mulher ao cumprimento dos seus respectivos deveres, sendo a única forma de adquirir do próximo aquele semblante que todo ser humano deseja de alguma forma atingir. Consequentemente, o respeito dado à riqueza e aos meros encantos pessoais é uma verdadeira rajada de vento, que destrói as ternas flores do afeto e da virtude. A natureza sabiamente vinculou as afeições aos deveres, para suavizar o trabalho e para dar aos esforços da razão o vigor que só o coração pode dar. Mas a afeição que se exerce apenas por ser a insígnia apropriada de um certo caráter, quando seus deveres não são cumpridos, é um dos galanteios vazios que o vício e a loucura são obrigados a fazer à virtude e à real natureza das coisas.

Para ilustrar minha opinião, só preciso observar que, quando uma mulher é admirada por sua beleza, e se deixa embriagar pela admiração que recebe, a ponto de deixar de cumprir o dever indispensável de uma mãe, ela peca contra si mesma por negligenciar o cultivo de uma afeição que igualmente tenderia a torná-la útil e feliz. A verdadeira felicidade, quero dizer, todo o contentamento e satisfação virtuosa que pode ser obtido nesse estado imperfeito, deve surgir de afeições bem reguladas; e um afeto inclui um dever. Os homens não estão cientes da infelicidade que causam e da fraqueza viciosa que nutrem, apenas incitando as mulheres a se tornarem agradáveis; não consideram que assim os deveres naturais e artificiais colidem, sacrificando o conforto e a respeitabilidade da vida de uma mulher às voluptuosas noções de beleza, quando na natureza todas se harmonizam.

Frio seria o coração de um marido, caso ele não se tornasse inatural pela devassidão precoce, que não sentisse mais prazer em ver seu filho amamentado pela mãe do que os truques licenciosos e mais devassos jamais poderiam suscitar; no entanto, a riqueza leva as mulheres a rejeitar essa maneira natural de cimentar o vínculo matrimonial e entrelaçar a estima com boas lembranças. Para preservar sua beleza, e usar a coroa florida do dia, que lhes dá uma espécie de direito de reinar sobre o sexo por pouco tempo, deixam de estampar impressões no coração dos maridos, que seriam lembradas com mais ternura até mesmo do que seus encantos de virgem, quando a neve na cabeça começasse a esfriar o peito. A solicitude maternal de uma mulher afetuosa e razoável é muito interessante, e a dignidade disciplinada com que uma mãe retribui as carícias que ela e seu filho recebem de um pai que tem cumprido os sérios deveres de sua posição não é apenas respeitável, mas também uma bela visão. Tão singulares, de fato, são meus sentimentos, e tenho me esforçado para não apreender os artificiais, que depois de ter me cansado com a visão da grandeza insípida e as cerimônias escravistas que com pompa pesada substituíram os afetos domésticos, me dirigi a outra cena para aliviar meus olhos ao repousá-los sobre o verde refrescante em todos os lugares espalhados pela natureza. Vi, então, com prazer uma mulher cuidando de seus filhos, e cumprindo os deveres de sua posição, talvez com apenas uma criada para tirar de suas mãos a parte servil dos afazeres domésticos. Eu a vi preparar-se a si mesma e aos filhos, apenas com o luxo da limpeza, para receber o marido, que voltando cansado para casa à noite encontrou os bebês sorridentes e um lar limpo. Meu coração permaneceu no meio desse grupo e até mesmo palpitou de emoção solidária, quando o som de um passo bem conhecido suscita um agradável alvoroço.

Enquanto minha benevolência tenha sido satisfeita por contemplar essa pintura simples, penso que um casal desse tipo, tão necessário quanto independente um do outro, porque cada um cumpre os respectivos deveres de sua posição, possui tudo o que a vida poderia dar. Elevados suficientemente acima da pobreza abjeta para não serem obrigados a pesar as consequências de cada centavo que gastam, e tendo o suficiente para evitar que atendam a um sistema rígido de economia, que limita tanto o coração quanto a mente. Declaro que são tão vulgares as minhas concepções que não sei o que se quer para tornar essa situação a mais feliz e também a mais respeitável do mundo, a não ser um gosto pela literatura, para lançar um pouco de variedade e interesse na conversa social, e algum dinheiro supérfluo para dar aos necessitados e para comprar livros. Porque não é agradável, quando o coração está aberto à compaixão e a mente se ocupa em arranjar planos de utilidade, ter um moleque empertigado movendo continuamente o cotovelo para trás para evitar que a mão lhe mostre uma bolsa quase vazia, sussurrando ao mesmo tempo alguma máxima prudencial sobre a prioridade da justiça.

No entanto, como as riquezas e as honras herdadas são destrutivas para o caráter humano, as mulheres são mais degradadas e limitadas, se isso for possível, porque os homens ainda podem, em algum grau, desenvolver suas faculdades, tornando-se soldados e estadistas.

Como soldados, admito, agora só podem colher, em sua maior parte, louros sem valor, enquanto ajustam com precisão o equilíbrio europeu, tomando cuidado especial para que nenhum canto setentrional desolado nem qualquer ruído inclinem a balança. O verdadeiro heroísmo acabou, como quando um cidadão lutava por seu país como um Fabrício ou um Washington, e depois voltava para sua fazenda para deixar seu fervor virtuoso correr em uma corrente mais plácida, mas não menos salutar. Não, nossos heróis britânicos são mais frequentemente enviados da mesa de jogo do que do arado, e suas paixões foram bastante inflamadas pelo suspense silencioso da virada de um dado, do que sublimadas pela respiração ofegante após a marcha aventureira da virtude na página histórica.

O estadista, é verdade, poderia com mais propriedade deixar o trono de faraó ou a mesa de jogo para governar, pois ele tem apenas de embaralhar e blefar. Todo o sistema político britânico, se pode ser cortesmente chamado de sistema, consiste em multiplicar os subordinados e arranjar impostos, que moem os pobres para mimar os ricos. Assim, uma guerra, ou qualquer tentativa absurda, é, como se diz vulgarmente, uma feliz reviravolta para conceder um cargo para um ministro, cujo principal mérito é a arte de se manter no posto. Não é necessário, então, que ele se preocupe com os pobres, pois assim poderá garantir momentos de lazer para sua família. Ou se alguma demonstração de respeito, pelo que é denominado com ostentação ignorante de direito de nascença de um inglês fosse expediente para enganar o mastim rude que ele tem de conduzir pelo nariz, ele pode fazer uma demonstração vazia empregando apenas sua influência com muita segurança, fazendo com que seu esquadrão frívolo marche para o outro lado. E, quando uma questão de humanidade é discutida, ele pode molhar um pedaço de pão no leite da bondade humana, para silenciar Cérbero, e falar do interesse que seu coração tem na tentativa de fazer a terra não mais chorar por vingança enquanto suga o sangue de seus filhos, embora sua mão fria possa no mesmo momento fixar suas correntes, sancionando o tráfico abominável. Um ministro não é mais um ministro, senão enquanto puder conquistar uma meta que está disposto a atingir. No entanto, não é necessário que um ministro se sinta homem, quando um empurrão ousado pode abalar sua posição.

Mas, para acabar com essas observações episódicas, deixe-me retornar à escravidão mais ilusória que acorrenta a própria alma da mulher, mantendo-a para sempre sob a escravidão da ignorância.

As absurdas distinções de posição, que tornam a civilização uma maldição, ao dividir o mundo entre tiranos voluptuosos e dependentes astutos e invejosos, corrompem quase igualmente todas as classes de pessoas, porque a respeitabilidade não está ligada ao cumprimento dos deveres relativos da vida, mas sim à posição, e, quando os deveres não são cumpridos, as afeições não podem adquirir força suficiente para fortalecer a virtude da qual são a recompensa natural. Mesmo assim, existem algumas lacunas pelas quais um homem pode se esgueirar e ousar pensar e agir por si mesmo; mas para a mulher é uma tarefa hercúlea, porque ela tem dificuldades peculiares ao seu sexo para superar, que requerem poderes quase sobre-humanos.

Um legislador verdadeiramente benevolente sempre se esforça para fazer com que seja do interesse de cada indivíduo ser virtuoso; e assim a virtude privada se torna o cimento da felicidade pública, e um todo ordenado é consolidado pela tendência de todas as partes em direção a um centro comum. Mas a virtude privada ou pública da mulher é muito problemática, pois Rousseau e uma numerosa lista de escritores do sexo masculino insistem que ela deve ser submetida por toda a vida a uma restrição severa, a do decoro. Por que sujeitá-la ao decoro – ao decoro cego – se ela é capaz de agir por um princípio mais nobre, se ela é herdeira da imortalidade? O açúcar deve ser sempre produzido pelo sangue vital? Será que metade da espécie humana, como os pobres escravos africanos, está sujeita a preconceitos que a brutalizam, quando os princípios seriam uma guarda mais segura, apenas para adoçar a xícara do homem? Não é indiretamente negar a razão da mulher? Pois um dom é uma zombaria, se for impróprio para uso.

As mulheres são, em comum com os homens, tornadas fracas e amantes do luxo pelos prazeres relaxantes que a riqueza proporciona; mas acrescente-se a o fato de que elas são feitas de escravas de si mesmas, e devem se tornar atraentes para que o homem possa emprestar-lhes sua razão para guiar corretamente seus passos vacilantes. Ou, caso sejam ambiciosas, devem governar seus tiranos por meio de truques sinistros, pois sem direitos não pode haver deveres vigentes. As leis a respeito da mulher, que pretendo discutir em uma parte futura, formam uma unidade absurda de um homem e sua esposa; e então, pela fácil transição de considerá-lo apenas como responsável, ela é reduzida a uma mera cifra.

O ser que exerce as funções de sua posição é independente, e, falando das mulheres em geral, seu primeiro dever é para consigo mesmas enquanto criaturas racionais, e o próximo, por ordem de importância, como cidadãs, é o de mãe, que inclui tantos outros deveres. Sua posição na vida que prescinde do cumprimento desse dever, necessariamente as degrada, fazendo delas meras bonecas. Ou, caso se voltem para algo mais importante do que meramente colocar roupa em um bloco liso, suas mentes estarão ocupadas apenas por algum ligeiro apego platônico e suave, ou pelo gerenciamento de uma intriga que possa manter seus pensamentos absortos; pois, quando negligenciam os deveres domésticos, não estão em seu poder entrar em campo e marchar e contramarchar como soldados, nem discutir no senado para impedir que suas faculdades enferrujem.

Sei que, como prova da inferioridade do sexo, Rousseau exultou: "Como elas podem deixar o berçário para ir para o campo de batalha?!" E o campo de batalha foi considerado por alguns moralistas a escola das mais heroicas virtudes; embora eu pense que iria confundir um casuísta perspicaz provar a razoabilidade da maior parte de guerras que deram título aos heróis. Não pretendo considerar essa questão criticamente porque, tendo visto frequentemente essas aberrações de ambição como o primeiro modo natural de civilização, quando o solo deve ser rasgado e as matas limpas com fogo e espada, não escolho chamá-los de pestes, mas certamente o atual sistema de guerra tem pouca conexão com a virtude de qualquer denominação, sendo antes a escola de *finesse* e afeminação do que da fortaleza.

No entanto, se a guerra defensiva, a única guerra justificável, no atual estado avançado da sociedade, onde a virtude pode mostrar sua face e amadurecer em meio aos rigores que purificam o ar no topo da montanha, seria a única a ser adotada como justa e gloriosa, o verdadeiro heroísmo da antiguidade pode novamente animar os seios femininos. Mas, sem rodeios, gentil leitor, homem ou mulher, não te assustes, pois embora tenha comparado o caráter de um soldado moderno com o de uma mulher civilizada, não vou aconselhá-los a transformar sua roca em um mosquete, embora sinceramente desejasse ver a baioneta convertida em uma tesoura de poda. Apenas recriei uma fantasia, fatigada por contemplar os vícios e as loucuras que procedem todos de uma corrente feculenta de riqueza que turvou os puros riachos de afeição natural, ao supor que a sociedade um dia ou outro será assim constituída, que o homem deve necessariamente cumprir os deveres de um cidadão, ou será desprezado, e que, enquanto estiver empregado em qualquer um dos departamentos da vida civil, sua esposa, também uma cidadã ativa, deverá estar igualmente empenhada em administrar sua família, educar seus filhos e ajudar seus vizinhos.

Mas, para torná-la realmente virtuosa e útil, ela não deve, se cumprir seus deveres civis, querer para si a proteção das leis civis; não deve ser dependente da generosidade de seu marido para sua subsistência durante sua vida ou apoio após sua morte, pois como pode ser generoso um ser que não tem nada próprio? Ou ser virtuoso quem não é livre? A esposa, no estado atual das coisas, que é fiel ao marido e não amamenta nem educa os filhos, dificilmente merece o nome de esposa, e não tem nenhum direito à cidadania. Mas retire os direitos naturais e os deveres se tornam nulos.

As mulheres, então, devem ser consideradas apenas como o consolo passageiro dos homens, quando se tornam tão fracas de mente e de corpo, pois não podem se esforçar, a não ser para buscar algum prazer vão ou para inventar alguma moda frívola. O que pode ser uma visão mais melancólica para uma mente pensante do que olhar para as inúmeras carruagens que movem desordenadamente sobre essa metrópole em uma manhã cheia de criaturas de rosto pálido que estão fugindo de si mesmas? Sempre desejei, como o Dr. Johnson, colocar algumas delas em uma pequena loja com meia dúzia de crianças olhando para seu semblante lânguido em busca de apoio. Estaria muito enganada se algum vigor latente não desse logo saúde e ânimo a seus olhos, e algumas linhas traçadas pelo exercício da razão nas bochechas sem expressão, que antes eram apenas onduladas por covinhas, poderiam restaurar a dignidade de caráter perdida ou, melhor, capacitá-la a atingir a verdadeira dignidade de sua natureza. A virtude não deve ser adquirida nem mesmo pela especulação, muito menos pela negativa inércia que a riqueza naturalmente gera.

Além disso, quando a pobreza é mais vergonhosa do que até o vício, a moralidade não é atingida rapidamente? Ainda para evitar interpretações errôneas, embora eu considere que as mulheres nas esferas comuns da vida são chamadas a cumprir os deveres de esposas e mães, pela religião e pela razão, não posso deixar de lamentar que as mulheres de uma casta superior não tenham um caminho aberto pelo qual possam buscar planos mais extensos de utilidade e independência. Posso provocar risos, dando uma dica que pretendo perseguir, em algum momento futuro, pois realmente acho que as mulheres deveriam ter representantes, em vez de serem governadas arbitrariamente sem que lhes seja permitida qualquer participação direta nas deliberações do governo.

No entanto, do jeito que se encontra o sistema de representação nesse país, apenas uma conveniente alça para o despotismo, elas não precisam reclamar, pois são tão bem representadas quanto uma numerosa classe de mecânicos trabalhadores, que pagam pelo sustento da realeza quando mal conseguem o pão para alimentar os filhos. Como estão representados aqueles que, com o próprio suor, sustentam o esplêndido garanhão de um príncipe herdeiro, ou envernizam a carruagem de alguma mulher favorita que os despreza? Os impostos sobre os artigos necessários à vida permitem que uma tribo infindável de príncipes e de princesas ociosos passe com uma pompa estúpida diante de uma multidão boquiaberta, que quase adora o próprio desfile que lhes custa tão caro. Isso é mera grandeza gótica, algo como o bárbaro desfile inútil de sentinelas a cavalo em Whitehall, que eu nunca pude contemplar sem uma mistura de desprezo e de indignação.

Quão estranhamente sofisticada deve ser a mente quando esse tipo de Estado a impressiona! No entanto, até que esses monumentos de loucura sejam destruídos pela virtude, tolices semelhantes fermentarão toda a massa. Pois o mesmo caráter, em certo grau, prevalecerá no agregado da sociedade, e os requintes do luxo, ou os descontentamentos viciosos da pobreza invejosa, irão igualmente banir a virtude da sociedade, considerada como característica daquela sociedade, ou apenas permitir aparecer como uma das listras do casaco de arlequim, usado pelo homem civilizado.

Nas classes superiores da vida, todo dever é realizado por deputados, como se os deveres pudessem ser dispensados, e os prazeres vãos, que a ociosidade consequente força os ricos a perseguir, parecem tão atraentes para a classe inferior, que os muitos que se arrastam em busca da riqueza sacrificam tudo para segui-los de perto. As responsabilidades mais sagradas são então consideradas como sinecuras, porque foram adquiridas por interesses e apenas visavam capacitar o homem a manter *boa companhia*. As mulheres, em particular, todas querem ser damas. Simplesmente para não ter nada para fazer, a não ser ir indolentemente a lugares que pouco lhes importam, pois não podem escolher.

"Mas o que as mulheres têm a fazer na sociedade a não ser vagar graciosamente?", poderia ser questionada. Sem dúvida, você não as condenaria por amamentar os tolos e falar coisas sem importância! Não. As mulheres certamente podem estudar a arte de curar e ser médicas e enfermeiras. Parece que a decência também lhes atribui a obstetrícia, embora tema que a palavra parteira em nossos dicionários logo dê lugar a *"accoucheur"*, e uma prova da antiga delicadeza do sexo poderá ser apagada da língua.

Elas poderiam também estudar política e fundamentar sua benevolência sobre uma base mais ampla, pois a leitura da história dificilmente será mais útil do que a leitura de romances, se lidos como mera biografia, caso o caráter dos tempos, os avanços políticos, as artes etc. não sejam observados. Em suma, se não for considerada como a história do homem, e não de homens em particular, que preencheram um nicho no templo da fama e caíram na corrente negra e ondulante do tempo, que silenciosamente varre tudo diante dele, até o vazio informe chamado de eternidade. Por que se pode ser chamado de forma "o que não tem nenhuma forma"?

Do mesmo modo, elas poderiam exercer negócios de vários tipos se fossem educadas de uma maneira mais ordenada, o que poderia salvar muitas da prostituição comum e legalizada. As mulheres, então, não se casariam para obter um sustento, como fazem os homens quando aceitam lugares no governo e negligenciam os deveres implícitos; nem uma tentativa de ganhar sua própria subsistência, uma das mais louváveis, as afundaria quase ao nível daquelas pobres criaturas abandonadas que vivem da prostituição. Pois as modistas e as costureiras não são consideradas classe inferior? Os poucos empregos abertos às mulheres, longe de serem liberais, são servis; e quando uma educação superior lhes permite assumir o comando da educação dos filhos como governantas, elas não são tratadas como tutoras dos filhos, embora mesmo os preceptores eclesiásticos nem sempre sejam tratados de maneira tal que se tornem respeitáveis aos olhos de seus alunos, para não falar do conforto privado do indivíduo. Contudo, as mulheres educadas como se fossem nobres nunca estão preparadas para a situação humilhante que a necessidade às vezes as obriga a viver; essas situações são consideradas sob o ponto de vista de uma degradação, e pouco sabem do coração humano aqueles que precisam que lhes digam, que nada aguça a sensibilidade tão dolorosamente como uma queda na vida.

Algumas dessas mulheres poderiam ser impedidas de se casar por um espírito próprio da delicadeza, e outras podem não ter tido o poder de escapar dessa forma lamentável da servidão. Não é esse governo, então, muito defeituoso e muito desatento à felicidade de metade de seus membros, que não cuida de mulheres honestas e independentes, encorajando-as a ocupar cargos respeitáveis? Mas, para tornar sua virtude privada um benefício público, elas devem ter uma existência civil no estado, casadas ou solteiras. Caso contrário, veremos continuamente alguma mulher digna, cuja sensibilidade tem sido dolorosamente aguçada por um desprezo imerecido, murchar como "o lírio quebrado por um arado".

É uma verdade melancólica, contudo, tal é o efeito bendito da civilização! As mulheres mais respeitáveis são as mais oprimidas, e, a menos que tenham intelecto muito superior ao da média, abrangendo ambos os sexos, elas devem, ao serem tratadas como seres desprezíveis, tornar-se desprezíveis. Quantas mulheres assim desperdiçam a vida como presas do descontentamento? Mulheres que poderiam trabalhar como médicas, administrar fazendas, lojas e ficar erguidas, sendo sustentadas por si próprias, em vez de pendurar suas cabeças sobrecarregadas com o orvalho de sensibilidade, que consome a beleza a que a princípio, deu brilho. Mais do que isso, duvido que a piedade e o amor sejam tão parecidos quanto os poetas fingem, pois raramente vi muita compaixão suscitada pelo desamparo das mulheres, a menos que sejam belas. Então, talvez, a piedade fosse a suave serva do amor ou o arauto da luxúria.

Quão mais respeitável é a mulher que ganha seu próprio pão cumprindo qualquer dever do que a beldade mais perfeita!

Beleza, eu disse? Sou tão sensível à beleza da beleza moral, ou à propriedade harmoniosa que harmoniza as paixões de uma mente bem regulada, que coro ao fazer a comparação. No entanto, suspiro ao pensar em como poucas mulheres pretendem atingir essa respeitabilidade afastando-se do turbilhão vertiginoso de prazer ou da calma indolente que entorpece o bom tipo de mulher que ela absorve.

Orgulhosas de sua fragilidade, no entanto, elas devem sempre ser protegidas, guardadas do afã e de todas as labutas difíceis que dignificam a mente. Se esse for o decreto do destino, se elas se tornarem tão insignificantes e desprezíveis para docemente desperdiçar a "vida", que não esperem ser valorizados quando sua beleza murchar, pois é o destino das flores mais belas serem admiradas e despetaladas pela mão descuidada que as colheu. De quantas maneiras eu desejo, da mais pura benevolência, imprimir essa verdade em meu sexo. No entanto, temo que não deem ouvidos a uma verdade que a experiência adquirida a duras penas tem demonstrado a muitos peitos agitados nem renunciem de bom grado aos privilégios da posição social e do sexo pelos privilégios da humanidade, aos quais não têm direito quem não cumpre seus deveres.

Em minha opinião, são particularmente úteis aqueles escritores que fazem o homem sentir pelo homem, independentemente da posição que ocupe ou da roupagem de sentimentos factícios. Então, de bom grado, convenceria os homens sensatos da importância de algumas de minhas observações e os persuadiria a pesar desapaixonadamente todo o teor de meus comentários. Apelo a seus entendimentos e, como semelhante, reivindico, em nome do meu sexo, algum interesse em seus corações. Rogo-lhes que ajudem a emancipar suas damas de companhia, que façam delas suas *companheiras*!

Se os homens generosos rompessem nossas correntes e se contentassem com a comunhão racional, em vez da obediência servil, eles encontrariam em nós filhas mais prestativas, irmãs mais afetuosas, esposas mais fiéis e mães mais razoáveis – em uma palavra, melhores cidadãs. Nós os amaríamos com afeto verdadeiro, porque aprenderíamos a nos respeitar; e a paz de espírito de um homem digno não seria interrompida pela vaidade ociosa de sua esposa, nem pelos bebês enviados para se aninharem em um seio estranho, por nunca terem encontrado lugar no de sua mãe.

# capítulo 10

## Afeto dos pais

A afeição dos pais é, talvez, a modificação mais cega do amor-próprio perverso, pois não temos, como os franceses[1], dois termos para distinguir a busca de um desejo natural e razoável, dos cálculos ignorantes de fraqueza. Os pais frequentemente amam seus filhos da maneira mais brutal e sacrificam todos os deveres relativos para promover seu progresso no mundo. Para promover, tal é a perversidade dos preconceitos sem princípios, o futuro bem-estar dos próprios seres cuja existência presente eles absorvem pelo mais despótico abuso de poder. O poder, de fato, é sempre fiel ao seu princípio vital, pois em todas as formas ele reinaria sem controle ou investigação. Seu trono é construído sobre um abismo escuro, que nenhum olho deve ousar explorar para que sua estrutura sem base não vacile sob uma investigação. A obediência, obediência incondicional, é o lema dos tiranos de qualquer descrição, e, para tornar "garantia duplamente segura", um tipo de despotismo apoia outro. Os tiranos teriam motivos para tremer se a razão se tornasse a regra de dever em qualquer uma das relações da vida, pois a luz poderia se espalhar até o dia perfeito aparecer. E, quando aparecesse, como os homens iriam sorrir ao ver os monstros com os quais se assustaram durante a noite da ignorância ou o crepúsculo da investigação tímida.

A afeição dos pais, de fato, em muitas mentes, é apenas um pretexto para tiranizar onde isso pode ser feito com impunidade, pois apenas os homens bons e sábios se contentam com o respeito que pode ser discutido. Convencidos de que têm direito àquilo em que insistem, não temem a razão, nem temem a análise minuciosa de assuntos que recorram à justiça natural, porque acreditam firmemente que, quanto mais iluminada a mente humana se torna, mais profunda será a raiz dos princípios justos e simples. Não se baseiam em expedientes, nem admitem que o que é metafisicamente verdadeiro pode ser praticamente falso; mas, desdenhando as mudanças do momento, esperam calmamente até que o tempo, sancionando a inovação, silencie o sibilar do egoísmo ou da inveja.

Se o poder de refletir sobre o passado e de lançar um olhar aguçado de contemplação para o futuro é o grande privilégio do homem, deve-se reconhecer que algumas pessoas desfrutam dessa prerrogativa em grau muito limitado. Cada coisa nova parece errada para eles e, incapazes de distinguir o possível do monstruoso, temem onde nenhum medo se encontre, fugindo da luz da razão, como se fosse um tição. No entanto, os limites do possível nunca foram definidos para parar a mão do inovador resoluto.

A mulher, porém, em toda a situação escrava do preconceito, raramente exerce a iluminada afeição materna, pois ou ela negligencia seus filhos, ou os estraga com indulgência inadequada. Além disso, o afeto de algumas mulheres por seus filhos é, como já denominei, frequentemente muito grosseiro, pois erradica toda centelha de humanidade. Justiça, verdade, tudo é sacrificado por essas Rebecas, e por causa de seus *próprios* filhos elas violam os deveres mais sagrados, esquecendo-se da relação comum que une toda a família na terra. No entanto, a razão parece dizer que aqueles que deixam que um dever ou afeição engula o resto não têm coração ou mente suficientes para cumpri-lo conscientemente. Perde então o aspecto venerável de um dever e assume a forma fantástica de um capricho.

Como cuidar dos filhos na infância é um dos grandes deveres inerentes à natureza do caráter feminino, esse dever proporcionaria muitos argumentos convincentes para fortalecer o intelecto feminino, se devidamente considerado.

A formação da mente deve ser iniciada muito cedo, e o temperamento, em particular, requer a mais criteriosa atenção – uma atenção que as mulheres não podem prestar, pois amam seus filhos apenas porque são seus filhos, e não buscam mais o fundamento de seus deveres, a não ser nos sentimentos do momento. É essa falta de razão em seus afetos que faz com que as mulheres tão frequentemente caiam em extremos, e sejam as mães mais afetuosas ou as mais descuidadas e desnaturadas.

Para ser uma boa mãe, uma mulher deve ter bom senso e aquela independência de espírito que poucas mulheres possuem, já que são ensinadas a depender inteiramente de seus maridos. As esposas submissas são, em geral, mães tolas, desejando que seus filhos as amem acima de tudo e fiquem, em segredo, contra o pai, que é visto como um espantalho. Quando a punição é necessária, embora tenham ofendido a mãe, o pai é que deve infligir a punição, ele deve ser o juiz em todas as disputas. Discutirei mais amplamente esse assunto quando tratar da educação privada. No momento, apenas pretendo insistir que, a menos que o entendimento da mulher seja ampliado e seu caráter se torne mais firme, permitindo-lhe governar sua própria conduta, ela nunca terá bom senso ou domínio de temperamento suficientes para administrar seus filhos adequadamente. A afeição materna, aliás, mal merece o nome, quando não a leva a amamentar os filhos, porque o cumprimento desse dever é igualmente calculado para inspirar tanto a afeição materna quanto a filial; e é tarefa indispensável dos homens e das mulheres cumprir os deveres que dão origem às afeições que são as mais seguras proteções contra o vício. Creio que o afeto natural, como é denominado, seja um laço muito tênue, e que os afetos devam brotar do exercício habitual de uma afinidade mútua. E que afinidade uma mãe tem que manda seu bebê para uma enfermeira e só o pega para enviá-lo a uma escola?

No exercício de seus sentimentos maternos, a providência forneceu às mulheres um substituto natural para o amor, quando o amante se torna apenas um amigo, e a confiança mútua toma lugar de admiração exagerada – uma criança então torce suavemente o cordão folgado e, um cuidado mútuo produz uma nova afinidade mútua. Mas um filho, embora seja uma promessa de afeto, não o avivará se o pai e a mãe se contentarem em transferir o encargo para os serviçais, pois aqueles que cumprem seu dever por procuração não devem reclamar se perderem a recompensa – a afeição dos pais produz o dever filial.

---

1. "L'amour propre. L'amour de soi même."

# capítulo 11

## O dever aos pais

Parece haver uma propensão indolente no homem de fazer com que a prescrição sempre ocorra no lugar da razão, e de colocar todo dever sobre um fundamento arbitrário. Os direitos dos reis são deduzidos em uma linha direta do Rei dos reis, e a dos pais de nosso primeiro pai.

Por que, então, voltamos aos princípios que deveriam sempre repousar no mesmo fundamento e tem hoje o mesmo peso que tinham mil anos atrás – e nem um bocado a mais? Se os pais cumprem seu dever, têm um forte domínio e um sagrado direito à gratidão dos filhos. Mas poucos desejam receber o afeto respeitoso de seus filhos nessas condições. Exigem obediência cega porque não merecem um serviço razoável, e, para tornar essas exigências de fraqueza e ignorância mais obrigatórias, uma santidade misteriosa é espalhada em torno do princípio mais arbitrário. Pois que outro nome pode ser dado ao dever cego de obedecer a seres perversos ou frágeis simplesmente porque seguiram um instinto poderoso?

A definição simples do dever recíproco, que subsiste naturalmente entre pai e filho, pode ser dada em poucas palavras. O pai que dá a devida atenção à infância indefesa tem o direito de exigir a mesma atenção quando a fragilidade da idade o atinge. Mas subjugar um ser racional à mera vontade de outro, depois que ele for maior de idade para responder à sociedade por sua própria conduta, é um exercício de poder cruel e indevido e talvez tão prejudicial à moralidade quanto aqueles sistemas religiosos que não permitem que o certo e o errado coexistam, a não ser na vontade divina.

Nunca vi desatendido um pai que tivesse prestado atenção habitual a seus filhos[1]. Pelo contrário, o hábito precoce de se confiar quase implicitamente na opinião de um pai respeitado não é facilmente abalado, nem mesmo quando a razão madura convence a criança de que seu pai não é o homem mais sábio do mundo. Um homem sensato deve se preparar contra essa fraqueza, pois é uma fraqueza, embora o epíteto amigável possa ser associado a ela. Pois o dever absurdo, muitas vezes inculcado, de obedecer a um pai apenas por ser pai, acorrenta a mente e a prepara para uma submissão servil a qualquer poder que não seja a razão.

Eu distingo entre o dever natural e o dever acidental devido aos pais.

O pai que se esforça diligentemente para formar o coração e ampliar a compreensão de seu filho deu essa dignidade ao cumprimento de um dever, comum a todo o mundo animal, que só a razão pode dar. Essa é a afeição paternal da humanidade, e abandona a afeição natural instintiva. Esse pai adquire todos os direitos da mais sagrada amizade, e seu conselho, mesmo quando o filho já é adulto, exige consideração séria.

No que diz respeito ao casamento, embora depois dos 21 anos um pai pareça não ter o direito de negar seu consentimento por qualquer motivo, no entanto, 20 anos de solicitude exigem um retorno, e o filho deve, pelo menos, prometer não se casar por dois ou três anos, caso o objeto de sua escolha não encontre inteiramente a aprovação de seu primeiro amigo.

Mas o respeito pelos pais é, em geral, um princípio muito mais aviltante. É apenas um respeito egoísta pela propriedade. O pai que é obedecido cegamente é obedecido por pura fraqueza ou por motivos que degradam o caráter humano.

Grande parte da miséria que vagueia, em formas hediondas pelo mundo, pode surgir da negligência dos pais; e, ainda assim, essas são as pessoas mais tenazes no que chamam de direito natural, embora seja subversivo ao direito inato do homem, o direito de agir de acordo com os ditames de sua própria razão.

Já tive muitas vezes ocasião de observar que pessoas perversas ou indolentes estão sempre ansiosas por lucrar ao impor privilégios arbitrários e, geralmente, na mesma proporção em que negligenciam o cumprimento dos deveres que por si só tornam razoáveis os privilégios. Isso é, no fundo, um ditame do bom senso, ou o instinto de autodefesa, peculiar à fraqueza ignorante e semelhante ao instinto de um peixe que turva a água em que nada para iludir seu inimigo, em vez de enfrentá-lo com ousadia no riacho claro.

Fogem da clara corrente da argumentação, de fato, os defensores de qualquer tipo de preceitos, e, refugiando-se nas trevas que, na linguagem da poesia sublime, supostamente rodeiam o trono da Onipotência, ousam exigir aquele respeito implícito que só se deve aos seus caminhos insondáveis. Mas não me considerem presunçosa, a escuridão que esconde nosso Deus de nós apenas respeita as verdades especulativas. Nunca obscurece as morais, que brilham claramente, pois Deus é luz, e nunca, pela constituição de nossa natureza, requer o cumprimento de um dever, cuja razoabilidade não se reflete em nós quando abrimos nossos olhos.

É verdade que o pai indolente de alta posição social pode extorquir uma demonstração de respeito de seu filho, e as mulheres na Europa continental estão particularmente sujeitas às opiniões de suas famílias, que nunca pensam em consultar suas inclinações, ou proporcionar o conforto das pobres vítimas de seu orgulho. A consequência é notória. Essas filhas zelosas se tornam adúlteras e negligenciam a educação dos filhos, de quem elas, por sua vez, exigem o mesmo tipo de obediência.

É verdade que, em todos os países, as mulheres estão sob o domínio de seus pais e poucos pais pensam em se dirigir aos filhos da maneira seguinte, embora seja dessa maneira sensata que o céu parece comandar toda a raça humana. É de seu interesse me obedecer até que possa julgar por si mesmo; e o Pai Todo-Poderoso de todos implantou uma afeição em mim para servir de guarda para você enquanto sua razão está se desenvolvendo. Mas, quando sua mente chegar à maturidade, você deve apenas me obedecer, ou melhor, respeitar minhas opiniões, na medida em que coincidirem com a luz que está surgindo em sua própria mente.

A escravidão aos pais atrofia todas as faculdades da mente; e o Sr. Locke observa, muito criteriosamente, que, "se a mente for refreada ou humilhada demais nas crianças, se seu entusiasmo for muito abatido ou fragilizado por uma mão rígida demais, elas perdem todo o seu vigor e sua imaginação". Essa mão rígida pode, em certo grau, explicar a fragilidade das mulheres, pois as meninas, por várias causas, são mais reprimidas pelos pais, em todos os sentidos da palavra, do que os meninos. O dever que se espera delas é, como todos os deveres impostos arbitrariamente às mulheres, mais por um senso de propriedade, mais por respeito ao decoro do que pela razão; e assim, ensinadas a se submeterem servilmente aos seus pais, são preparadas para a escravidão do casamento. Pode ser que me digam que várias mulheres não são escravas no estado de casamento. Verdadeiro, mas então se tornam tiranas, pois não é liberdade racional, mas um tipo de poder sem lei semelhante à autoridade exercida pelos favoritos dos monarcas absolutos, obtida por meios degradantes. Da mesma forma, não pretendo insinuar que os meninos ou as meninas são sempre escravos. Apenas insisto que, quando são obrigados a se submeter cegamente à autoridade, suas faculdades são enfraquecidas e seus temperamentos tornam-se imperiosos ou abjetos. Lamento também que os pais, valendo-se indolentemente de um suposto privilégio, amortecem o primeiro tênue lampejo da razão, tornando ao mesmo tempo um nome vazio o dever que eles estão tão ansiosos em impor, porque não o respaldarão com a única base segura, uma vez que, a não ser que seja fundamentado na razão, não poderá ganhar força suficiente para resistir às tempestades da paixão ou ao enfraquecimento silencioso do amor-próprio. Mas não foram os pais que deram a prova mais segura de seu afeto pelos filhos, ou, para falar mais corretamente, que, cumprindo seu dever, permitiram que uma afeição paterna natural se enraizasse em seus corações e tornaram o filho fruto do exercício da afinidade e da razão, e não uma prole arrogante, fruto do orgulho egoísta, que mais veementemente insiste em submeter os filhos à sua vontade simplesmente porque essa é a sua vontade. Pelo contrário, o pai que dá um bom exemplo e pacientemente deixa esse exemplo funcionar raramente deixa de produzir seu efeito natural – a reverência filial.

As crianças não podem ser ensinadas muito cedo a se submeterem à razão, a verdadeira definição dessa necessidade, na qual Rousseau insistia, sem defini-la, pois submeter-se à razão é submeter-se à natureza das coisas e àquele Deus que as formou para promover nosso interesse real.

Por que a mente das crianças deveria ser distorcida quando mal começa a se expandir, apenas para favorecer a indolência dos pais, que insistem em um privilégio sem estar dispostos a pagar o preço fixado pela natureza? Eu já tive ocasião de observar que um direito sempre inclui um dever, e acho que pode, da mesma forma, ser razoavelmente inferido que eles perdem o direito se não cumprirem o dever.

É mais fácil, admito, comandar do que raciocinar. Mas não se segue daí que as crianças não possam compreender a razão pela qual são obrigadas a fazer certas coisas habitualmente, pois de uma adesão constante a alguns princípios simples de conduta flui aquele poder salutar que um pai criterioso gradualmente ganha sobre a mente de uma criança. E esse poder se torna realmente forte se temperado por uma demonstração uniforme de afeto trazida ao coração da criança. Pois, creio eu, como regra geral, deve ser permitido que o afeto que inspiramos sempre se assemelhe ao que cultivamos, de modo que as afeições naturais, que se supõem quase distintas da razão, podem ser encontradas mais relacionadas com o julgamento do que comumente é permitido. Não, como mais uma prova da necessidade de cultivar a compreensão feminina, é apenas para observar que as afeições parecem ter uma espécie de capricho animal quando simplesmente residem no coração.

É o exercício irregular da autoridade dos pais que primeiro danifica a mente, e a essas irregularidades as meninas estão mais sujeitas do que os meninos. A vontade daqueles que nunca permitem que sua vontade seja contestada, a menos que estejam de bom humor, quando relaxam proporcionalmente, é quase sempre irracional. Para fugir dessa autoridade arbitrária, as meninas aprendem muito cedo as lições que depois praticam com seus maridos, pois frequentemente tenho visto uma jovem senhorita de rosto anguloso governar uma família inteira, exceto ocasionalmente, quando a raiva de mãe explode de algum desgosto acidental – ou porque seu cabelo estava mal penteado[2], ou porque ela perdeu mais dinheiro nas cartas do que está disposta a confessar ao marido, ou por qualquer outra causa moral de raiva.

Depois de observar comportamentos desse tipo, fui levada a uma melancólica linha de reflexão a respeito das mulheres, concluindo que pouco pode se esperar delas à medida que elas avançam na vida, quando sua primeira afeição as desviam ou faz com que seus deveres colidam até que se apoiem em meros caprichos e costumes. Realmente, como pode um instrutor remediar esse mal? Pois ensinar-lhes a virtude com base em qualquer princípio sólido é ensiná-las a desprezar seus pais. Os filhos não podem, não devem, ser ensinados a levar em consideração as faltas de seus pais, porque cada uma dessas concessões enfraquece a força da razão em suas mentes e os torna ainda mais indulgentes com os seus próprios. É uma das virtudes mais sublimes da maturidade que nos leva a ser severos com relação a nós mesmos e tolerantes com os outros; mas as crianças deveriam aprender apenas as virtudes simples, pois se elas começarem muito cedo a levar em consideração as paixões e maneiras humanas, elas desgastam o limite do critério pelo qual deveriam regular as suas próprias, e se tornam injustas na mesma proporção que se tornam indulgentes.

As afeições das crianças e das pessoas fracas são sempre egoístas; amam seus pais porque são amadas por eles e não por suas virtudes. No entanto, até que a estima e o amor sejam misturados na primeira afeição, e a razão seja o fundamento do primeiro dever, a moralidade tropeçará desde o início. Mas, até que a sociedade seja constituída de maneira muito diferente, temo que os pais ainda insistirão em serem obedecidos, porque serão obedecidos, e se esforçarão constantemente para estabelecer esse poder sobre um direito divino que não suportará a investigação da razão.

---

1. O Dr. Johnson faz a mesma observação.

2. Eu mesma ouvi uma menina dizer a uma criada: "Minha mãe brigou comigo hoje de manhã porque seu cabelo não tinha sido penteado do seu gosto". Ainda que tal comentário fosse brincalhão, era justo. E que respeito poderia uma menina adquirir por esta mãe sem violentar a razão?

# capítulo 12

## Sobre a educação nacional

Os bons efeitos resultantes da atenção à educação privada serão sempre muito limitados, e o pai que realmente põe mãos à obra sempre ficará desapontado, em algum grau, até que a educação se torne uma grande preocupação nacional. Um homem não pode se retirar para o deserto com seu filho e, se o fizesse, não poderia voltar à infância e se tornar o amigo e companheiro adequado de uma criança ou jovem. E, quando as crianças estão confinadas à sociedade de homens e mulheres, logo adquirem aquele tipo de masculinidade prematura que impede o crescimento de todo vigoroso poder da mente ou do corpo. A fim de abrir suas faculdades, elas devem ser estimuladas a pensar por si mesmas, e isso só pode ser feito misturando várias crianças e fazendo com que elas busquem os mesmos objetivos.

A criança logo contrai uma entorpecente indolência mental, da qual raramente tem vigor suficiente para se livrar depois, quando apenas faz uma pergunta, em vez de buscar informações, e então confia implicitamente na resposta que recebe. Com os de idade semelhante não seria o caso, e os objetos de investigação, embora pudessem ser influenciados, não estariam inteiramente sob a direção de homens, que frequentemente amortecem, se não destroem as habilidades, estimulando-as apressadamente, e com muita pressa elas infalivelmente serão apresentadas, se a criança for confinada à sociedade de um homem, por mais sagaz que o homem possa ser.

Além disso, as sementes de toda afeição deveriam ser semeadas na juventude, e a consideração respeitosa que é sentida por um pai, é muito diferente das afeições sociais que devem constituir a felicidade da vida conforme passa o tempo. A igualdade é a base, assim como uma relação de sentimentos desobstruída por aquela seriedade observadora que impede a disputa, embora possa não impor submissão. Se deixarmos uma criança sentir ter tal afeto por seu pai, ela sempre definhará ao brincar e tagarelar com outras crianças; e o próprio respeito que sente, pois a estima filial sempre tem uma pitada de medo misturada a ela, se não lhe ensinar a ser astuta, pelo menos impedirá de revelar os pequenos segredos que primeiro abrem o coração à amizade e à confiança, gradualmente levando a uma benevolência mais expansiva. Somado a isso, ela jamais adquirirá aquela franca ingenuidade de comportamento, que os jovens só podem alcançar estando frequentemente em uma sociedade em que ousam falar o que pensam, sem medo de ser reprovados por sua presunção, nem ridicularizados por sua tolice.

Muito impressionada pelas reflexões que o quadro das escolas, como são conduzidas no presente, sugere, dei minha opinião anteriormente em favor de uma educação privada, mas a novas experiências posteriores me levaram a ver o assunto sob uma luz diferente. No entanto, considero as escolas, como são agora regulamentadas, viveiros do vício e da loucura, e o conhecimento da natureza humana, que supostamente deveria ser alcançado ali, são meramente astuto egoísmo.

Na escola, os meninos se tornam glutões e desleixados e, em vez de cultivar afetos domésticos, muito cedo se precipitam para a libertinagem que destrói a constituição antes de que seja formada, endurecendo o coração enquanto enfraquece o entendimento.

Eu deveria, de fato, ser contrária aos internatos, pela simples razão de que o estado de espírito que a expectativa das férias produz um estado de ânimo instável. Nelas os pensamentos das crianças são fixados com esperanças ardentes e ansiosas, pelo menos metade do tempo, para falar com moderação, e quando chegam as férias, estas são gastas em total dissipação e indulgência desmedida.

Mas, ao contrário, quando são educadas em casa, embora possam seguir um plano de estudo de uma maneira mais ordenada do que aquele adotado quando cerca de um quarto do ano é realmente gasto em ociosidade e outro tanto em arrependimento e expectativa, elas adquirem uma opinião muito elevada de sua própria importância, de serem autorizadas a tiranizar os criados, e da ansiedade expressa pela maioria das mães, no que diz respeito aos modos, que, ansiosas por ensinar os dotes de um cavalheiro, sufocam em seu nascimento as virtudes de um homem. Assim, apresentados para a vida quando deveriam estar seriamente empregados e tratados como homens quando ainda são meninos, tornam-se vaidosos e efeminados.

A única maneira de evitar dois extremos igualmente prejudiciais à moralidade seria inventar alguma forma de combinar educação pública e privada. Assim, para tornar os homens cidadãos, dois passos naturais podem ser dados, os quais parecem levar diretamente ao ponto desejado; pois os afetos domésticos, que primeiro abrem o coração às várias modificações da humanidade, seriam cultivados, ao passo que as crianças poderiam, contudo, passar grande parte do seu tempo, em igualdade de condições, com outras crianças.

Ainda me lembro, com prazer, da escola diurna do campo, onde um menino caminhava pela manhã, com chuva ou com sol, carregando seus livros e sua refeição, caso morasse muito longe; um servo não conduzia o mestre pela mão, pois, uma vez que colocava casaco e calça, tinha permissão para se trocar e voltar sozinho à noite para contar as façanhas do dia, ajoelhado junto ao pai. A casa de seu pai era seu lar e para sempre seria lembrada com carinho; mais ainda, apelo a muitos homens superiores, que foram educados dessa maneira, se a lembrança de alguma sombra onde aprendiam sua lição, ou, de algum degrau, onde se sentaram para fazer uma pipa, ou consertar um taco, não os fez amar sua terra?

Mas que menino se lembrou com prazer dos anos que passou em confinamento fechado, em uma academia perto de Londres? A menos que, por acaso, se lembrasse do pobre e pálido porteiro, a quem ele atormentou, ou do vendedor de doces, de quem pegou um bolo, para devorá-lo com um apetite felino de egoísmo. Em internatos de todos os tipos, o relaxamento dos meninos mais novos é uma travessura, e dos maiores, o vício. Além disso, nas grandes escolas, o que pode ser mais prejudicial ao caráter moral do que o sistema de tirania e abjeta escravidão que se instaura entre os meninos, para não falar da escravidão às formas, que torna a religião pior do que uma farsa? Pois que bem se pode esperar do jovem que recebe o sacramento da ceia do Senhor para evitar perder meio guinéu, que provavelmente depois gasta de alguma maneira impetuosa? Metade da ocupação dos jovens é evitar a necessidade de assistir ao culto público; e talvez façam bem, pois tal repetição constante da mesma coisa deve ser uma restrição muito enfadonha em sua vivacidade natural. Como essas cerimônias têm o efeito mais fatal em sua moral, e já que como um ritual executado pelos lábios, quando o coração e a mente estão distantes é agora mantido por nossa igreja como um banco para sacar as taxas das pobres almas no purgatório, por que não deveriam ser abolidas?

Mas o medo da inovação, neste país, se estende a tudo. Esse é apenas um medo velado, a timidez apreensiva das lesmas indolentes, que protegem sua casa, arrastando-a ao redor do corpo e considerando-a uma propriedade hereditária; comem, bebem e se divertem, em vez de cumprir seus deveres, exceto algumas formalidades vazias, para as quais foram dotadas. Essas são as pessoas que mais fortemente insistem em que a vontade do fundador seja observada, clamando contra toda reforma, como se fosse uma violação da justiça. Agora estou aludindo particularmente às relíquias do papado retidas em nossos colégios, quando os membros protestantes parecem ser tão defensores da Igreja estabelecida; mas seu zelo nunca os faz perder de vista o despojo da ignorância, que os vorazes sacerdotes de memória supersticiosa juntaram.

Não, sábios em sua geração, eles veneram o direito prescritivo de posse, como uma fortaleza, e ainda deixam o sino preguiçoso tilintar para as orações, como durante os dias em que a elevação da hóstia supostamente expiava os pecados das pessoas, para que uma reforma não levasse a outra, e a alegria destruísse a norma. Esses costumes católico-romanos têm um efeito nocivo sobre a moral de nosso clero, pois os parasitas preguiçosos que duas ou três vezes por dia realizam da maneira mais desleixada um serviço que julgam inútil, mas chamam de obrigação, logo perdem o senso de dever. No seminário, obrigados a frequentar ou a se evadir do culto público, adquirem um desprezo habitual pelo serviço em si, cuja prática os leva a viver na ociosidade. São murmuradas palavras indistintas como se fosse um assunto de negócios, assim como um garoto estúpido repete sua tarefa, e frequentemente o pregador abandona a linguagem hipócrita do seminário quando deixou o púlpito, mesmo enquanto está comendo o jantar que ganhou de maneira tão desonesta.

De fato, nada pode ser mais irreverente do que o serviço catedrático, tal como é realizado neste país, nem contém um conjunto de homens mais fracos do que os escravos dessa rotina infantil. Um esqueleto nojento do antigo estado ainda está em exibição, mas toda a solenidade que interessava à imaginação, se não purificava o coração, foi despojada. A atuação da grande missa no continente europeu deve impressionar qualquer mente, onde brilha uma centelha de fantasia, com aquela terrível melancolia, aquela ternura sublime, assim quase semelhante à devoção. Não digo que esses sentimentos devocionais sejam de mais utilidade, em um sentido moral, do que qualquer outra emoção de gosto, mas afirmo que a pompa teatral que gratifica nossos sentidos deve ser preferida à fria ostentação que insulta o entendimento sem atingir o coração.

Entre os comentários sobre a educação nacional, tais observações não podem ser perdidas, especialmente porque os partidários desses estabelecimentos, degenerados por coisas pueris, aparentam ser os campeões da religião. Religião, pura fonte de conforto nesse vale de lágrimas! Como tem sido enlameada tua límpida corrente pelos especuladores, que presunçosamente se esforçaram para confinar em um canal estreito as águas vivas que sempre fluem em direção de Deus – o sublime oceano da existência! O que seria da vida sem aquela paz que só o amor de Deus, quando construído sobre a humanidade, pode transmitir? Toda afeição terrena volta, em intervalos, para atacar o coração que a alimenta, e as mais puras efusões de benevolência, muitas vezes rudemente abafadas pelo homem, devem se elevar como uma oferta voluntária a Ele, que as deu à luz, cuja imagem brilhante elas refletem vagamente.

Nas escolas públicas, porém, a religião, confundida com cerimônias enfadonhas e restrições irracionais, assume o aspecto mais indelicado: não o sóbrio austero que impõe respeito enquanto inspira medo, mas um tipo ridículo, que serve para fazer trocadilhos. Pois, de fato, a maioria das boas histórias e das coisas inteligentes que animam os espíritos que se concentraram no jogo de baralho é fabricada a partir dos incidentes em que os próprios homens tentam criar um viés divertido que autoriza o abuso de viver de despojo.

Talvez não exista no reino um grupo de homens mais dogmático ou amante do luxo do que os tiranos pedantes que residem em seminários e dirigem escolas públicas. As férias são igualmente prejudiciais à moral dos mestres e dos alunos, e o intercurso, que os primeiros mantêm com a nobreza, introduz a mesma vaidade e extravagância em suas famílias, que bane os deveres domésticos e os confortos da mansão senhorial, cujo estado é desajeitadamente imitado. Os meninos, que vivem dispendiosamente com os mestres e auxiliares, nunca são domesticados, embora aí colocados para esse fim, pois, depois de um jantar silencioso, eles bebem uma taça de vinho apressada e se retiram para planejar alguma travessura maliciosa ou para ridicularizar a pessoa ou os modos das mesmas pessoas a quem acabaram de bajular, e a quem deveriam considerar como representantes de seus pais.

Pode, então, ser surpreendente que os meninos se tornem

egoístas e cruéis e, portanto, excluídos da conversa social? Ou que uma mitra frequentemente enfeite a testa de um desses pastores diligentes?

O desejo de viver no mesmo estilo, como a classe imediatamente acima deles, contagia cada indivíduo e todas as classes de pessoas, e a mesquinhez é o concomitante dessa ambição ignóbil; mas as profissões mais degradantes são aquelas cuja escada é o apadrinhamento; ainda assim, de uma dessas profissões os tutores de jovens são, em geral, os escolhidos. Mas pode-se esperar que inspirem sentimentos independentes, quando sua conduta deve ser regulada pela prudência cautelosa que está sempre à espreita para a ascensão?

Até agora, entretanto, pensando na moral dos meninos, tenho ouvido vários mestres em escolas argumentarem que se comprometeram apenas a ensinar latim e grego, e que cumpriram com seu dever, enviando alguns bons alunos para o seminário.

Alguns bons alunos, admito, podem ter sido formados mediante emulação e disciplina, mas, para fazer progredir esses rapazes espertos, a saúde e a moral de muitos foram sacrificadas. Os filhos de nossa pequena nobreza e de plebeus ricos são em sua maioria educados nesses seminários, e alguém fingirá afirmar que a maioria, fazendo todas as concessões, classificaria como mediana?

Não é para o benefício da sociedade que alguns homens brilhantes devam ser estimulados à custa do povo. É verdade que grandes homens parecem surgir, à medida que ocorrem grandes revoluções, em intervalos adequados, para restaurar a ordem e afastar as nuvens que se espessam sobre a face da verdade, mas deixe que mais razão e virtude prevaleçam na sociedade, e esses ventos fortes não serão necessários. A educação pública, de qualquer tipo, deveria ser direcionada para formar cidadãos, mas, se há o desejo de formar bons cidadãos, deve-se primeiro exercer os afetos de um filho e de um irmão. Essa é a única maneira de expandir o coração; pois as afeições públicas, assim como as virtudes públicas, devem sempre surgir do caráter privado, ou serão meros meteoros que correm atrás de um céu escuro e desaparecem quando são olhados e admirados.

Acredito que poucos tiveram verdadeiro afeto pela humanidade sem não amar primeiro seus pais, seus irmãos e até mesmo seus animais domésticos, com quem brincaram. O exercício das afinidades juvenis forma a temperatura moral, e é a lembrança dessas primeiras afeições e buscas que dá vida àqueles que depois estão mais sob a direção da razão. Na juventude, as amizades mais afetuosas são formadas, ao mesmo tempo que a energia jovial se instala, misturando-se gentilmente; ou, melhor, o coração, temperado para receber amizade, fica acostumado a buscar o prazer em algo mais nobre do que a grosseira gratificação do apetite.

A fim de inspirar o amor ao lar e aos prazeres domésticos, as crianças devem ser educadas em casa, pois as férias turbulentas só as fazem gostar de casa por amor a si mesmas. No entanto, as férias, que não fomentam afetos domésticos, perturbam continuamente o curso do estudo e tornam abortivo qualquer plano de melhoria que inclua temperança, ainda, se fossem abolidas, os filhos seriam totalmente separados de seus pais, e eu questiono se eles se tornariam melhores cidadãos sacrificando as afeições preparatórias, destruindo a força dos relacionamentos que tornam o estado de casamento tão necessário quanto respeitável. Mas, se uma educação particular produz a presunção ou isola um homem em sua família, o mal é apenas deslocado e não remediado.

Essa linha de raciocínio me traz de volta a um assunto, no qual pretendo me alongar, que é a necessidade de estabelecer escolas diurnas adequadas.

Mas esses deveriam ser estabelecimentos nacionais, pois, enquanto os professores são dependentes do capricho dos pais, pouco esforço pode ser esperado deles, mais do que o necessário para agradar os ignorantes. Na verdade, a necessidade de um mestre dar aos pais alguma amostra das habilidades de seus filhos, que durante as férias seriam mostradas a todos os visitantes[1], produz mais danos do que seria inicialmente suposto. Pois, para falar com moderação, raramente a própria criança as executa inteiramente; assim, o mestre aprova a falsidade, ou dá corda na pobre máquina, até algum esforço extraordinário, que danifica as rodas e impede o progresso do aperfeiçoamento gradual. A memória é sobrecarregada de palavras ininteligíveis, para fazer uma demonstração, sem que o entendimento adquira ideias distintas, mas só a educação que ensina os jovens a começar a pensar merece enfaticamente ser chamada de cultivo da mente. Não se deve permitir que a imaginação corrompa o entendimento antes que ganhe força, ou a vaidade se tornará a precursora do vício, pois toda maneira de exibir as aquisições de uma criança é prejudicial ao seu caráter moral.

Quanto tempo se perde ensinando-os a recitar o que não entendem? Enquanto, sentadas em bancos, todas em sua melhor disposição, as mamães ouvem com espanto a tagarelice de papagaio, pronunciada em cadências solenes, com toda a pompa da ignorância e da tolice. Essas exibições servem apenas para atingir as fibras da vaidade que se espalham por toda a mente, pois não ensinam as crianças a falar fluentemente nem a se comportar graciosamente. Longe disso, essas buscas frívolas podem ser amplamente denominadas o estudo da afetação, pois agora raramente vemos um menino simples e tímido, embora poucas pessoas de gosto alguma vez tenham sido desagradadas com aquele embaraço envergonhado tão natural à época, que as escolas e uma introdução precoce à sociedade transformaram em atrevimento e caretas.

No entanto, como essas coisas podem ser remediadas enquanto os professores dependem inteiramente dos pais para sua subsistência e quando tantas escolas concorrentes oferecem suas iscas, para chamar a atenção de pais e de mães vaidosos, cujo afeto paternal apenas os leva a desejar que seus filhos superem os de seus vizinhos?

Sem uma dose de sorte, um homem sensato e consciencioso morreria de fome antes de conseguir criar uma escola, se não quisesse enganar pais fracos praticando os truques secretos do ofício.

Nas escolas mais bem regulamentadas, porém, onde não se

amontoam os alunos, muitos hábitos ruins devem ser adquiridos. Mas, nas escolas comuns, o corpo, o coração e a compreensão são igualmente atrofiados, pois os pais muitas vezes estão apenas em busca da escola mais barata, e o diretor não poderia viver se não aceitasse um número muito maior de alunos do que pode controlar, nem o salário baixo, recebido com a mensalidade paga de cada criança, permitirá que contrate auxiliares suficientes para ajudar no desempenho básico de seu trabalho. Além disso, qualquer que seja a aparência da casa e do jardim, as crianças não desfrutam do conforto de nenhum deles, pois são continuamente lembradas por restrições incômodas de que não estão em casa, e que os aposentos, o jardim etc. devem ser mantidos em ordem para a recreação dos pais, que aos domingos visitam a escola e ficam impressionados com a ostentação, que torna incômoda a situação de seus filhos.

Com que desgosto tenho ouvido mulheres sensatas falarem do confinamento cansativo que suportaram na escola, já que as meninas são mais reprimidas e intimidadas do que os meninos. Talvez não lhes seja permitido sair para um passeio longo em um jardim soberbo, mas são obrigadas a andar com uma postura constante, estupidamente, para trás e para a frente, erguendo a cabeça, com o andar alinhado, com os ombros apoiados para trás, em vez de saltar, conforme a natureza manda para completar seu próprio desígnio, nas várias atitudes do corpo tão favoráveis à saúde[2]. Os puros espíritos animais, que fazem a mente e o corpo dispararem e desabrocharem as ternas flores da esperança, azedam e se desabafam em desejos vãos ou murmúrios atrevidos, que contraem as faculdades e prejudicam o caráter, ou chegam ao cérebro e, ao aguçar o entendimento antes que ganhe força proporcional, produzem aquela astúcia lamentável que desgraçadamente caracteriza a mente feminina – e temo que algum dia a caracterizará enquanto as mulheres permanecerem escravas do poder!

O pouco respeito dispensado à castidade no mundo masculino é, estou persuadida, a grande fonte de muitos dos males físicos e morais que atormentam a humanidade, bem como dos vícios e das loucuras que degradam e destroem as mulheres. Ainda assim, na escola, os meninos perdem infalivelmente aquela timidez decente que, em casa, poderia ter se transformado em modéstia.

E que brincadeiras desagradáveis e indecentes eles também aprendem uns com os outros, quando vários deles se deitam juntos no mesmo quarto, para não falar dos vícios, que enfraquecem o corpo fraco, enquanto efetivamente evitem a aquisição de qualquer sutileza da mente. A pouca atenção dada ao cultivo da modéstia, entre os homens, produz grande depravação em todas as relações da sociedade, e não só o amor –que deve purificar o coração, e ser o primeiro a despertar todos os poderes da juventude, preparando o homem para cumprir os deveres benevolentes da vida, é sacrificado à luxúria prematura; mas todas as afeições sociais são amortecidas pelas gratificações egoístas, que muito cedo poluem a mente e secam os sucos generosos do coração. De que maneira antinatural a inocência é frequentemente violada e quais sérias consequências resultam para tornar os vícios privados uma praga pública? Além disso, um hábito de ordem pessoal, que tem mais efeito sobre o caráter moral do que se costuma supor, só pode ser adquirido em casa, onde se mantém aquela respeitável reserva que freia a familiaridade, que ao afundar na bestialidade mina o carinho que insulta.

Já anunciei sobre os maus hábitos que as mulheres adquirem quando estão fechadas em um mesmo espaço e, penso que a observação pode ser razoavelmente estendida ao outro sexo, até que a inferência natural que sempre tive em vista – que para ambos os sexos se aperfeiçoem, seria necessário não apenas na privacidade das famílias, mas em escolas públicas, que fossem educados juntos. Se o casamento é o cimento da sociedade, a humanidade deve ser educada segundo o mesmo modelo, caso contrário a relação entre os sexos nunca merecerá o nome de companheirismo, nem as mulheres cumprirão os deveres peculiares de seu sexo, até que se tornem cidadãs esclarecidas, até que se tornem livres por serem capazes de ganhar sua própria subsistência, independente dos homens; da mesma maneira, quero dizer, para evitar a má interpretação, visto que um homem é independente de outro. Mais ainda, o casamento nunca será considerado sagrado até que as mulheres, por serem criadas com homens, estejam preparadas para ser suas companheiras, em vez de suas amantes, pois a face mesquinha da astúcia irá sempre torná-las desprezíveis, enquanto a opressão as torna tímidas. Tão convencida estou dessa verdade que me aventurarei a predizer que a virtude nunca prevalecerá na sociedade até que as virtudes de ambos os sexos sejam baseadas na razão e os afetos comuns a ambos possam ganhar a devida força pelo cumprimento de deveres mútuos.

    Se fosse permitido que os meninos e as meninas estudassem juntos, aquelas decências graciosas que produzem a modéstia poderiam ser incutidas desde cedo, sem as distinções sexuais que contaminam a mente. As lições de polidez e aquele formulário para o decoro, que trilham o caminho da falsidade, seriam tornados inúteis pela habitual retidão de comportamento. De fato, não seriam usadas para mostrar aos visitantes como o manto elegante da polidez, mas o efeito sóbrio da pureza da mente. Não seria essa elegância simples da sinceridade uma homenagem prestada às afeições domésticas, superando de longe os elogios enganosos que reluzem com falso brilho nas relações sem coração da vida elegante? Mas, até que mais compreensão predomine na sociedade, sempre haverá falta de coração e bom gosto, e o *rouge* das prostitutas suprirá o lugar daquele rubor celestial que apenas afeições virtuosas podem dar ao rosto. A galanteria e o que é chamado de amor podem subsistir sem simplicidade de caráter, mas os principais pilares da amizade são o respeito e a confiança – a estima nunca se fundamenta naquilo no que não se reconhece!

    O gosto pelas belas-artes requer grande cultivo, mas não mais do que o gosto pelas afeições virtuosas; e ambos supõem aquela expansão da mente que abre tantas fontes de prazer intelectual. Por que as pessoas correm para cenas barulhentas e para círculos lotados? Eu deveria responder: porque desejam atividade mental, porque não valorizaram as virtudes do coração. Elas, portanto, só veem e sentem grosseiramente e continuamente, anseiam por variedade, achando insípido tudo que é simples.

Esse argumento pode ser levado mais longe do que os filósofos sabem, pois, se a natureza destinou a mulher, em particular, para o desempenho dos deveres domésticos, ela a tornou suscetível aos afetos ligados a ela em grande grau. No momento, as mulheres são notoriamente amantes do prazer, e, naturalmente, deve ser assim de acordo com minha definição, porque elas não podem entrar nas minúcias do gosto doméstico sem julgamento, o fundamento de todo gosto. Pois o entendimento, apesar de sofistas sensuais, reserva-se o privilégio de transmitir pura alegria ao coração.

Com que bocejo lânguido vi um poema admirável ser jogado ao chão, para o qual um homem de gosto verdadeiro se volta, repetidamente, com êxtase; e, enquanto uma melodia quase me tirava o fôlego, uma senhora perguntou-me onde tinha comprado o meu vestido. Também vi os olhos percorrerem com frieza um quadro primoroso, repousarem, faiscando de prazer, em uma caricatura rudemente esboçada; e enquanto alguma característica formidável da natureza espalha uma quietude sublime por minha alma, comecei a observar os belos truques de um cãozinho de estimação, com os quais meu destino perverso me forçou a viajar. Não é surpreendente que um ser tão sem gosto preferisse acariciar esse cachorro mais do que seus próprios filhos? Ou que ela deveria preferir o discurso de lisonja à simples inflexão de sinceridade?

Para ilustrar essa observação, permitam-me observar que os homens de gênio excepcional e as mentes mais cultas parecem ter o maior prazer pelas belezas simples da natureza e devem ter sentido fortemente o que tão bem descreveram, o encanto que os afetos naturais e sentimentos pouco sofisticados exercem sobre o caráter humano. É esse poder de olhar para o coração e vibrar com resposta a cada emoção que permite ao poeta personificar cada paixão e ao pintor desenhar com um lápis de entusiasmo.

O verdadeiro gosto é sempre obra do entendimento empregado na observação dos efeitos naturais; e, até que as mulheres tenham mais compreensão, é vão esperar que possuam gosto doméstico. Seus sentidos vivos estarão sempre em ação para endurecer o coração, e as emoções que deles emanam continuarão a ser vívidas e transitórias, a menos que uma educação adequada proporcione conhecimento a sua mente.

É a falta de gosto doméstico, e não a aquisição de conhecimento, que tira as mulheres de suas famílias e arranca do seio o bebê sorridente que deveria alimentá-las. As mulheres têm sido mantidas na ignorância e na dependência servil por muitos e muitos anos, e ainda não ouvimos nada além de seu gosto pelo prazer e pelo domínio, sua preferência por libertinos e por soldados, seu apego infantil às quinquilharias e a vaidade que as faz valorizar as realizações mais do que as virtudes.

A história apresenta um catálogo terrível dos crimes que a astúcia delas provocou, quando as frágeis escravas tiveram habilidade suficiente para enganar seus senhores. Na França e em quantos outros países, os homens têm sido déspotas luxuriosos e as mulheres ajudantes astutas? Isso prova que a ignorância e a dependência as domesticaram? Não é sua loucura o objeto de ridículo dos libertinos, que relaxam em sua companhia e não os homens de bom senso que continuamente lamentam uma predileção imoderada por roupas e a dissipação que fazem com que uma mãe de uma família abandone o lar? Seus corações não foram depravados pelo conhecimento, ou suas mentes desencaminhadas por atividades científicas; no entanto, não cumprem os deveres peculiares que, como mulheres, são chamadas pela natureza a cumprir. Pelo contrário, o estado de guerra que subsiste entre os sexos as faz empregar aqueles ardis que muitas vezes frustram os desígnios de força mais abertos.

Quando, portanto, chamo as mulheres de escravas, quero dizer no sentido político e civil, pois indiretamente elas obtêm muito poder e são aviltadas pelos meios que utilizam para conseguir seu domínio ilícito.

Deixemos, então, que uma nação ilustrada[3] experimente que efeitos a razão teria para trazê-los de volta à natureza e ao seu dever, e, permitindo-lhes compartilhar as vantagens da educação e do governo com o homem, ver se elas evoluem à medida que aumentam sua sabedoria e sua liberdade. Elas não podem ser prejudicadas pelo experimento, pois não está no poder do homem torná-las mais insignificantes do que são atualmente.

Para tornar isso praticável, escolas diurnas para idades específicas devem ser estabelecidas pelo governo, nas quais meninos e meninas possam ser educados juntos. A escola para as crianças mais novas, dos 5 aos 9 anos de idade, deve ser absolutamente gratuita e aberta a todas as classes[4]. Um número suficiente de mestres também deve ser escolhido por uma comissão selecionada em cada paróquia, para os quais qualquer reclamação de negligência etc. pode ser feita, se assinada por seis pais de alunos.

Os auxiliares seriam então desnecessários, pois acredito que a experiência jamais provará que esse tipo de autoridade subordinada é particularmente prejudicial à moral dos jovens. O que, de fato, pode tender a depravar mais o caráter do que a submissão exterior e o desprezo interior? No entanto, como se pode esperar que os meninos tratem um auxiliar com respeito quando o mestre parece considerá-lo como um servo e quase aceitar o ridículo, que se torna a principal diversão dos meninos durante as horas de jogo?

Mas nada desse tipo poderia ocorrer em uma escola primária diurna, onde meninos e meninas, ricos e pobres, estariam juntos. E, para evitar qualquer das distinções de vaidade, eles deveriam usar uniformes e, todos seriam obrigados a se submeter à mesma disciplina, sob pena de deixar a escola. As salas de aula deveriam ser cercadas por um grande terreno, no qual as crianças fariam exercícios, pois nessa idade não deveriam ser confinadas a nenhum trabalho sedentário por mais de uma hora seguida. Mas tal recreação pode ser considerada parte da educação elementar, pois muitas coisas melhoram e divertem os sentidos quando apresentadas como uma espécie de espetáculo, cujos princípios, secamente expostos, as crianças fariam ouvidos surdos. Por exemplo, a botânica, a mecânica e a astronomia. A leitura, a escrita, a aritmética, a história natural e alguns experimentos simples em filosofia natural podem preencher o dia, mas essas atividades nunca devem interferir nos jogos de ginástica ao ar livre. Os elementos de religião, de história, de história do homem e de política também podem ser ensinados por conversas, na forma socrática.

A partir dos 9 anos, meninas e meninos, destinados ao trabalho doméstico ou aos ofícios mecânicos, deveriam ser transferidos para outras escolas e receber instrução na medida adequada ao destino de cada indivíduo, ficando os dois sexos ainda juntos de manhã; mas, à tarde, as meninas deveriam frequentar uma escola, onde fariam um trabalho simples, como a confecção de mantas, de chapéus etc.

Os jovens de habilidades superiores ou de fortuna poderiam aprender, em outra escola, as línguas vivas e mortas, os elementos da ciência, além de continuarem o estudo da história e da política, em uma escala mais ampla, o que não excluiria a literatura refinada.

"Meninas e meninos ainda estão juntos?" Ouço alguns leitores perguntarem. Sim. E eu não deveria temer nenhuma outra consequência a não ser que algum afeto inicial pudesse ocorrer que, embora tivesse o melhor efeito sobre o caráter moral dos jovens, poderia não concordar perfeitamente com os pontos de vista dos pais, pois temo que demorará muito antes que o mundo seja tão esclarecido que os pais, apenas ansiosos para tornar seus filhos virtuosos, permitam-lhes escolher por si mesmos seus companheiros para a vida.

Além disso, essa seria uma maneira segura de promover os casamentos precoces, e desses fluem naturalmente os melhores efeitos físicos e morais. Que caráter tão diferente um cidadão casado assume do fanfarrão egoísta, que vive para si mesmo, e que muitas vezes tem medo de se casar por não poder viver de acordo com certo estilo. Excetuando-se as grandes emergências, que raramente ocorreriam em uma sociedade em que a igualdade fosse a base, um homem só pode estar preparado para cumprir os deveres da vida pública, pela prática habitual dos deveres inferiores que o constituem.

Nesse plano de educação, a constituição dos meninos não seria arruinada pelas primeiras libertinagens, que atualmente tornam os homens tão egoístas, ou as meninas tornadas frágeis e vãs, pela indolência e pelas atividades frívolas. Mas eu suponho que tal grau de igualdade deve ser estabelecido entre os sexos à medida que se excluam a galanteria e o coquetismo, ainda que se permita que a amizade e o amor temperem o coração para o cumprimento de deveres mais elevados.

Essas seriam escolas de moralidade – e permitindo que a felicidade do homem possa fluir das fontes puras do dever e da afeição, que avanços a mente humana não poderia fazer? A sociedade só pode ser feliz e livre na proporção em que é virtuosa, mas as atuais distinções, estabelecidas na sociedade, corroem todas as virtudes privadas e destroem todas as virtudes públicas.

Já fui contra o costume de confinar as meninas à sua agulha, excluindo-as de todos os empregos políticos e civis, pois, estreitando assim suas mentes, elas se tornam incapazes de cumprir os deveres peculiares que a natureza lhes designou.

Ocupadas apenas com os pequenos incidentes do dia, elas necessariamente crescem astutas. Minha própria alma muitas vezes lastima-se ao observar os truques astutos praticados por mulheres para ganhar alguma coisa tola que seus corações idiotas desejavam. Sem permissão para dispor de dinheiro ou chamar qualquer coisa de seu, elas aprendem a ganhar um dinheirinho honestamente; ou, caso ofenda o marido ficar longe de casa, ou cause algum ciúme – um vestido novo, ou qualquer bela bugiganga, suaviza a testa zangada de Juno.

Mas essas *insignificâncias* não degradariam seu caráter se as mulheres fossem levadas a respeitar a si mesmas, se os assuntos políticos e morais fossem abertos a elas, e, atrevo-me a afirmar, que essa é a única maneira de torná-las devidamente atentas aos seus deveres domésticos. Uma mente ativa abrange todo o conjunto de suas funções e encontra tempo para tudo. Não é, afirmo, uma tentativa ousada de emular as virtudes masculinas. Não é o encantamento das atividades literárias, ou a investigação constante de assuntos científicos, que desvia as mulheres do dever. Não, são a indolência e a vaidade – o amor ao prazer e o amor ao domínio, que reinarão supremos em uma mente vazia. Digo vazio enfaticamente, porque a educação que as mulheres agora recebem mal merece o nome. Pois o pouco conhecimento que são levadas a adquirir, durante os anos importantes da juventude, é apenas relativo a qualidades exteriores; e qualidades sem fundamento, pois, a menos que o entendimento seja cultivado, toda graça será superficial e monótona. Como os encantos de um rosto maquiado, elas só atingem os sentidos em uma multidão; mas em casa, quando não existe atividade da mente, falta variedade. A consequência é óbvia; nas cenas alegres de dissipação encontramos mente e rosto artificiais, pois os quem fogem da solidão temem depois o círculo doméstico; sem conseguir interessar, sentem sua própria insignificância, ou nada encontram para se divertir ou se entreter.

Além disso, o que pode ser mais indelicado do que o *début* de uma garota no mundo da moda? O que, em outras palavras, é trazer ao mercado uma senhorita casadoura, cuja pessoa é levada de um lugar público a outro, ricamente enfeitada. No entanto, misturando-se no círculo frívolo sob restrição, essas borboletas anseiam por se agitar livremente, pois o primeiro afeto de suas almas são suas próprias pessoas, para as quais sua atenção foi chamada com o mais diligente cuidado enquanto se preparavam para o período que decide seu destino para a vida. Em vez de seguir essa rotina ociosa, suspirando por uma demonstração de mau gosto e um estado insensível, com que dignidade os jovens de ambos os sexos formariam ligações nas escolas que indiquei superficialmente, nas quais, à medida que os anos passassem, a dança, a música e o desenho poderiam ser admitidos como atividades recreativas, pois nessas escolas os jovens ricos deveriam permanecer, mais ou menos, até a maioridade. Aqueles que fossem designados para profissões específicas poderiam frequentar, três ou quatro manhãs por semana, as escolas apropriadas para sua instrução imediata.

Eu apenas faço essas observações no momento, a título de sugestão, mais como um esboço do plano que tenho em mente do que como algo digerido; mas devo acrescentar que aprovo fortemente um regulamento mencionado no panfleto[5] já aludido, o de tornar as crianças e jovens independentes dos mestres no que diz respeito aos castigos. Eles devem ser julgados por seus pares, o que seria um método admirável de fixar princípios sólidos de justiça na mente, e poderia ter o efeito mais feliz sobre o temperamento, que é muito cedo azedado ou irritado pela tirania, até que se torne irritantemente astuto, ou ferozmente autoritário.

Minha imaginação avança com fervor benevolente para saudar esses grupos amáveis e respeitáveis, apesar do desprezo dos corações frios, que têm a liberdade de proferir com frígida presunção, o epíteto condenatório – romântico, cuja força tentarei mitigar, repetindo as palavras de um eloquente moralista. "Não sei se as alusões de um coração verdadeiramente humano, cujo zelo torna tudo fácil, não são preferíveis àquela razão áspera e repulsiva, que sempre encontra uma indiferença pelo bem público, o primeiro obstáculo para o que quer que a promova."

Sei que os libertinos também exclamariam, que a mulher seria assexuada adquirindo força de corpo e mente, e que a beleza, beleza suave e encantadora, não iria mais adornar as filhas dos homens. Eu sou de uma opinião muito diferente, pois acredito que deveríamos ver, ao contrário, então, uma beleza digna e uma graça verdadeira; para produzi-la muitas causas físicas e morais poderosas concorreriam. Não uma beleza relaxada, é verdade, nem as graças de um ser indefeso, mas uma tal que parece nos fazer respeitar o corpo humano como um monte majestoso apto a receber um nobre habitante, nas relíquias da antiguidade.

Não me esqueço da opinião popular de que as estátuas gregas não foram modeladas segundo a natureza. Quero dizer, não de acordo com as proporções de um homem em particular, mas que as feições e os belos membros foram selecionados de vários corpos para formar um todo harmonioso. Isso poderia, em certo grau, ser verdade. A bela imagem ideal de uma imaginação exaltada pode ser superior aos materiais que o escultor encontrou na natureza e, portanto, pode com propriedade ser denominada de modelo da humanidade em vez de modelo de um homem. Não foi, entretanto, a seleção mecânica de membros e feições, mas a ebulição de uma fantasia acalorada que irrompe à vista, e os sentidos apurados e a compreensão ampliada do artista selecionaram a matéria sólida, que ele envolveu nesse foco brilhante.

Observei que não foi mecânico, porque um todo foi produzido – um modelo daquela grande simplicidade, daquelas energias concordantes, que prendem nossa atenção e comandam nossa reverência. Pois somente uma beleza sem vida e insípida é produzida por uma cópia servil até mesmo da bela natureza. No entanto, independente dessas observações, acredito que a forma humana deve ter sido muito mais bonita do que é atualmente, porque a indolência extrema, as ligações bárbaras e muitas causas que forçosamente agem sobre ela, em nosso luxuoso estado de sociedade, não retardaram sua expansão, ou a tornaram deformada. O exercício e a limpeza parecem ser não apenas os meios mais seguros de preservar a saúde, mas de promover a beleza, se forem consideradas apenas as causas físicas; no entanto, isso não é suficiente, as causas morais devem ser levadas em conta, senão a beleza será apenas daquele tipo rústico que floresce nos semblantes inocentes e saudáveis de alguns camponeses, cujas mentes não foram exercitadas. Para tornar a pessoa perfeita, a beleza física e a moral devem ser alcançadas ao mesmo tempo, cada uma delas com o empréstimo e o recebimento de força pela combinação. O raciocínio deve residir na fronte, o afeto e o brilho da fantasia nos olhos, e a humanidade curva a bochecha, ou vão será o brilho dos mais belos olhos ou a fineza elegante das mais belas feições; ao mesmo tempo que cada movimento exibe os membros ativos e juntas bem estruturadas a graça e a modéstia devem aparecer. Mas esse belo conjunto não deve ser reunido por acaso, é a recompensa de esforços calculados para apoiar uns aos outros; pois o julgamento só pode ser adquirido pela reflexão, o afeto pelo cumprimento dos deveres e a humanidade pelo exercício da compaixão para com cada criatura viva.

A humanidade para com os animais deve ser particularmente incutida como parte da educação nacional, pois atualmente não é uma de nossas virtudes nacionais. A ternura por seus humildes animais domésticos, entre as classes mais baixas, é mais frequentemente encontrada em um estado selvagem do que em um civilizado. Porque a civilização impede aquela relação que cria afeto em uma cabana rude ou em uma choupana de barro, e conduz mentes incultas que são apenas depravadas pelos refinamentos que prevalecem na sociedade, onde são pisoteadas pelos ricos, a dominar seus animais para vingar dos insultos que são obrigados a suportar de seus superiores.

Essa crueldade habitual começa na escola, onde é um dos raros esportes dos meninos atormentar os miseráveis animais que cruzam seu caminho. A transição, à medida que eles crescem, da barbárie para com os animais para a tirania doméstica com as esposas, os filhos, e os empregados, é muito fácil. A justiça, ou mesmo a benevolência, não será uma fonte poderosa de ação a menos que se estenda a toda a criação; mais ainda, acredito que pode ser considerado como um axioma o fato de que aqueles que podem ver a dor, impassíveis, logo irão aprender a infligi-la.

O vulgar é influenciado pelos sentimentos presentes e pelos hábitos que acidentalmente adquiriram, mas em sentimentos parciais não se pode colocar muita dependência, embora sejam justos, pois, quando não são revigorados pela reflexão, o costume os enfraquece, a ponto de serem quase imperceptíveis. As simpatias de nossa natureza são fortalecidas por cogitações ponderadas e amortecidas pelo uso impensado. O coração de Macbeth o feriu mais por um assassinato, o primeiro, do que pelos 100 subsequentes, que foram necessários para apoiá-lo. Mas, quando usei o epíteto vulgar, não tive a intenção de limitar minha observação aos pobres, pois a humanidade parcial, baseada nas sensações do presente ou nos caprichos, é tão conspícua, se não mais, entre os ricos.

A dama que derrama lágrimas pelo pássaro que morreu de fome em uma armadilha, e execra os demônios em forma de homem, que incitam à loucura o pobre boi, ou açoitam o jumento paciente, cambaleando sob um fardo acima de sua força, no entanto, manterá o cocheiro e os cavalos esperando horas inteiras por ela, quando o frio é cortante ou a chuva bate nas janelas bem fechadas, que não admitem um sopro de ar para lhe dizer com que força o vento sopra lá fora. E aquela que leva seus cachorros para a cama, e os mima com uma sensibilidade ostensiva quando estão doentes, deixará que seus bebês cresçam desonestos em um berçário. Essa ilustração do meu argumento é tirada de um fato real. A mulher a que me refiro era bonita, considerada muito formosa por quem não sente falta da mente quando o rosto é rechonchudo e belo; mas seu intelecto não fora desviado dos deveres femininos pela literatura nem sua inocência fora corrompida pelo conhecimento. Não, era bastante feminina, de acordo com a aceitação masculina da palavra; e, longe de amar esses animais mimados que ocupavam o lugar que seus filhos deveriam ter ocupado, ela apenas murmurava uma bela mistura de tolices francesas e inglesas, para agradar aos homens que se aglomeravam ao seu redor. A esposa, a mãe e a criatura humana foram todas engolidas pelo caráter artificial que uma educação imprópria e a vaidade egoísta da beleza haviam produzido.

Não gosto de fazer uma distinção sem diferença, e confesso que fiquei tão desgostosa com a bela senhora que levava seu cachorro no colo, em vez de seu filho, como pela ferocidade de um homem que, batendo em seu cavalo, declarava que sabia quando errava, assim como um cristão.

Essa quantidade de tolices mostra o quão enganados estão aqueles que, ao permitir que as mulheres deixem seus haréns, não cultivam seus entendimentos, a fim de plantar virtudes em seus corações. Pois, se tivessem bom senso, poderiam adquirir aquele gosto doméstico que as levaria a amar com razoável subordinação toda a família, do marido ao cachorro e jamais insultariam a humanidade na pessoa do mais humilde empregado, prestando mais atenção no conforto de um animal do que no de um semelhante.

Minhas observações sobre a educação nacional são obviamente

sugestões; mas desejo principalmente enfatizar a necessidade de educar os sexos juntos para aperfeiçoar ambos, e de fazer com que as crianças durmam em casa para que possam aprender a amar o lar; no entanto, para que os afetos privados apoiem os públicos, elas deveriam ser mandadas para a escola para se socializarem com seus semelhantes, pois somente confrontando a igualdade podemos formar uma opinião justa sobre nós mesmos.

Para tornar a humanidade mais virtuosa e, claro, mais feliz, ambos os sexos devem agir com base nos mesmos princípios. Mas como isso pode ser esperado apenas quando um pode ver a razoabilidade disso? Para tornar também o pacto social verdadeiramente justo e para difundir aqueles princípios esclarecedores, os únicos capazes de melhorar o destino do homem, deve-se permitir às mulheres que baseiem sua virtude no conhecimento, o que dificilmente é possível, a menos que sejam educadas com as mesmas atividades que os homens. Pois, atualmente, elas são tornadas tão inferiores pela ignorância e pelos desejos mesquinhos, que não merecem ocupar o mesmo lugar que eles; ou, pelos movimentos serpenteantes da astúcia, elas sobem na árvore do conhecimento e apenas adquirem o suficiente para desencaminhar os homens.

Fica evidente na história de todas as nações que as mulheres não podem ser confinadas às atividades meramente domésticas, pois não cumprirão os deveres familiares, a menos que suas mentes tenham um campo mais amplo de ação, e embora sejam mantidas na ignorância, tornam-se na mesma proporção as escravas do prazer como são as escravas do homem. Tampouco podem ser excluídas de grandes empreendimentos, embora sejam incapazes de compreender que a estreiteza de suas mentes muitas vezes as prejudica.

A libertinagem, e até mesmo as virtudes dos homens superiores, sempre dará às mulheres de certa categoria grande poder sobre eles; e essas mulheres fracas, sob a influência de paixões infantis e da vaidade egoísta, lançarão uma falsa luz sobre os objetos, que deveriam iluminar seu julgamento, acabam vendo com o olhar delas. Os homens de imaginação e aqueles personagens otimistas, que em sua maioria detêm o comando dos negócios humanos, em geral, se distraem na companhia das mulheres, e certamente não preciso citar para o leitor mais superficial da história os numerosos exemplos de vício e de opressão que as intrigas privadas das favoritas, nem falar na maldade que surge naturalmente da interposição desajeitada de uma tolice bem-intencionada. Nas transações de negócios, é muito melhor lidar com um patife do que com um tolo, porque um patife segue algum plano, e qualquer plano razoável pode ser entendido muito mais rápido do que uma súbita fuga da insensatez. O poder que as mulheres vis e tolas exercem sobre os homens sábios e de sensibilidade é notório. Mencionarei apenas um exemplo.

Quem já desenhou uma personagem feminina mais exaltada do que Rousseau, embora no geral constantemente se esforçasse para degradar o sexo? E por que estava tão ansioso para tal? Na verdade, para justificar para si mesmo a afeição que a fraqueza e a virtude o fizeram nutrir por aquela tola Teresa. Ele não poderia elevá-la ao nível comum de seu sexo e, portanto, ele trabalhou para rebaixar as mulheres até o nível dela. Encontrou nela uma companheira humilde e conveniente, e o orgulho o fez decidir encontrar algumas virtudes superiores no ser com quem escolheu viver; mas sua conduta durante a vida, e o que houve depois de sua morte, mostrou de maneira clara quão grosseiramente ele se enganou ao chamá-la de inocente celestial. Mais ainda, na amargura de seu coração, ele mesmo lamenta que, quando suas enfermidades físicas o impediram de tratá-la como mulher, ela deixou de ter afeto por ele. E era muito natural que o fizesse, pois tinham poucos sentimentos em comum e, quando o vínculo sexual foi rompido, o que iria segurá-la? Para manter seu afeto, cuja sensibilidade estava confinada a um sexo, ou melhor, a um homem, requer-se bom senso transformar a sensibilidade no amplo canal da humanidade. Muitas mulheres não têm intelecto o suficiente para ter afeição por uma mulher ou amizade por um homem. Mas a fraqueza sexual que faz com que a mulher dependa do homem para subsistência produz uma espécie de afeição animal, que leva a esposa a ronronar perto do marido como faria com qualquer homem que a alimentasse e a acariciasse.

Os homens, entretanto, muitas vezes ficam satisfeitos com esse tipo de afeição, que é confinado a eles próprios de maneira bestial; mas, caso se tornem mais virtuosos, desejarão conversar ao pé da lareira com uma amiga, depois de deixarem de brincar com uma amante.

Além disso, o intelecto é necessário para dar variedade e interesse aos prazeres sexuais, pois muito abaixo na escala intelectual está a mente que pode continuar a amar quando nem a virtude nem o bom senso dão aparência humana a um apetite animal. Mas o bom senso sempre prevalecerá; e, se as mulheres não forem, em geral, colocadas no mesmo nível dos homens, algumas mulheres superiores, como as cortesãs gregas, reunirão os homens de habilidades ao seu redor e atrairão de suas famílias muitos cidadãos que teriam ficado em casa se suas esposas tivessem mais juízo, ou as graças que resultam do exercício do entendimento e da imaginação, os legítimos pais do bom gosto. Uma mulher de talentos, se não for absolutamente feia, obterá sempre grande poder, criado pela fragilidade de seu sexo; e à medida que os homens adquirem virtude e delicadeza, pelo exercício da razão, procurarão essas características nas mulheres, mas elas só podem adquiri-las da mesma maneira que os homens.

Na França ou na Itália, as mulheres se limitaram à vida doméstica? Embora elas não tenham até agora tido uma existência política, ainda, elas não tiveram ilicitamente grande influência corrompendo a si e aos homens com cujas paixões elas brincam? Em suma, seja qual for a luz sob a qual vejo o assunto, a razão e a experiência me convencem de que o único método de levar as mulheres a cumprir seus deveres peculiares é libertá-las de todas as restrições, permitindo que participem dos direitos inerentes à humanidade.

Torne-as livres e elas rapidamente se tornarão sábias e virtuosas, à medida que os homens se tornam mais sábios e virtuosos;

pois o aperfeiçoamento deve ser mútuo, ou a injustiça a que metade da raça humana é obrigada a se submeter, retrucando a seus opressores, a virtude do homem será roída pelo inseto que ele mantém sob seus pés.

Deixe os homens escolherem, o homem e a mulher foram feitos um para o outro, embora não para se tornarem um ser; e se eles não aperfeiçoarem as mulheres, elas os depravarão!

Falo do aprimoramento e da emancipação de todo o sexo, pois sei que o comportamento de algumas mulheres, que, por acidente, ou seguindo uma forte tendência da natureza, adquiriram uma porção de conhecimento superior ao do resto de seu sexo, muitas vezes tem sido autoritário; mas houve casos de mulheres que, obtendo conhecimento, não descartaram a modéstia, nem sempre pareceram pedantemente desprezar a ignorância que trabalharam para dissipar em suas próprias mentes. As exclamações, então, que qualquer conselho a respeito do aprendizado feminino comumente produz, especialmente de mulheres bonitas, muitas vezes surgem de inveja. Quando eles têm a chance de ver que até mesmo o brilho de seus olhos e a esportividade petulante do coquetismo refinado nem sempre lhes garantem a atenção durante uma noite inteira, caso uma mulher com um intelecto mais cultivado se esforce para dar um tom racional à conversa, a fonte comum de consolo é que essas mulheres raramente conseguem maridos. Tenho presenciado diferentes artimanhas que mulheres tolas usaram para interromper pelo *flerte*, palavra muito significativa para descrever tal manobra, uma conversa racional que fazia os homens esquecerem que eram mulheres bonitas.

Mas, admitindo o que é muito natural para o homem, ou seja, que a posse de habilidades raras é realmente calculada para excitar um orgulho exagerado, desagradável tanto em homens quanto em mulheres, em que estado de inferioridade as faculdades femininas, quando uma porção tão pequena do conhecimento que essas mulheres alcançaram, que foram desdenhosamente chamadas de mulheres cultas, poderiam ser singulares? O suficiente para envaidecer a possuidora e despertar inveja de suas contemporâneas, e alguns do outro sexo. Mais ainda, um pouco de racionalidade não tem exposto muitas mulheres à mais severa censura? Agradeço fatos bem conhecidos, pois frequentemente tenho ouvido mulheres serem ridicularizadas, e cada pequena fraqueza exposta, somente porque elas adotaram o conselho de alguns médicos e se desviaram do modo de tratar seus filhos. Realmente, ouvi essa aversão bárbara à inovação levada ainda mais longe, e uma mulher sensata estigmatizada como uma mãe desnaturada, que foi sabiamente solicitada para preservar a saúde de seus filhos quando, em meio a seus cuidados, ela perdeu um em razão de alguma das baixas da infância, que nenhuma prudência pode afastar. Seus conhecidos observaram que essa era a consequência de noções modernas – as noções modernas de conforto e de limpeza. E aquelas que fingem experimentar, embora por muito tempo tenham aderido a preconceitos que, segundo a opinião dos médicos mais sagazes, reduziram a raça humana, quase se alegraram com o desastre que deu uma espécie de sanção à prescrição.

Na verdade, se fosse apenas por causa disso, a educação nacional das mulheres seria da maior consequência, pois quantos sacrifícios humanos são feitos em nome desse preconceito Moloch! E de quantas maneiras as crianças são destruídas pela lascívia do homem? A necessidade de afeição natural em muitas mulheres, que são afastadas de seus deveres pela admiração dos homens e pela ignorância de outras, torna a infância do homem um estado muito mais perigoso do que o dos animais; contudo, os homens não estão dispostos a colocar as mulheres em situações adequadas que lhes permitam adquirir compreensão suficiente para saber até mesmo como cuidar de seus bebês.

Essa verdade me atinge com tanta força que dela partiria toda minha linha de raciocínio, pois tudo o que tende a incapacitar o caráter materno tira a mulher de sua esfera.

Mas é vão esperar que a estirpe atual de mães fracas tome aquele cuidado razoável do físico de uma criança, o que é necessário para estabelecer os alicerces de uma boa constituição, supondo que ela não sofra pelos pecados de seus pais, ou para controlar seu temperamento de forma tão criteriosa que a criança não terá, à medida que crescer, de jogar fora tudo o que sua mãe, sua primeira instrutora, direta ou indiretamente ensinou; e, a menos que a mente tenha um vigor incomum, as loucuras femininas persistirão no caráter por toda a vida. A fraqueza da mãe repercutirá nos seus filhos! Enquanto as mulheres são educadas para confiar em seus maridos para julgamento, essa deve ser sempre a consequência, pois não há como melhorar um intelecto pela metade, nem pode qualquer ser agir sabiamente por imitação, porque em todas as circunstâncias da vida há uma espécie de individualidade, que requer um exercício de julgamento para modificar as regras gerais. O ser que pode pensar com justiça em uma trilha logo estenderá seu império intelectual; e aquela que tem discernimento suficiente para administrar seus filhos não se submeterá, certo ou errado, a seu marido, ou pacientemente às leis sociais que fazem da mulher uma nulidade.

Nas escolas públicas, as mulheres, para se protegerem contra os erros da ignorância, devem aprender os elementos da anatomia e da medicina não apenas para capacitá-las a cuidar adequadamente de sua própria saúde, mas para torná-las enfermeiras racionais de seus filhos, pais e maridos, uma vez que as contas da mortalidade são aumentadas pelos erros de velhas obstinadas, que dão drogas por conta própria sem saber nada sobre a estrutura humana. Da mesma forma, é apropriado apenas em uma visão doméstica fazer com que as mulheres se familiarizem com a anatomia da mente, permitindo que os sexos se associem em todas as atividades, levando-as a observar o progresso da compreensão humana no aperfeiçoamento das ciências e das artes; nunca esquecendo a ciência da moralidade, ou o estudo da história política da humanidade

Um homem é definido como microcosmo e toda família poderia ser chamada de Estado. Os Estados, em sua maioria, têm sido governados principalmente por estratagemas que desonram, é verdade, o caráter do homem; e a falta de uma constituição justa e leis iguais tem confundido as noções de sabedoria do mundo, que fazem mais do que questionar a razoabilidade de lutar pelos direitos da humanidade. Assim, a moralidade, poluída no reservatório nacional, envia correntes de vícios para corromper as partes constituintes do corpo político; mas se princípios mais nobres, ou melhor, mais justos regulassem as leis, que devem ser o governo da sociedade, e não daqueles que as executam, o dever poderia se tornar a regra da conduta privada.

Além disso, pelo exercício de seus corpos e de suas mentes, as mulheres adquiririam aquela atividade mental tão necessária ao caráter materno, unida à força moral que distingue a firmeza de conduta da obstinada perversidade da fraqueza. Pois é perigoso aconselhar aos indolentes a serem firmes, porque eles instantaneamente se tornam rigorosos e, para evitar problemas, punem com severidade as faltas que a fortitude da razão poderia ter evitado.

No entanto, fortitude pressupõe força da mente; e a força da mente pode ser adquirida pela aquiescência indolente? Pedindo conselho, em vez de exercitar o raciocínio? Obedecendo por meio do medo, em vez de praticar a paciência, de que todos nós necessitamos? A conclusão que desejo tirar é óbvia. Tornemos as mulheres criaturas racionais e cidadãs livres, e rapidamente se tornarão boas esposas e mães; isto é – se os homens não negligenciarem os deveres de maridos e de pais.

Ao discutir as vantagens que se poderiam esperar racionalmente de uma combinação de uma educação pública e privada, como esbocei, eu me concentrei mais naquelas que são particularmente relativas ao mundo feminino, porque penso que o mundo feminino é oprimido; no entanto, a gangrena, que os vícios engendrados pela opressão produziram, não se limita à parte mórbida, mas permeia a sociedade em geral, de modo que, quando desejo ver meu sexo se tornar um agente moral, meu coração dá um salto com a esperança da propagação geral daquele contentamento sublime que só a moralidade pode difundir.

---

1. Faço agora uma alusão particular às numerosas academias em Londres e nos seus arredores, bem como ao comportamento da parte comercial dessa metrópole.

2. Lembro-me de um fato sobre o qual certa vez tomei conhecimento e que provocou minha indignação. Fui visitar um menininho em uma escola onde crianças pequenas eram preparadas para uma escola maior. O diretor levou-me para conhecer as salas de aula etc., mas, enquanto eu andava por um amplo caminho de cascalhos, não pude deixar de observar que a grama crescia luxuriante em ambos os lados. Imediatamente fiz algumas perguntas ao menino e descobri que não era permitido aos pobres alunos se desviar do caminho e que o mestre às vezes permitia que ali se levassem as ovelhas para pastar a fim de aparar a grama intocada. O tirano desse domínio costumava se sentar perto da janela com vista para o quintal da prisão, e um recanto que o contornava, onde os pequenos desafortunados podiam se divertir livremente, ele cercou e lá plantou batatas. Sua esposa também estava igualmente preocupada em manter as crianças em ordem, temendo que elas sujassem ou rasgassem as roupas.

3. França.

4. Ao tratar desse tema, tomei emprestadas algumas sugestões de um texto muito sensato escrito pelo antigo bispo de Autun, extraído de *Public Education*.

5. Escrito pelo bispo de Autun.

## capítulo 13

# Alguns exemplos da insensatez que a ignorância das mulheres gera e reflexões finais sobre o aprimoramento moral que uma revolução nos modos femininos naturalmente pode produzir

Há muitas formas de insensatez que são, em certo grau, peculiares às mulheres – pecados contra a razão tanto de cometimento quanto de omissão –, mas todas fluindo da ignorância ou do preconceito. Devo apenas apontar as que parecem ser particularmente prejudiciais ao caráter moral das mulheres. E, ao censurá-las, desejo especialmente provar que a fraqueza física e mental, que os homens têm se esforçado para perpetuar, impelidos por vários motivos, impede que cumpram o dever peculiar de seu sexo. Pois quando a fragilidade do corpo não lhes permite amamentar seus filhos, e a fraqueza da mente as faz estragar seu temperamento, a mulher estará em um estado natural?

### Seção I

Um exemplo flagrante de fraqueza que procede da ignorância reclama atenção desde o início e requer severa reprovação.

Nesta metrópole, várias sanguessugas à espreita ganham a subsistência de maneira infame valendo-se da credulidade das mulheres, fingindo prever o horóscopo, para usar uma expressão técnica; e muitas mulheres que, orgulhosas de sua posição e de sua fortuna, desprezam as pessoas comuns, com desdém soberano, mostram por essa credulidade que a distinção é arbitrária e que não cultivaram suficientemente a mente para se erguer acima dos preconceitos vulgares. As mulheres, por não terem sido levadas a considerar o conhecimento de seu dever como a única coisa necessária para saber ou para viver o momento presente por meio dele, estão muito ansiosas em espreitar o futuro para aprender o que têm de esperar para tornar a vida interessante e quebrar o vácuo da ignorância.

Permitam-me protestar seriamente contra as senhoras que seguem essas falsidades vãs, pois as damas, senhoras de família, não se envergonham de ir em suas próprias carruagens até a porta do homem astuto[1]. E, se alguma delas ler este trabalho, rogo-lhes que respondam ao seu próprio coração as seguintes perguntas, não esquecendo que estão na presença de Deus.

Você acredita que só existe um Deus e que ele é poderoso, sábio e bom?

Você acredita que todas as coisas foram criadas por ele e que todos os seres dependem dele?

Você confia na sabedoria dele, tão evidente em suas obras e em seu próprio quadro, e está convencido de que ele ordenou todas as coisas que não estão sob o conhecimento de seus sentidos, na mesma harmonia perfeita, para cumprir seus desígnios?

Você reconhece que o poder de olhar para o futuro e ver as coisas que não são como se fossem é um atributo do Criador? E deveria ele, por uma impressão nas mentes de suas criaturas, achar adequado comunicar-lhes algum evento escondido nas sombras do tempo ainda por vir, a quem o segredo seria revelado por inspiração imediata? O parecer do tempo irá responder a esta pergunta – para reverendos anciãos, para pessoas que se distinguem pela piedade eminente.

Os oráculos da antiguidade eram assim proferidos por sacerdotes dedicados ao serviço do Deus que supostamente os inspirava. O esplendor da pompa mundana que cercou esses impostores e o respeito que lhes foi prestado por políticos astutos, que souberam aproveitar-se desse mecanismo útil para curvar o pescoço dos fortes sob o domínio dos astutos, espalharam um véu de santidade sagrado e misterioso sobre suas mentiras e abominações. Impressionada por tal desfile devocional e solene, uma senhora grega ou romana pode ser desculpada, se foi indagar ao oráculo, quando estava ansiosa para saber do futuro, ou curiosa sobre algum evento duvidoso; e suas indagações, embora contrárias à razão, não poderiam ser consideradas ímpias. Mas os mestres do Cristianismo podem evitar essa imputação? Um cristão pode supor que os favoritos do Altíssimo, os altamente favorecidos, seriam obrigados a se esconder disfarçados e praticar os truques mais desonestos para tirar o dinheiro de mulheres tolas – que os pobres clamam em vão?

Dizer não a tais perguntas é um insulto ao bom senso, pois é a sua própria conduta, oh! mulheres tolas, que joga repulsa sobre o seu sexo! E essas reflexões devem fazer você estremecer com sua falta de intelecto e devoção irracional. Pois não suponho que todas vocês deixaram de lado sua religião, seja qual for, quando entraram naquelas moradas misteriosas. No entanto, como sempre me supus falando com mulheres ignorantes, pois ignorantes vocês são no sentido mais enfático da palavra, seria absurdo argumentar com vocês sobre a loucura flagrante de desejar saber o que a Sabedoria Suprema escondeu.

Provavelmente você não me entenderia se eu tentasse mostrar-lhe que seria absolutamente inconsistente com o grande propósito da vida, o de tornar as criaturas humanas sábias e virtuosas, e que, se fosse sancionado por Deus, perturbaria a ordem estabelecida na criação. E se não for sancionado por Deus, vocês esperam ouvir a verdade? Os eventos podem ser preditos, eventos que ainda não assumiram um corpo para se tornarem sujeitos à inspeção mortal? Eles podem ser previstos por um mundano vicioso, que satisfaz seus apetites predando os tolos?

Talvez, entretanto, vocês acreditem piamente no diabo e imaginem, para mudar o foco, que ele pode ajudar seus devotos; mas, se realmente respeitam o poder de tal ser, um inimigo do bem e de Deus, vocês podem ir à igreja depois de ter estado sob tal obrigação para com ele?

Desses delírios para aqueles enganos ainda mais modernos, praticados por toda a tribo de magnetizadores, a transição é muito natural. Com respeito a esse assunto, é igualmente adequado fazer algumas perguntas às mulheres.

Vocês sabem alguma coisa sobre a construção da estrutura humana? Se não, é apropriado que lhes diga o que toda criança deve saber, que quando seu admirável organismo for perturbado pela intemperança ou indolência, não falo de distúrbios violentos, mas de doenças crônicas, deve ser reconduzido para um estado saudável novamente, em graus lentos, e se as funções da vida não foram materialmente prejudicadas, regime, outra palavra para temperança, ar puro, exercício e alguns remédios prescritos por pessoas que estudaram o corpo humano são os únicos meios humanos descobertos para recuperar aquela saúde de bênção inestimável que suportarão uma investigação.

Vocês acreditam, então, que esses hipnotizadores que, por meio de truques de prestidigitação, fingem fazer um milagre, sejam delegados por Deus ou auxiliados pelo solucionador de todos esses tipos de dificuldades, o diabo?

Eles, quando afugentam os distúrbios que têm frustrado os poderes da medicina, trabalham em conformidade com a luz da razão? Ou efetuam essas curas maravilhosas por meio de ajuda sobrenatural?

Por meio de uma comunicação com o mundo dos espíritos, um adepto pode responder. Um privilégio nobre deve ser admitido. Alguns dos antigos mencionam demônios familiares, que os protegiam do perigo por sugerir gentilmente, que não podemos adivinhar de que maneira, quando algum perigo estava próximo, apontar o que deveria ser feito. No entanto, os homens que reivindicaram esse privilégio, fora da ordem da natureza, insistiram que era a recompensa ou a consequência de temperança e de piedade superiores. Mas os atuais operadores de maravilhas não são elevados acima de seus semelhantes por superior temperança ou santidade. Não curam pelo amor de Deus, mas sim pelo dinheiro. Esses são os sacerdotes do charlatanismo, embora seja verdade que não têm o conveniente expediente de vender missas pelas almas no purgatório nem igrejas onde podem exibir muletas e modelos de membros tornados sãos por um toque ou por uma palavra.

Não estou familiarizada com os termos técnicos, ou iniciada nos arcanos, portanto, posso estar falando de maneira indevida. Mas é claro que os homens que não se conformam com a lei da razão e ganham a subsistência de maneira honesta, aos poucos, tornam-se afortunados em conhecer tais espíritos prestativos. Não podemos, de fato, dar-lhes crédito por grande sagacidade ou bondade, caso contrário, teriam escolhido instrumentos mais nobres quando desejaram se mostrar os amigos benevolentes do homem.

No entanto, é quase uma blasfêmia fingir ter tais poderes!

A partir de todo teor dos desígnios da Providência, parece evidente à razão sóbria que certos vícios produzem certos efeitos; e alguém pode tão grosseiramente insultar a sabedoria de Deus, a ponto de supor que será permitido a um milagre perturbar suas leis gerais, para restaurar a saúde aos intemperantes e aos viciosos, meramente para capacitá-los a seguir o mesmo curso com impunidade? "Seja íntegro, e não peques mais", disse Jesus. E milagres maiores podem ser realizados por aqueles que não seguem seus passos, que curava o corpo para alcançar a mente?

A menção do nome de Cristo para impostores tão vis pode desagradar alguns de meus leitores e respeito sua indignação, mas que não se esqueçam de que os seguidores dessas ilusões levam o nome de Deus e professam ser seus discípulos, os quais disseram que por suas obras deveríamos saber quem eram os filhos de Deus ou os servos do pecado. Admito que é mais fácil tocar o corpo de um santo ou ser hipnotizado do que restringir nossos apetites ou governar nossas paixões; mas a saúde física ou mental só pode ser recuperada por esses meios, caso contrário tornamos o Juiz Supremo parcial e vingativo.

Ele é um homem que deve converter ou punir por ressentimento? Ele, o pai de todos, fere só para curar, diz a razão, e quando nossas irregularidades produzem certas consequências, somos mostrados à força à natureza do vício; para que assim aprendendo a distinguir o bem do mal, por experiência, possamos odiar um e amar o outro, na proporção da sabedoria que alcançamos. O veneno contém o antídoto; e reformamos nossos maus hábitos e deixamos de pecar contra nossos próprios corpos, para usar a linguagem vigorosa das escrituras, ou uma morte prematura, a punição do pecado, rompe o fio da vida.

Aqui um terrível obstáculo é colocado em nossas investigações. Mas por que deveria esconder meus sentimentos? Considerando os atributos de Deus, creio que qualquer punição que venha a seguir tenderá, como a angústia da doença, a mostrar a malignidade do vício, com o propósito de reforma. A punição positiva parece tão contrária à natureza de Deus, detectável em todas as suas obras e em nossa própria razão, que eu poderia antes acreditar que a Divindade não prestou atenção na conduta dos homens do que Ele teria punido sem o benevolente projeto de regenerar.

Supor apenas que um Ser onisciente e poderoso, tão bom quanto grande, devesse criar um ser prevendo que, depois de 50 ou 60 anos de existência febril, ele mergulharia em infindáveis desgraças, é blasfêmia. De que se alimentará o verme que nunca morrerá? Sobre loucura, sobre ignorância, digam – eu ficaria envergonhada de tirar a conclusão natural se eu pudesse inseri-la, e gostaria de me retirar da asa de meu Deus! Em tal suposição, falo com reverência, ele seria um fogo consumidor. Devemos desejar, embora em vão, fugir de sua presença quando o medo absorvesse o amor e a escuridão envolvesse todos os seus conselhos!

Sei que muitos devotos se orgulham de se submeter cegamente à Vontade de Deus, como a um cetro ou a uma vara arbitrária, pelo mesmo princípio segundo o qual os índios adoram o diabo. Em outras palavras, como pessoas nas preocupações comuns da vida, eles prestam homenagem ao poder e se encolhem sob o pé que pode esmagá-los. A religião racional, ao contrário, é uma submissão à vontade de um ser tão perfeitamente sábio que tudo o que ele deseja deve ser dirigido pelo motivo adequado, deve ser razoável.

E, se assim respeitarmos a Deus, podemos dar crédito às misteriosas insinuações que insultam as suas leis? Pode-se acreditar, embora devamos encarar, que ele faria um milagre para autorizar confusão sancionando um erro? No entanto, devemos permitir essas conclusões ímpias ou tratar com desprezo toda promessa de restaurar a saúde de um corpo doente por meios sobrenaturais, ou prever os incidentes que só podem ser previstos por Deus.

## Seção II

Outro exemplo dessa fraqueza do caráter feminino, muitas vezes produzida por uma educação confinada, é uma distorção romântica da mente, que tem sido muito apropriadamente chamada de sentimental.

As mulheres submetidas às suas sensações pela ignorância e apenas ensinadas a buscar a felicidade no amor refinam seus sentimentos sensuais e adotam noções metafísicas a respeito dessa paixão, que as levam vergonhosamente a negligenciar os deveres da vida e, frequentemente no meio desses refinamentos sublimes, deixam-se cair no vício real.

Essas são as mulheres que se divertem com os devaneios dos estúpidos romancistas, que, sabendo pouco da natureza humana, elaboram contos antiquados e descrevem cenas mesquinhas, tudo contado em um jargão sentimental, que igualmente tendem a corromper o gosto e desenhar o coração além de seus deveres diários. Não menciono o intelecto, porque, nunca tendo sido exercitado, suas energias adormecidas estão inativas, como as partículas de fogo que se escondem e que supostamente permeiam a matéria universalmente.

As mulheres, de fato, a quem têm sido negados todos os privilégios políticos e não têm permissão de uma existência civil por serem casadas, exceto em casos criminais, têm sua atenção naturalmente desviada do interesse de toda a comunidade para o das partes mínimas, embora o dever privado de qualquer membro da sociedade deve ser executado de forma muito imperfeita quando não está relacionado com o bem geral. O poderoso negócio da vida feminina é agradar, e, sendo impedida de entrar em preocupações mais importantes pela opressão política e civil, os sentimentos se tornam eventos, e a reflexão aprofunda o que deveria e teria sido apagado, caso o intelecto tivesse sido permitido ampliar seu alcance.

Mas, confinadas a empregos insignificantes, elas naturalmente absorvem opiniões que inspiram o único tipo de leitura calculada para interessar a uma mente inocente e frívola. Incapazes de captar algo grande, é de surpreender que achem a leitura da história uma tarefa muito árida e as dissertações dirigidas ao intelecto intoleravelmente tediosas e quase ininteligíveis? Assim, elas dependem necessariamente do romancista para se divertir. No entanto, quando falo contra os romances, quero dizer quando contrastados com aquelas obras que exercitam a compreensão e regulam a imaginação. Considero qualquer tipo de leitura melhor do que deixar um vazio, um espaço para preencher, porque a mente deve receber certa amplitude e obter um pouco de força por um rápido exercício de suas competências mentais. Além disso, mesmo as produções dirigidas apenas à imaginação elevam o leitor um pouco acima da grosseira gratificação dos apetites, aos quais a mente não deu nenhuma sombra de delicadeza.

Essa observação é o resultado da experiência, pois conheci várias mulheres notáveis, e uma em particular, que era uma mulher muito boa, tão boa quanto uma mente tão estreita lhe permitiu que fosse, que cuidou para que suas três filhas nunca lessem um romance. Como era uma mulher de posse e elegante, elas tinham vários mestres para atendê-las e uma espécie de governanta servil para vigiar seus passos. Com seus mestres aprenderam a dizer algumas palavras em francês e italiano; mas, como os poucos livros jogados em seu caminho estavam muito acima de sua capacidade ou devoção, elas não adquiririam nem ideias nem sentimentos e passaram o tempo, quando não eram compelidas a repetir *palavras*, vestindo-se, brigando entre si ou conversando com suas criadas furtivamente, até que foram apresentadas à sociedade como moças casadouras.

A mãe delas, uma viúva, estava ocupada nesse meio-tempo em manter seus contatos, como chamava seus inúmeros conhecidos, por ter medo de que suas filhas não tivessem uma introdução adequada no grande mundo. E essas jovens senhoras, com mentes vulgares em todos os sentidos da palavra, e temperamentos estragados, entraram na vida envaidecidas com opiniões sobre sua própria importância, e olhando com desprezo para aquelas que não podiam competir com elas em ostentação e vestuário.

Com relação ao amor, à natureza, suas enfermeiras tiveram o cuidado de ensinar-lhes o significado físico da palavra; e, como tinham poucos tópicos de conversa e menos refinamentos de sentimento, expressavam seus desejos grosseiros não em frases muito delicadas, quando falavam livremente, falando de matrimônio.

Será que essas garotas teriam sido prejudicadas com a leitura de romances? Quase esqueci uma sombra no caráter de uma delas; ela fingia uma simplicidade que beirava a loucura e, com um sorriso afetado, pronunciava os comentários e as perguntas mais indecentes, cujo significado completo havia aprendido enquanto isolada do mundo, e com medo de falar na presença de sua mãe, que as mantinha com pulso firme; todas foram educadas, como ela própria se orgulhava, de uma forma exemplar; e liam seus capítulos e salmos antes do café da manhã, sem nunca tocar em um romance bobo.

Esse é apenas um exemplo, mas lembro-me de muitas outras mulheres que, não sendo conduzidas gradativamente a estudos adequados, e sem permissão para escolher por si mesmas, tornaram-se de fato crianças crescidas demais, ou obtiveram, em contato com o mundo, um pouco do que é denominado bom senso, isto é, uma maneira distinta de ver ocorrências comuns, segundo suas diferenças; mas o que merece o nome de intelecto, o poder de obter ideias gerais ou abstratas, ou mesmo intermediárias, estava fora de questão. Suas mentes estavam quietas e, quando não eram despertadas por objetos sensíveis e ocupações desse tipo, ficavam deprimidas, choravam ou iam dormir.

Quando, portanto, aconselho meu sexo a não ler essas obras frágeis, é para induzi-lo a ler algo superior; pois minha opinião é coincidente com um homem sagaz que, tendo uma filha e uma sobrinha sob seus cuidados, seguiu um plano muito diferente com cada uma.

A sobrinha, que possuía habilidades consideráveis, antes de ser deixada sob sua tutela, se entregara à leitura desconexa. Ele se esforçou para liderar, e com sucesso conduziu à história e aos ensaios morais; mas sua filha, a quem uma mãe fraca e afetuosa havia mimado, e que, consequentemente, era avessa a qualquer coisa como aplicação, ele permitiu ler romances e, costumava justificar sua conduta dizendo que se ela alguma vez tivesse um gosto por lê-los, ele teria algum fundamento sobre o qual trabalhar e que opiniões errôneas eram melhores do que nenhuma.

Na verdade, a mente feminina foi totalmente negligenciada, o conhecimento só pôde ser adquirido dessa fonte turva, até que, pela leitura de romances, algumas mulheres de talentos superiores aprenderam a desprezá-los.

Creio que o melhor método a ser adotado para corrigir o gosto por romances é ridicularizá-los, não indiscriminadamente, pois, então, teria pouco efeito. Mas, se uma pessoa sensata, com alguma inclinação para o humor, lesse vários para uma jovem e apontasse tanto por tons quanto por comparações adequadas com incidentes patéticos e personagens heroicos da história, quão tola e ridiculamente eles caricaturariam a natureza humana, opiniões justas poderiam substituir sentimentos românticos.

Em um aspecto, porém, a maioria dos dois sexos se assemelha e mostra igualmente uma falta de bom gosto e modéstia. As mulheres ignorantes, forçadas a serem castas para preservar sua reputação, permitem que sua imaginação se deleite nas cenas artificiais e vulgares esboçadas pelos escritores da época, desprezando como se fossem insípidas a dignidade sóbria e as graças matronas da história[2], enquanto os homens carregam o mesmo gosto viciado para a vida, e fogem dos encantos pouco sofisticados da virtude e da grave respeitabilidade dos sentidos para se divertir na libertinagem.

Além disso, a leitura de romances faz com que as mulheres, e particularmente as damas elegantes, gostem muito de usar expressões fortes e superlativos nas conversas; e, embora a vida artificial dissipada que levam as impeça de nutrir qualquer paixão forte e legítima, a linguagem da paixão em tons afetados escapa para sempre de suas línguas loquazes, e qualquer ninharia produz aquelas explosões fosfóricas que apenas imitam, no escuro, a chama da paixão.

## Seção III

A ignorância e a astúcia equivocada, que a natureza afia nas cabeças fracas como princípio de autopreservação, tornam as mulheres muito apreciadoras de moda e produzem toda a vaidade que se pode esperar naturalmente que tal gosto gere, com exclusão da emulação e da magnanimidade.

Concordo com Rousseau que a parte física da arte de agradar consiste nos adornos, e por isso mesmo devo prevenir as meninas com relação ao gosto contagiante por roupas tão comuns às mulheres frágeis que não podem relaxar na parte física. No entanto, frágeis são as mulheres que imaginam que podem por muito tempo agradar sem a ajuda da mente, ou, em outras palavras, sem a arte moral de agradar. Mas a arte moral, se não for uma profanação usar a palavra arte, quando aludindo à graça que é efeito da virtude, e não motivo da ação, nunca será encontrada com a ignorância; a esportividade da inocência, tão agradável aos libertinos refinados de ambos os sexos, é amplamente diferente em sua essência dessa graciosidade superior.

Uma forte inclinação para ornamentos externos sempre aparece em estados bárbaros, mas são apenas os homens, e não as mulheres que se enfeitam, pois, onde as mulheres podem estar no mesmo nível dos homens, a sociedade avança, pelo menos, um passo na civilização.

Portanto, acredito ser natural para a humanidade a atenção ao vestuário, que foi considerada uma propensão sexual. Mas devo me expressar com mais precisão. Quando a mente não está suficientemente aberta para sentir prazer na reflexão, o corpo será adornado com diligente cuidado, e a ambição aparecerá em tatuá-lo ou pintá-lo.

Essa primeira inclinação é levada tão longe que nem mesmo o jugo infernal da escravidão pode abafar o desejo selvagem de admiração que os heróis negros herdaram de seus pais, pois todas as economias mal ganhas de um escravo foram geralmente gastas em um pequeno adorno de mau gosto. E raramente conheci um bom criado ou uma boa criada que não gostassem muito de roupas. Suas roupas eram suas riquezas; e argumento por analogia que o gosto por roupas, tão extravagante nas mulheres, surge da mesma causa, falta de cultivo da mente. Quando os homens se encontram, conversam sobre negócios, política ou literatura; mas, diz Swift, "com que naturalidade as mulheres admiram as saias e os babados uma das outras". E é muito natural, pois elas não têm nada que as interesse, não têm gosto por literatura e acham a política árida, porque não adquiriram amor pela humanidade, desviando seus pensamentos das grandes atividades que exaltam a raça humana e promovem a felicidade geral.

Além disso, vários são os caminhos para o poder e a fama que os homens perseguem por acaso ou escolha, e embora se acotovelem uns contra os outros, pois homens da mesma profissão raramente são amigos, há um número muito maior de seus semelhantes com quem eles nunca se chocam. Mas as mulheres estão situadas de maneiras muito diferentes umas com as outras, pois todas são rivais.

Antes do casamento, é seu dever agradar aos homens e depois, com algumas exceções, elas seguem a mesma encenação com toda a persistente obstinação do instinto. Mesmo as mulheres virtuosas nunca esquecem seu sexo quando estão acompanhadas, pois estão sempre tentando se tornar *agradáveis*. Uma beleza feminina e um humor masculino parecem estar igualmente ansiosos para chamar para si a atenção da companhia; e a animosidade das inteligências contemporâneas é proverbial.

É, então, surpreendente que, quando a única ambição da mulher se centra na beleza e o interesse dá força adicional à vaidade, uma rivalidade perpétua deva ocorrer? Todos estão disputando a mesma corrida e se elevariam acima das virtudes dos mortais se não se olhassem com desconfiança e até inveja.

Uma predileção imoderada pelo vestuário, pelo prazer e pelo domínio, são as paixões dos selvagens; as paixões que ocupam os seres incivilizados que ainda não ampliaram o domínio da mente, ou mesmo aprenderam a pensar com a energia necessária para concatenar aquela linha abstrata de pensamento que produz princípios. E que as mulheres de sua educação e do atual estado de vida civilizada estão nas mesmas condições, creio, não pode ser controvertido. Rir delas então, ou satirizar as loucuras de um ser que nunca deve agir livremente à luz de sua própria razão, é tão absurdo quanto cruel; pois é muito natural e certo que aqueles que são ensinados cegamente a obedecer à autoridade se esforçarão astutamente para evitá-la.

No entanto, deixe ser provado que elas devem obedecer ao homem implicitamente, e devo concordar imediatamente que é dever da mulher cultivar o gosto pelo vestuário, a fim de agradar, e uma tendência à astúcia para sua própria preservação.

As virtudes, no entanto, que são sustentadas pela ignorância devem estar sempre oscilando – a casa construída na areia não poderia suportar uma tempestade. É quase desnecessário fazer a inferência. Se as mulheres querem ser virtuosas pela autoridade, o que é uma contradição em termos, que sejam enclausuradas em haréns e vigiadas com olhos ciumentos. Não tema que os grilhões entrem em suas almas, pois as almas que podem suportar tal tratamento são feitas de materiais maleáveis, animadas apenas o suficiente para dar vida ao corpo.

> "A matéria é muito macia para suportar uma marca tão duradoura,
> E é mais bem distinguida como morena, castanha ou loira"

É claro que as feridas mais cruéis logo cicatrizarão e ainda poderão povoar o mundo e se vestir para agradar ao homem; os propósitos para os quais foram criadas conforme certos escritores célebres têm admitido.

## Seção IV

Supõe-se que as mulheres possuem mais sensibilidade, e até mesmo mais humanidade, do que os homens, e seus fortes apegos e suas emoções instantâneas de compaixão são dados como provas disso; mas a persistente afeição da ignorância raramente contém algo de nobre e pode ser transformada em egoísmo, assim como o afeto das crianças e dos animais. Conheci muitas mulheres fracas cuja sensibilidade foi inteiramente absorvida por seus maridos; e quanto à humanidade, era muito tênue, ou melhor, era apenas uma emoção transitória de compaixão. A humanidade não consiste "em um ouvido sensível", diz um orador eminente. Pertence tanto à mente quanto aos nervos.

Mas esse tipo de afeto exclusivo, embora degrade o indivíduo, não deve ser apresentado como prova da inferioridade do sexo, porque é a consequência natural de pontos de vista limitados, pois, mesmo para mulheres de sentido superior, tendo sua atenção voltada para pequenas tarefas e planos privados raramente chegam ao heroísmo, a não ser quando estimuladas pelo amor! E o amor, como uma paixão heroica, como a vocação, aparece muito raramente. Portanto, concordo com o moralista que afirma que "as mulheres raramente têm tanta generosidade quanto os homens" e que seus afetos limitados, aos quais a justiça e a humanidade são frequentemente sacrificadas, tornam o sexo aparentemente inferior, especialmente, como são comumente inspirados por homens; mas afirmo que o coração se expandiria à medida que o entendimento ganhasse força, se as mulheres não estivessem oprimidas desde o berço.

Sei que um pouco de sensibilidade e uma grande fraqueza produzirão uma forte atração sexual, e que a razão deve cimentar a amizade; consequentemente, admito que se encontre mais amizade no mundo masculino do que no feminino, e que os homens tenham um maior senso de justiça. O afeto exclusivo das mulheres parece, de fato, assemelhar-se ao amor mais injusto de Catão por seu país. Ele desejava esmagar Cartago, não para salvar Roma, mas para promover sua vaidade; em geral, é por princípios semelhantes que a humanidade é sacrificada, pois deveres genuínos apoiam-se mutuamente.

Além disso, como as mulheres podem ser justas ou generosas se são escravas da injustiça?

## Seção V

Visto que a criação de filhos, isto é, o estabelecimento de um alicerce de boa saúde tanto físico como mental da nova geração foi justamente sustentada como o destino peculiar da mulher, a ignorância que as incapacita deve ser contrária à ordem de coisas. Afirmo que suas mentes podem absorver muito mais, e devem fazê-lo, caso contrário nunca se tornarão mães sensatas. Muitos homens cuidam da criação de cavalos, e negligenciam o gerenciamento do estábulo, quem o faria e que estranha falta de bom senso e sentimento! Consideram-se degradados por dedicar qualquer atenção aos seus filhos pequenos; no entanto, quantas crianças são absolutamente assassinadas pela ignorância das mulheres! Mas quando elas escapam e não são destruídas nem por negligência natural nem por carinho cego, quão poucas são administradas apropriadamente com respeito à mente infantil! De modo que para domar o espírito, que é permitido que se torne vicioso em casa, a criança é enviada para a escola; e os métodos adotados lá, que devem ser utilizados para manter certo número de crianças em ordem, espalham as sementes de quase todos os vícios no solo então arrancado à força.

Eu às vezes comparei as lutas dessas pobres crianças, que nunca deveriam ter se sentido reprimidas e nem o seriam, se tivessem sido sempre seguradas com firmeza, com os saltos desesperados de uma enérgica potranca, que vi sendo domada numa praia; suas patas afundando cada vez mais e mais na areia cada vez que tentava arremessar seu cavaleiro, até que finalmente se rendeu carrancuda.

Sempre achei os cavalos, animais pelos quais sou apegada, muito dóceis quando tratados com humanidade e firmeza, de modo que duvido que os métodos violentos empregados para domá-los não os machuquem essencialmente; estou, entretanto, certa de que uma criança nunca deveria ser domesticada à força depois de ter sido permitida correr livremente; pois toda violação da justiça e da razão, no tratamento das crianças, enfraquece sua razão. E, tão cedo elas formam seu caráter que é a base do caráter moral, a experiência me leva a inferir, é fixada antes do seu sétimo ano, período durante o qual as mulheres têm permissão para cuidar exclusivamente dos filhos. Depois acontece com demasiada frequência que metade da tarefa da educação consiste em corrigir, e de maneira muito imperfeita, se feito apressadamente, os defeitos que elas nunca teriam adquirido se as mães tivessem mais compreensão.

Um exemplo notável da insensatez das mulheres não deve ser omitido. A maneira como tratam os criados na presença dos filhos, permitindo-lhes supor que devem servi-los e suportar seus humores. Uma criança deve sempre receber ajuda de um homem ou uma mulher como um favor; e, como primeira lição de independência, deveriam ser ensinados na prática, pelo exemplo de sua mãe, a não exigir aquela assistência pessoal, que é um insulto à humanidade exigir, quando estão saudáveis. Em vez de ser levada a assumir ares de importância, o senso de sua própria fraqueza deveria primeiro fazê-la sentir a igualdade natural do homem. No entanto, com que frequência ouvi, indignada, os criados serem imperiosamente chamados para colocar os filhos na cama, e mandados embora repetidas vezes porque o patrãozinho ou a patroazinha se penduraram na mamãe, para ficar mais um pouco. Assim servilmente obrigados a atender o pequeno ídolo, todos aqueles humores mais repugnantes são exibidos e caracterizam uma criança mimada.

Em suma, falando da maioria das mães, elas deixam seus filhos inteiramente aos cuidados dos criados; ou porque são seus filhos, tratando-os como se fossem pequenos semideuses, embora eu sempre tenha observado que as mulheres que assim idolatram seus filhos raramente mostram humanidade comum aos criados, ou sentem a menor ternura por qualquer criança, exceto as suas próprias.

São, porém, esses afetos exclusivos e uma maneira individual de ver as coisas, fruto da ignorância, que mantêm as mulheres para sempre estagnadas no que diz respeito ao seu aperfeiçoamento e fazem com que muitas delas dediquem a vida aos filhos apenas para fragilizar seus corpos e estragar seus temperamentos, frustrando também qualquer plano de educação que um pai mais racional possa adotar, pois, a menos que a mãe concorde, o pai que os reprime será sempre considerado um tirano.

Mas, cumprindo os deveres de mãe, uma mulher de constituição saudável pode ainda manter sua pessoa escrupulosamente arrumada e ajudar a manter sua família, se necessário, ou por ler e conversar com ambos os sexos, indiscriminadamente, aperfeiçoar sua mente. A natureza ordenou tão sabiamente as coisas, pois, se as mulheres amamentarem seus filhos, preservariam sua própria saúde, e haveria um intervalo tão grande entre o nascimento de cada filho que raramente veríamos uma casa cheia de bebês. Se perseguissem um plano de conduta, e não perdessem seu tempo seguindo os caprichos da moda, a administração de sua casa e de seus filhos não precisaria excluí-las da literatura nem impedi-las que se liguem à ciência, com aquele olhar firme que fortalece a mente, nem tampouco de praticar uma das artes plásticas que cultivam o gosto.

Mas as visitas para exibir a elegância, o jogo de cartas e os bailes, para não mencionar a agitação preguiçosa das futilidades matinais, tiram as mulheres de seus deveres para torná-las insignificantes, para torná-las agradáveis, de acordo com a acepção atual da palavra, para todo homem, menos para o seu marido. Porque uma rodada de prazeres na qual as afeições não são exercitadas não pode ser considerada para aperfeiçoar o intelecto, embora seja erroneamente chamado de ver o mundo; no entanto, o coração se torna frio e avesso ao dever por tal relação sem sentido, que se torna necessária pelo hábito mesmo quando deixa de se divertir.

Mas não veremos mulheres afetuosas até que mais igualdade seja estabelecida na sociedade, até que as posições se confundam e as mulheres se libertem, nem veremos aquela digna felicidade doméstica, cuja simples grandeza não pode ser apreciada por mentes ignorantes ou viciadas; nem a importante tarefa da educação jamais será devidamente iniciada até que a figura de uma mulher não seja mais preferida do que a sua mente. Pois seria tão sábio separar o trigo do joio, ou os figos do cardo, quanto pensar que uma mulher tola e ignorante seria uma boa mãe.

## Seção VI

Não é necessário informar ao leitor sagaz, agora que entro em minhas reflexões finais, que a discussão desse assunto consiste apenas em expor alguns princípios simples e esclarecer algumas bobagens que os obscurecem. Mas, como nem todos os leitores são sagazes, devo permitir-me acrescentar algumas explicações para que o assunto fique claro ao raciocínio – a esse raciocínio preguiçoso, que supostamente toma opiniões sobre a confiança, e os apoia obstinadamente para poupar-se ao trabalho de pensar.

Os moralistas concordaram unanimemente que, a menos que a virtude seja alimentada pela liberdade, ela nunca atingirá a força devida – e o que eles dizem do homem estendo à humanidade, insistindo que em todos os casos a moral deve ser fixada em princípios imutáveis e que não pode ser denominado de racional ou de virtuoso o ser que obedece a qualquer autoridade que não seja a razão.

Para tornar as mulheres membros verdadeiramente úteis da sociedade, defendo que devam ser orientadas pelo cultivo em larga escala de seu intelecto, a adquirir uma afeição racional pela sua pátria, fundada no conhecimento, porque é evidente que temos pouco interesse no que não entendemos. E, para dar a devida importância a esse conhecimento geral, esforcei-me por mostrar que os deveres privados nunca são devidamente cumpridos, a menos que o intelecto amplie o coração e que a virtude pública seja apenas uma agregada da virtude privada. Contudo, as distinções estabelecidas na sociedade solapam ambas, batendo o ouro maciço da virtude até que se torne apenas o brilho falso que reveste o vício; pois, enquanto a riqueza torna um homem mais respeitável do que a virtude, a riqueza será buscada antes da virtude; e, enquanto as figuras femininas forem acariciadas, quando um sorriso infantil e afetado demonstra uma ausência de mente, a mente ficará ociosa. No entanto, a verdadeira volúpia deve proceder da mente, pois o que pode se igualar às sensações produzidas pela afeição mútua, sustentada pelo respeito recíproco? O que são as carícias frias ou febris do apetite, senão o pecado que envolve a morte, em comparação com os modestos transbordamentos de um coração puro e imaginação exaltada? Sim, deixe-me dizer ao libertino fantasioso, quando ele despreza o entendimento na mulher, que a mente que ele menospreza, dá vida à afeição entusiasmada da qual só pode fluir o êxtase, de curta duração como é! E que, sem virtude, a atração sexual deve expirar, como uma vela de sebo no castiçal, criando uma repulsa intolerável. Para provar isso, preciso apenas observar que os homens que desperdiçaram grande parte de suas vidas com mulheres, e com as quais buscaram o prazer com sede, nutrem a mais mesquinha opinião do sexo. Virtude, verdadeira refinadora da alegria! Se os homens tolos te assustassem da terra, a fim de dar vazão a todos os seus apetites sem uma restrição, alguma criatura voluptuosa de bom gosto escalaria os céus para te convidar a voltar, para te dar um toque de prazer!

    Acredito ser incontestável que as mulheres atualmente são tornadas tolas ou viciosas por ignorância; e parece, pelo menos, com uma face de probabilidade surgir da observação que os efeitos mais salutares tendentes a melhorar a humanidade podem ser esperados de uma REVOLUÇÃO nos modos femininos. Pois, já que o casamento tem sido denominado o pai dessas caridades afetuosas que retiram o homem do rebanho brutal, a relação corrupta que a riqueza, a ociosidade e a loucura produzem entre os sexos é mais universalmente prejudicial à moralidade do que todos os outros vícios da humanidade coletivamente considerados. Os deveres mais sagrados são sacrificados à luxúria adúltera, porque, antes do casamento, os homens, por uma intimidade promíscua com as mulheres, aprenderam a considerar o amor como uma gratificação egoísta e aprenderam a separá-lo não apenas da estima, mas do afeto meramente construído pelo hábito, que mistura um pouco de humanidade. A justiça e a amizade também são desafiadas, e essa pureza de gosto é viciada, o que naturalmente levaria um homem a saborear uma demonstração ingênua de afeto em vez de ares afetados. Mas aquela nobre simplicidade de afeto, que ousa parecer sem adornos, tem poucos atrativos para o libertino, embora seja o encanto que, cimentando o vínculo matrimonial, garante aos compromissos de uma paixão mais calorosa a necessária atenção dos pais, pois as crianças nunca serão devidamente educadas até que subsista a amizade entre eles. A virtude voa de uma casa dividida contra si mesma, e uma legião inteira de demônios passa a residir lá.

    A afeição de maridos e esposas não pode ser pura quando eles têm tão poucos sentimentos em comum e quando tão pouca confiança é estabelecida em casa, como deve ser o caso quando suas atividades são tão diferentes. Essa intimidade, da qual deve fluir a ternura, não subsistirá, não pode subsistir entre os viciosos.

Alegando, portanto, que a distinção sexual em que os homens tão calorosamente insistiram é arbitrária, me detive em uma observação que vários homens sensatos, com quem conversei sobre o assunto, permitiam ser bem fundamentada; e é simplesmente isso, que a pouca castidade que se encontra entre os homens, e o consequente desrespeito ao pudor, tendem a degradar ambos os sexos; e, além disso, que a modéstia das mulheres, caracterizada como tal, muitas vezes será apenas o véu ardiloso da devassidão, em vez de ser o reflexo natural da pureza, até que a modéstia seja universalmente respeitada.

Da tirania do homem, acredito firmemente, procede o maior número de loucuras femininas; e a astúcia, que admito que atualmente faz parte de seu caráter, e da mesma forma tenho repetidamente me empenhado em provar, é produzida pela opressão.

Não foram os dissidentes, por exemplo, uma classe de pessoas com verdade estrita, caracterizadas como astutas? E não posso enfatizar esse fato para provar que, quando qualquer poder, exceto a razão, refreia o espírito livre do homem, a dissimulação é praticada e naturalmente se fazem apelos a subterfúgios diversos? A grande atenção ao decoro, que foi levada a um grau de escrupulosidade, e toda aquela agitação pueril sobre ninharias e consequente solenidade, que a caricatura de um dissidente feita por Butler traz ante a imaginação formaram suas pessoas, bem como suas mentes no molde da pequenez primitiva. Falo coletivamente, pois sei quantos ornamentos para a natureza humana foram registrados entre os sectários; no entanto, eu afirmo que o mesmo preconceito estreito por sua seita, que as mulheres têm por suas famílias, prevaleceu na parte dissidente da comunidade, embora digna em outros aspectos, e também que a mesma prudência tímida ou esforços obstinados muitas vezes desonraram os esforços de ambos. A opressão formava, assim, muitas das características de seu caráter para coincidir perfeitamente com o da metade oprimida da humanidade; pois não é notório que os dissidentes gostavam, como as mulheres, de deliberar juntos e pedir conselhos uns aos outros, até que por uma complicação de pequenos artifícios, pôs fim a tal prática? Uma atenção semelhante para preservar sua reputação era conspícua no mundo feminino e dissidente, e foi produzida por uma causa semelhante.

Afirmando os direitos pelos quais as mulheres em comum com os homens devem lutar, não tentei atenuar suas faltas, mas para provar que são a consequência natural de sua educação e posição na sociedade. Nesse caso, é razoável supor que elas mudarão de caráter e corrigirão seus vícios e suas loucuras quando puderem ser livres no sentido físico, moral e civil.[3]

Deixe a mulher compartilhar os direitos e ela irá emular as virtudes do homem, pois deve se tornar mais perfeita quando emancipada, ou justificar a autoridade que acorrenta tal ser fraco ao seu dever. Nesse último caso, será conveniente abrir um novo comércio de chicotes com a Rússia; um presente que o pai deve sempre dar ao genro no dia do casamento, para que o marido possa manter toda a sua família em ordem pelos mesmos meios; e sem nenhuma violação do reino da justiça, empunhando esse cetro, único senhor de sua casa, porque ele é o único ser nela que tem razão: a soberania terrena divina e indefensável inspirada no homem pelo Mestre do universo. Admitindo essa posição, as mulheres não têm nenhum direito inerente de reivindicar; e, pela mesma regra, seus deveres desaparecem, pois, direitos e deveres são inseparáveis.

Sejam justos, então, homens de entendimento! E não assinalem o que as mulheres fazem de errado mais severamente do que os truques viciosos do cavalo ou do asno para quem vocês fornecem alimento; concedam a ela os privilégios da ignorância, a quem negam os direitos da razão, ou serão piores do que os feitores egípcios, esperando virtude onde a natureza não deu entendimento!

---

1. Certa vez, morei perto de um desses homens, um homem bonito, e vi com surpresa e indignação reunirem-se a sua porta mulheres cuja aparência e presença indicavam uma posição social na qual se espera que elas recebam uma educação superior.

2. Não estou aludindo agora àquela superioridade da mente que leva à criação da beleza ideal, quando a vida, examinada com um olhar penetrante, parece uma tragicomédia, na qual pouco pode ser visto para satisfazer o coração sem a ajuda da imaginação.

3. Tinha me estendido ainda mais sobre as vantagens que racionalmente poderiam ser esperadas como resultado de um aperfeiçoamento nos modos femininos em relação à reforma geral da sociedade, mas me pareceu que tais reflexões seriam mais apropriadas para concluir o último volume.

Impressão e Acabamento
Gráfica Oceano